地方編輯

日本頂尖創意團隊公開跨界編輯祕訣
從出版、策展、旅宿到體驗
打造最具魅力的地域品牌！

蔡奕屏——著

ローカルエディット

地方編輯
Local Edit
ローカルエディット

地方編輯 目錄

LOCAL EDIT

地方編輯室：創意零界限

地方設計師：跨界編輯力

地方製作人：角色戰力祕笈

LOCAL EDIT

作者導言——以編輯視角為始，開啟地方行動的篇章

「地方」之關鍵字

地方旅行、地方刊物、地酒等以「地方」爲聚焦的服務或商品，以及抽象的地方食文化、地方工藝、地方設計等概念，「地方／Local」，是日本近年來不容忽視的關鍵字。

與中文的「地方」較爲中性的一詞不同，日文的「地方」（ちほう），是個相對於都會的「非都會」之意，而就原本僅是描述「地理狀態」的地方一詞，會有了相對特殊性、甚至成爲備受矚目的關鍵字，背後的歷史背景是如何呢？或許，可以追溯人口大量流入東京首都圈的三波轉入高峰來解釋：二戰結束後的高度經濟成長期（一九五五～一九七三）、泡沫經濟（一九八六～一九九一），以及一九九〇年代後半因爲都心住宅開發等造就的「都心回歸」，這三波人口轉入高峰，帶來了長久影響的「東京一極集中」現象，「上京（到東京）」成了大家共同的夢想，東京首都圈因而吸收了大量來自日本四十七都道府縣出身的人們。

儘管流入東京首都圈的人口數至今依舊持續，但近十多年間因爲不同的事件背景，造就了轉向「地方」的觀點與趨勢：

◎地震海嘯之天災帶來的省思：許多人在歷經生離死別、核能問題恐慌之後，開始思考離開都市、返回家鄉的可能。

◎日本政府「地方創生」政策：二〇一四年安倍政府爲了解決人口減少、東京一極集中問題，成立「城鎮、人、工作創生本部」，「地方創生」成了白熱化的顯學。

◎新冠疫情帶來的社會變化：許多企業確立了遠距工作模式，讓過往因工作而居於東京的人們因而有了移居、轉向地方的可能。

從地方設計到地方編輯

因爲觀察到日本近幾年的地方議題性，也發現越來越多在地方活躍的地方設計師們，因而開始好奇這些歸鄉（U-turn）、或是從都市移住地方（I-turn）的地方設計師的行動，因而有了系列第一本《地方設計》（果力文化出版）採訪之作。

回顧那一路採訪多位地方設計師的訪談，發現多位設計師的共通之處：在回答「設計是什麼、地方設計是什麼」之時，意外都提到了「編輯」。

有的設計師直言設計就是編輯，也有設計師在設計一連串的過程中，其中一個環節就是編輯。因爲這樣有志一同的回答，令人不禁開始思考：什麼是編輯？地方編輯又是什麼？在地方進行設計之時，編輯是否是重要的關鍵？於是，新的一段探訪之旅，就這麼揚帆啟程了。

這一段探尋「地方編輯」之旅程中，以「編輯」爲軸心，並將

視角擴大於各種事業體的應用。

首先，暖身的出場首篇是前IDEE創辦人、自由大學校長的黑崎輝男。自設計傢俱經典品牌IDEE引退之後，黑崎輝男經手的農夫市集（Farmer's Market @UNU）成了日本新型態農夫市集的鼻祖，創立的自由大學成了孕育許多返鄉青年的搖籃，近年事業觸角更從東京延伸到福井等地方縣。

在暖身篇之後，接著是四位日本地方編輯界的重要編輯家：地方主題刊物《SOTOKOTO》（ソトコト）主編指出一正、《自遊人》主編岩佐十良、地方話題型網路媒體「JIMOCORO」（ジモコロ）主編德谷柿次郎、傳奇地方刊物《Non-biri》主編藤本智士。

接著，是駐紮深根地方、並且備受注目的地方編輯室案例：北至北海道道東地區，連結道東境內四區域的「.doto」；位於群馬縣，金融機構與地方編輯室聯手出擊的「小鎮編輯社」（まちの編集社）；位於神奈川眞鶴地區，著眼一條地方小徑的「眞鶴出版」；位於島根大森町，傳奇服飾品牌之以地方爲著眼的刊物推手「三浦編集室」；南至九州南端鹿兒島縣，個人行動編輯長上泰壽；此外還有隱居奈良山上的由美國人編輯長主持的「anaguma文庫」。

地方編輯，常常離不開地方設計，抑或可以說兩者是相輔相成、互相加乘的視點與技術，因此也特別另闢章節，介紹地方設計師們編輯力跨界。除了《地方設計》大家已經認識的福井設計事務所「TSUGI」、福岡的地域文化商社「鰻魚的睡窩」（うなぎの寝床），這次專訪了平面設計師（吉野敏充@山形）、空間設計團隊（Tsunaguba家守舍@埼玉）、建築設計師（山川智嗣@富山）、地景設計師（矢部佳宏@福島）的跨界編輯案例。

地方編輯的應用，當然不僅只有傳統的文字編輯，因此最後一章節，就透過廣告製作人、溫泉旅館主人、攝影師、公務員、音樂創作者、日本酒酒藏職人，這些不同業態的非典型編輯家，就像是製作人一樣，讓地方編輯的形式不再僅限於文字工作者、媒體工作者，而是一種能夠整合資源、多元應用、多元開展的立體視點。

地方與非地方、編輯與非編輯

如同《地方設計》一書，是試圖描繪日本地方設計之輪廓，而非以立下定義爲目標，《地方編輯》亦是一本希望勾勒日本地方編輯的嘗試之作。

如同導言開頭提到的中文語意之「地方」，是個有別於日文語意，帶有中性的場所之意，希望在這樣的中文語意背景之下，能夠更開拓地方編輯之「地方」之意：鄉村與都市、一級產業之地與三級產業之地，這些不同屬性的地方並非對立，而是有著不同的個性，可以帶來不同樣貌的地方編輯風貌。

期待這樣的試驗之作，能夠爲地方帶來創造性靈感，並期待未來各地開展出的超脫性地方編輯！

——**蔡奕屏**　二〇二三年五月於日本福岡

黑崎輝男 Teruo Kurosaki

- 一九四九年出生於東京，畢業於早稻田大學應用物理學科。
- 以古董傢俱販售為起點，隨後創立傢俱設計品牌IDÉE，以「生活之探求」為題展開生活文化事業。
- 二〇〇五年創立流石創造集團株式會社，開始策劃各種跨領域事業，如農夫市集始祖「Farmer's Market @UNU」、共同工作室「MIDORI.so」、地方創意工作者的搖籃「自由大學」、東京表參道的傳奇屋台村「COMMUNE 2nd」等。
- 除了以東京都為主的計畫與行動之外，近年也將目光投注到地方，例如石川縣的古民家與青苔庭園保存、滝原町的限界聚落再生計畫等。

CHAPTER 1

以設計爲起點，以編輯爲軸心

Teruo Kurosaki
黑崎輝男

| 流石創造集團株式會社

#跨領域設計　#跨領域策展　#教育　#未來學　#創造狀況　#共同工作空間　#限界聚落
#地方創生　#街區營造　#老屋活化　#農夫市集　#實體出版品

如果說《地方編輯》此書是前作《地方設計》的延續，那麼在這樣從設計走向編輯的脈絡之下，就非得先隆重介紹黑崎輝男（以下簡稱黑崎）不可。

已過古稀之年的黑崎，早期創立知名傢俱品牌IDÉE，培育了多位國際知名設計師，爾後跨足農業、教育、地方等領域，而在這樣跨領域的事業創造間，他說都必定加入「編輯的視點」，可謂將「編輯」之力視爲事業推進的基石。

黑崎所經手的事業跨足甚多領域，有時候他是品牌創辦人，有時候是出版品發行人，許多時候是策展人、製作人、統籌總監，完全不受領域與職稱之限。也因此，在《地方編輯》的開場，就讓我們先以跳脫編輯、卻又以編輯爲縱軸的方式，探索編輯的各種可能！

以設計為起點出發

訪談當天，第一個好奇的疑問是，大學時候學的是應用物理，怎麼會在後來創辦了設計傢俱品牌？黑崎先是談起了祖父，說起了祖父與母親的台灣緣分，因爲祖父曾經是日治時期駐地台灣將軍，母親因而在孩提期間曾在台灣居住約三年時間。由於祖父曾在三菱重工集團裡設計飛機，因此黑崎從小可說是在理工學背景的家庭中成長，大學也因而選了理工科系。大學在學期間因爲海外旅行而開始了古董傢俱的買賣，這也成了創立設計傢俱品牌IDÉE的契機。

率先提倡生活風格概念

IDÉE的前身，是黑崎於一九七五年創立的西洋傢俱輸入公司，而在一九八二年，以「生活之探求」爲主題的IDÉE部門創立，以美學爲基礎、以生活風格爲題進行各種生活提案，不僅提供單件傢俱商品，更擴及居住空間、辦公空間、店鋪空間等各種空間的策略與規劃。在四十多年前的室內空間設計業界裡，幾乎還未見提倡生活風格的企業，因此IDÉE可謂是當時業界的先驅，帶來莫大的影響。二〇〇五年，黑崎自負責人一職退位；二〇〇六年，IDÉE由無印良品接手，成爲良品計畫旗下的品牌。

從IDÉE退位後的黑崎，創立了流石創造集團株式會社，自此開啟了以東京都爲中心的各種創意行動與事業，如農夫市集始祖「Farmer's Market @UNU」、共同工作室「MIDORI.so」、地方創意工作者的搖籃「自由大學」、東京表參道的傳奇屋台村「COMMUNE 2nd」等，而在這些多樣化的事業之中，都可以瞥見編輯力之展現。

不設界限的編輯及策展

「編輯的視點」爲推展事業的基石

中學期間，黑崎就開始自己製作小報紙，一方面是想要賺點零用錢，另一方面是因爲偶像愛迪生在初期也做過報紙，想要追尋偶像的路線，便開始自行企劃專題、發行起小報紙。

↑ 黑崎將出版品視為能梳理自己思緒、統整事業想法且進行宣傳的方式。

黑崎回想說，可能當時就是「編輯」的起點：搜集許多材料與元素，並且進行組合。而這樣的視點，也延續到後來創立許多公司時的作風，像是IDÉE就是號召許多國際上的設計師、藝術家，自行創建工房、製作傢俱，再進行販售。此外，任職IDÉE時，團隊也曾製作過一本型錄書籍《Life of IDÉE》，雖然是一本破天荒的「販售型商品目錄」，但出版之後卻意外熱賣，甚至再版印刷。

黑崎認爲製作出版品是一個爲了「梳理自己思緒、統整事業想法並進行宣傳」的方式。往後的事業，都會加入「編輯的視點」，也就是說在推展事業時，會同時加入「編輯工作」，像是刊物、書籍的製作，而這些便是事業推展之時的基石，以利後續的事業推進，像是店鋪開設與展店計畫等，而他自稱這樣的企業是「編輯型企業」。

儘管領軍多個事業、同時進行著許多計畫，但每當有出版品策劃進行，黑崎都親自操刀，身兼發行人與總編輯角色，參與規劃、程序安排等工作，編輯會議也都全程參與。

將世界觀融入策展

編輯的視點之外，黑崎也強調「策展」的重要性，也就是對作品的詮釋與呈現。他不諱言，許多當今業界的編輯，在進行編輯工作時並不在意「策展」的要素，而是最看重「市場上什麼好賣」。相對的，黑崎強調他第一在乎的是「呈現自己的世界觀、價值觀」，也就是要呈現「什麼是美的、什麼是有價值的、什麼是有意義的」，對他來說，這三者可說是同等的概念。

那麼策展人必需的特質爲何呢？他則是強調了「鑑定的能力」，即在單一的視點之外，更要複合式的鑑賞，像是在微觀之外以巨觀的角度觀看、拉開時間軸的觀察，或是以社會整體的角度省視，簡言之，就是「視野開闊性」之重要。

他認爲一個好的策展人是能夠時常保持「瞄準下一步」、具有未來視野的人，也就是在詮釋與呈現之外，更強調「對於未來的連結」，或者可以說是「創造時代」。而黑崎自己的實踐，是二〇〇九年開校的「自由大學」。

學習場域的策展：自由大學

二〇〇五年，流石創造集團創立之後，同年黑崎就在廢校再生的世田谷手工藝學校（世田谷ものづくり学校，簡稱IID）開設學習場域Schooling Pad。

起初先由黑崎擔任講師，不過他隨後就想「不應該只有我自己在教吧」，因此開始找客座講者來對談、授課，像是在書籍主理人課程（ブックコンシェルジュコース），請來代官山西洋書店的老闆安岡洋一、選書家幅允孝、出版社幻冬舍主編二本柳陵介等一線實踐者。

比起一對一的授課關係，黑崎更希望能夠創造一個三角關係——他、客座講者、學員，讓學員們透過看見不同「關係性」的顯化，而在過程當中大家有了互動、對話，並且因爲某個議題而熱烈討論。比起單方面的輸出教學，這樣雙向、多向的互動，才是黑崎所重視的。

要找誰來擔任客座講者、要創造怎樣的三角關係，對黑崎來說，這些都是「知識的策展」，以「從檢索到探求」爲核心，也就是面對未來世界的探求之心。在Schooling Pad轉化爲自由大學之後，知識策展的概念也持續延續。

探尋學習與工作的可能性

如果設計、編輯、策展是黑崎長期著墨的領域，那麼學習與工作則是他一直以來關心的兩個議題。

教育不是爲了「受教」

黑崎曾帶著批判的角度說，日本當今的教育是「學習」的教育，而非「學問」的教育。學習是要學會練習，但學問是要學會發問，這之間有非常大的不同，且並非學習學多了就有學問，要有學問，必須從小開始就持續發問、探問。許多人都覺得學著解開被賦予的習題，這就是教育，而在這個概念中，「發問」其實不存在。黑崎認爲，這就是日本現今面臨許多課題的根本。

因爲對於當今教育抱持這樣的質疑，因而催生了「自由大學」的行動與事業。二〇〇九年開辦的自由大學，以「廣闊學習、活出自由」爲宗旨，並以未來的生活方式與工作方式爲軸，持續向世界提問，同時透過課程提出許多可能性。有趣的是，這樣帶著批判性的創校，以及提供多元且自由思考的多樣課程，在十多年的辦學期間，意外成了培育許多地方工作者的搖籃。

↑ 對黑崎來說開辦自由大學是「知識的策展」。

不斷嘗試對工作的創意想像

黑崎另一個長久關心的關鍵字是「工作」。工作和遊戲、工作和學習、工作和人生的意義，這些不同概念的關係爲何？在日本，除了進好大學、進大公司當上班族的人生選項之外，是否還有其他可能？這是黑崎一直以來不斷探索的主題。

像是他提到早期創立的傢俱設計品牌IDÉE，雖然正式組織是個「公司」，但對他來說這裡也是個「學校」，沒有一般日式企業的上下從屬關係，大家針對不同主題平等地盡情發揮想法，前前後後大概孕育了兩千多名設計師、傢俱開發者的「畢業生」。

另外，共同工作空間Midori.so的創立，也是另一個嘗試。黑崎在世界各地參觀了許多有創造力的空間之後，體認到「比起創造環境，創造『狀況』更爲重要。換言之，在這個時代，比起辦公室的空間設計要如何，更重要的是公司的願景、工作的型態；也就是說，創造出「能夠培育創意的狀況」變得更爲重要。

也因此，Midori.so和一般的共同工作空間最大的不同是，這裡除了硬體設備之外，更是以黑崎所強調的「狀況創造」來打造，他說：「我們一起料理、一起吃飯、一起休息、也一起工作，像是在玩一樣的邊玩邊笑邊工作。」或許在工作當中吃東西、大笑會被認爲不認眞，但他相信就是因爲有吃有笑，才有許多靈感和想法的迸發。

回望地方但連結都市與世界

自二〇〇五年開始在東京開創了許多有趣的行動，黑崎一直給人都市爲主、甚至是國際化的片面印象；不過近幾年，黑崎也開始走向地方。

這樣的轉變契機，一來是因爲多年來農夫市集的舉辦，因而日趨感受到都市和食農領域的互相需要，以及連結的需求；二來是因爲新冠肺炎疫情，他體認到在首都圈工作的人也能遠端工作了，因而更能夠流動到地方，都市和鄉村的距離現在正在縮小當中。

註(1)　「限界聚落」是日本社會學者大野晃提出的概念，指因人口外流導致地方空洞化、邊緣化、高齡化、經濟衰退、共同體的機能維持已達到極限狀態的村落。

在Midori.so因為大家一起料理、吃飯、休息、工作，刺激了靈感的迸發。

古民家再生開啓地方緣分

最初，是由於和北陸古民家再生機構的緣分。

黑崎應邀到石川縣小松市日用町參觀古民家，共七幢由吉野杉、北山杉等加賀藩自傲的杉木所建的古民家，再加上自然的青苔庭園，這些風景深深吸引了他，卻都面臨了持續消失的危機，這讓黑崎開始深思，或許像他這樣東京等都市的外來者，甚至是外國人，更能夠以行動來保衛，並且陸續影響在地人的保存意識，以形成新的良善的循環。換言之，他希望不僅只是「保存」，更要將眼光朝向未來，思考日本的庭園文化、杉林之森的將來。

因此，他參與社團法人睿智之杜（一般社団法人叡智の杜），以群眾募資爲起點，希望能在政府注力之前，展現民間力量的能動性，並率先著手第一棟古民家Wisdom House的修復改建。

推動限界聚落的再生

黑崎更在爾後以一己之力，在人口只有一百七十人的小松市滝原町，購入有一百四十多年歷史的古民家，以及一千五百坪的土地，希望能推動限界聚落(1)的地方再生。

古民家在修整之後改建爲咖啡店、酒吧、旅宿空間、工藝工坊，而一千五百坪的遼闊土地，則是在設立農業生產法人TAKIGAHARA FARM後建立農園，以東京移住年輕人爲中心，栽種當地品種的加賀蔬菜。因爲這個空間，有越來越多東京與石川兩據點移動的年輕人出現。

儘管從東京走進地方，但黑崎並沒有放棄和都市、和海外的連結，相反的他更是利用東京基地、既有的世界網絡，希望透過善用各方角度與連結的優勢，促進地方的再生。也因此，現在到TAKIGAHARA FARM，就能看到東京的年輕人、甚至是海外的夥伴。

朝向未來而非回到過往

在經手多起古民家再生、地方產業振興的計畫之後，黑崎發現許多地方都有著共通的瓶頸：不管是地方、農業、工藝，過去可能都有輝煌的成功經驗，而這些成功經驗，或許正不知不覺在當今成了一種阻礙，地方上的大家都絞盡腦汁，試圖要「回到過去那樣輝煌成功」。

這樣的努力並非不好，但黑崎強調，如果目標是要突破當代的現狀、走向下一個時代，那麼就要把羅盤從「回到過去」轉向「面向未來」。具體的做法是，要好好凝視當代的社會，以及洞悉世界接下來的變化。不管是古民家、還是日本青苔文化的行動，保存是必要的，但不是只有保存，更要面向未來思考下一步的發展。

跳脫常規的事業創造心法

黑崎是大家公認的成功經營者，不過他的經營風格和路線，卻是迥異於許多商業常規。

一切皆由夢想而起

和黑崎聊事業創造的心法，他並沒有多提經營管理面的技術，而是強調：要先有夢想，接著有概念，再來是內容的規劃設計，最後才是管理和運營。作爲對比，他提到現今的日本許多時候都是省略夢想、概念、內容，落得只剩下和利益有關的管理運營。

他特別以創意、創造力十足的波特蘭、威尼斯爲例，這些城市都是以年輕人的夢想爲基底，由年輕人發想有什麼能讓地方變得更有趣，之後金流才隨後跟上。在一邊是創意和理想，一邊是管理經營的商業考量天秤上，黑崎說他希望作爲中介者，一邊照顧年輕人，一邊協助他們成長。如果不如此，那麼社會將漸漸只剩下大企業在成長，但大企業有大企業的限制，創造力和創造性的發展也會因而受到阻礙，正因此，他期待自己能守護年輕人的創造力，並協助這些創造力享有適宜的發揮和成長，以增加地方的多元與多樣。

沒有框架更能自由創造

從傢俱品牌跨界到教育、場域經營、農業、地方，黑崎說「業界」其實是框架，而自己不是傢俱業界、不屬於農業業界、也非飲食業界，他只是「落實自己的想法」。

他回憶，當初開始策劃農夫市集之時，大家就問「那不是JA（日本農業協同組合）的工作嗎」、「那是不是要和JA合作」等，但黑崎沒想那麼多，既有的業界如何、業界既有的通則爲何、非得怎麼做才行，這些既定的框架都不存在。

因爲沒有業界的框架，也沒有一定得如何的包袱，更沒有一定只能單選都市或是地方的壓力，反而有了更開闊的創意和自由。

↑ TAKIGAHARA FARM體現了黑崎輝男推動限界聚落再生的編輯力。

地方編輯術×黑崎輝男

“「業界」其實是框架，我只是落實自己的想法。”

代表作 1

Farmer's Market @UNU——

風格農夫市集鼻祖，創造性的街區營造｜二〇〇九～

文化（Culture）一詞的語源是耕種、培育（Cultivate），可見文化的根本是與土地親近的農業，但身在都市之中，要如何更親近土地、親近大自然呢？「食物」便成了都市和土地的最佳連結。

二〇〇九年，Farmer's Market @UNU誕生，這是個每週六日、位於青山的國連大學（United Nations University，簡稱UNU）舉辦的農夫市集。這個由黑崎領軍的農夫市集團隊，透過設計師們思考「如何讓農業更美」，打造出當時有別於過往的農夫市集風格，營造出如同大型嘉年華會般的氣氛，讓市集裡充滿熱鬧與歡欣。

每個週末，在新鮮的蔬果、小農加工農產品之外，還有許多二手衣物、古董雜貨、工藝器具、手工藝品等上百攤的特色攤位出籠，更有行動咖啡車、熟食區、座位區等規劃，吸引大批東京人、觀光客前來逛市集。因爲市集的超人氣，有些過往常擔心銷售的年輕農友，因爲有了市集的穩定銷售而開始能專心耕種，無形中形成了地方生產者與都市

㊧ 風格農夫市集Farmer's Market @UNU被視為一場創造性的街區營造。

消費者的互助網絡。

市集每年創造超過一百五十萬的人流，過往被切斷的表參道和澀谷因而被連結起來，重新連結了人和街道、街道和街道的關係，因此Farmer's Market @UNU不僅是農夫市集，更被認爲是一場創造性的街區營造。

衍生編輯之作①：麵包祭與麵包專書

Farmer's Market @UNU的舉辦，催生了許多其他的計畫。每週六日的市集裡，可以看到許多販賣手作麵包的攤位，有的可能是鄰近的店家，有的則是家庭式的麵包製作小工坊，這些多元的麵包攤位組成，促使市集工作夥伴組成了BREAD LAB（麵包研究室）。研究室在二〇一三年開始常態於Farmer's Market @UNU舉辦「青山麵包祭」（青山パン祭り），沒想到迴響熱烈，創下一日兩萬人來場，賣了一千萬日圓營業額的麵包銷售量。

麵包祭之外，BREAD LAB更在二〇一五年出版了一本專門介紹麵包的書籍《CRAFT BAKERIES》，專門介紹這些富有職人精神的小型麵包店家。

THE STORY OF ARTISAN BREAD
CRAFT BAKERIES
パンの探求 小麦の冒険 発酵の不思議
2015 EDITION
美味しいパンを求めて2万人が訪れる青山パン祭り。
その運営スタッフから生まれたBread Labが、パンのつくり手のこと、素材のこと、
人々を魅了するクラフトベーカリーの秘密を探求します。
青山パン祭り by Bread Lab

㊉《CRAFT BAKERIES: THE STORY OF ARTISAN BREAD - パンの探求 小麦の冒険 発酵の不思議》，2015年出版 / A5尺寸 / 288頁 / 1600日圓。

衍生編輯之作②：季刊《NORAH》

《NORAH》是自二〇一三年開始發行的季刊，副標題是「Farmer's Market Chronicle」，意思是農夫市集的編年史，說明了刊物主要爲記錄Farmer's Market @UNU，因此每期刊物的主題皆是由市集發想而來。NORAH（のら）之名起源於兩個漢字「良野」的發音，黑崎解釋，這本季刊就是想要傳達「原野之好」概念。

↗《NORAH》，2013年起不定期出版 / B5尺寸 / 約112頁 / 約1700日圓。

㊧「廣闊學習、活出自由」為自由大學的宗旨。

代表作 2

自由大學——面向未來廣闊學習，解放內在的批判性思維——二〇〇九～

二〇〇九年開校的自由大學，以「廣闊學習、活出自由」爲宗旨，並以未來的生活方式與工作方式爲軸，開創八大學部（突破與自由學部、享受生活學部、與世界連結學部、打磨個性學部、創造溝通學部、發現日本學部、開拓未來學部、自由工作學部），共兩百多種獨特課程。

開校至今有超過兩萬人次上課，當中不乏許多I-turn或是U-turn到日本地方的工作者，有些打造地方青年旅宿、食堂、共同工作空間，意外成了地方工作者的培育搖籃。

黑崎強調，「比起教學，更重視創造『情境』。」自由大學中黑崎所帶領的「策展學」課程，即貫徹了這樣的想法。課程上，講師們把大家分成數個團體，並透過找到大家的共通點來爲團隊命名。他說「大家分享想法、對話，大家情緒高漲，核心的東西才能出現」，然後再經過幾週，課程成員的氣氛更會有轉變。縱覽自由大學的課程，都有這樣要召喚出大家內心的特殊元素。

初級策展學	講師：黑崎輝男、策展人兩位 名額限制：二十名｜學費：二萬八千日圓
第一堂	思考學習的原點與新型態的學習 從大學的起源來思索學習的原點／策展的重要性
第二堂	認識策展的原點 「策展」究竟為何？／從編輯與統籌視角來重新思考策展／獨特視點與發想
第三堂	創造獨一無二 創造自由大學授課企劃所需之信念與第三者視點／有彈性的點子發想與具體的主題設定／價值創造／自由大學的預算設定與計畫設定之道
第四堂	呼喚共感、召集人們 繫結共感的授課內容以及文章視覺表現／課程目標設定與後續預想／標題與宣傳文之存在感／思考吻合主題的資訊傳達與擴大方法
第五堂	實踐計畫發表 課程計畫發表／具體實踐的優化會議

自由大学

代表作 3

Midori.so——體現工作觀的共同空間，牽起社群連帶感｜二〇一二～

MIDORI.so的起點是二〇一二年五月MIDORI.so Nakameguro的開張。東京中目黑高級住宅區中，有一幢突兀的、被藤蔓包裹的老建築，因緣際會閃躲過拆除與更新的命運。老舊建築在夥伴們的改造下，加入了自波特蘭運來的老傢俱，打造成有趣的共同空間、廚房、會議室，甚至還有藝廊，成爲了MIDORI.so的發源地。爾後，中目黑之外，還曾經拓展到表參道、福井，以及近期的馬喰横山據點。

公司（company）一詞，若追溯其語源學，是「一起吃麵包的夥伴」之意，而到了大航海時代，才衍生出「公司」一意，也就是同坐一艘船、一起共同冒險的人們，開始指稱組織爲「company」，換言之，有個同船一命、同甘共苦的隱喻在其中。而到了現代，「company」成了公司、企業的代名詞，僱用與受僱間的劃分顯而明確，過往的夥伴意涵隨之逝去。MIDORI.so的誕生，正是企圖打破現今狀態的一個嘗試，黑崎希望能夠創造一個社群，讓偶遇得以發生，找尋到跨越領域間的界線、能夠「一起吃麵包、一起出航」的夥伴。

儘管當今共同工作空間已經逐漸普及，也有國際大企業加入市場，但MIDORI.so依舊顯得獨樹一格，有著特殊的「夥伴社群連帶感」。問黑崎是如何打造這樣的社群氣氛，他簡單明瞭的說，大家一起料理、一起吃飯時的實際對話很重要。不管是董事長、社長、還是工作的員工，所有人在同一個空間裡平等的一起吃飯聊天，而非像日本企業經營階層和一般社員通常有分別的食堂。Midori.so就是一個這樣可以感受到自由的空間。同個空間裡有人邊喝咖啡邊聊天，也有人一邊吃著零食一邊工作，要是喝了點紅酒稍微醉了也不要緊。這樣創造出自由的氣氛，正是「創造狀況」。

除此之外，對於「工作是什麼」、「什麼是工作」的提問，不僅只是體現在MIDORI.so空間據點的擴張，黑崎更帶領團隊以出版書籍、刊物的形式，持續的以行動來對世界提問，並與夥伴們一起不間斷探索。

ⓘ Midori.so被打造成一處可以感受到自由的共同工作空間。

衍生編輯之作①：《We Work HERE》

ⓘ We Work HERE 東京の新しい働き方100》，2016年出版／224頁／1800日圓。

週一至週五，每天早上擠上滿員電車，朝東京都新的商業辦公區前進，是大家習以爲常的東京通勤風景。不過在東京，工作只有這樣一種樣態嗎？大家都是爲了賺錢才工作的嗎？我們是爲了誰、爲了什麼而工作呢？有沒有更多開心的可能呢？因爲這些如湧泉般的疑問，編輯團隊以「工作是什麼」爲核心發問，訪問了了一百位有著特殊工作哲學的工作者，集結成《We Work HERE》一書。這本書不僅嘗試綜覽對於工作的種種疑問，更試圖以百位工作者的經歷與故事，提出新型態的工作哲學之道。

《We Work HERE PAPER》，2017年起不定期出版 / 2大張8版面 / 免費索取。

衍生編輯之作②：《We Work HERE PAPER》

實體空間、書籍之外，二〇一七年更開始出版報紙《We Work HERE PAPER》，內容緊扣MIDORI.so的核心主題「工作」，每一期的形式多元多變，有時是對談，有時是進駐夥伴專欄。雖然由MIDORI.so出版，不免讓人懷疑是不是一份對內聯絡用報紙，不過內容與呈現都十分多樣有趣，就算不是空間進駐夥伴也能快速認識MIDORI.so，並且了解其獨特的工作倡議路線。

特別介紹：MIDORI.so Bakuroyokoyama（馬喰橫山）

二〇二一年八月進行空間改造的群眾募資，十月開幕的MIDORI.so馬喰橫山，是個有著一到七樓寬闊空間的新據點。

座落在東京東部的服飾批發集散地馬喰橫山，新據點不僅已成爲地方交流中心，更是鑲嵌地理脈絡、設置回收資源的設計再造工作室，將當地產業產生的廢棄布料賦予新的價值與生命。

MIDORI.so馬喰橫山已成為地方交流中心。

代表作 4

TAKIGAHARA——限界聚落再生計畫，思索「爲何而做」的本質問題 二〇一六～

TAKIGAHARA CRAFT & STAY

二〇一六年TAKIGAHARA FARM計畫的啟動、二〇二〇年TAKIGAHARA CRAFT & STAY的開幕，接連宣示了黑崎投入石川縣小松市滝原町的限界聚落再生計畫。

黑崎的想法是：挖掘埋藏在地方的價值並重新改造，以創造新的價值。面對限界聚落這樣棘手的課題，黑崎依舊以個人獨特的視角來思考，「如果只是在想『該如何是好』那麼就完了，要思索的應該是『爲何而做』的本質問題」。

TAKIGAHARA計畫的腹地遼闊，共有一幢老房子與一千五百坪的土地，因此衍生了許多不同的計畫與設施，以下逐一介紹。

TAKIGAHARA FARM

在滝原町，里山風景與農村文化仍健在，而種植稻米與蔬果的自給自足生活方式、鄰人們共存共好的生活意識，即自農村文化中分枝的面向，都成了多樣的學習，「Cultivate to Culture」因而成爲這裡重要的概念。而以此概念爲核心的TAKIGAHARA FARM，過去是一處農人民家，改建之後化身爲一個歡迎村內外人們的農舍空間。

⇧「Cultivate to Culture」是TAKIGAHARA FARM的核心概念。

TAKIGAHARA CRAFT & STAY

前身是有著百年歷史的古民家，之後轉變爲融合傳統與現代的設計樂園，空間裡盡是國際知名設計師的傢俱與家飾。區域內有多處工藝工坊，有地方職人在製作木胎，也有漆器職人在飾漆，當地的九谷燒、和紙、漆器等工藝文化都在此進行傳承。

⇩ TAKIGAHARA CRAFT & STAY宛如融合傳統與現代的設計樂園。

↑ TAKIGAHARA CAF É 透過「食」的主題來呈現地方面貌。

TAKIGAHARA CAFÉ

以滝原所產的蕎麥粉、當地採摘的蔬果爲素材，搭配隨四季遞嬗以及生產者的建議而變化的料理菜單，企圖透過「食」這個主題，來傳達地方好吃、好玩又有趣的一面。

MOSS BAR

農家倉庫改建的酒吧，一樓藏有數百瓶的自然派紅酒、北陸地區的日本酒、日式威士忌；二樓則是備有黑膠唱盤機，能一邊在吧檯小酌一邊聽唱片。

KYU :: URUSHI

在KYU工坊，可以看到職人們把木頭製作成一個個有著美麗器物形狀的木胎，而因爲地處山中漆器、越前漆器、輪島漆器產地的交通位置，因此以「漆之管家」之姿，串連多位漆器工藝家，並提供原創漆器製作、修復，以及金繼的各種提案。

代表作 5

《TRUE PORTLAND》——掀起波特蘭旋風的旅遊指南，加持市民自發性創造力｜二〇一四～

因爲弟弟居於美國波特蘭，因此黑崎在近四十年間頻繁造訪這個曾經默默無聞、但現今卻是全美「最想居住地」第一名的城市。

二〇一四年，黑崎出版了《TRUE PORTLAND》，沒想到反應太熱烈，接連改版出版。因爲這本書，日本吹起了一陣波特蘭風潮，造訪波特蘭的日本旅客也急速增長，成爲近期刮起波特蘭旋風的指標之作。

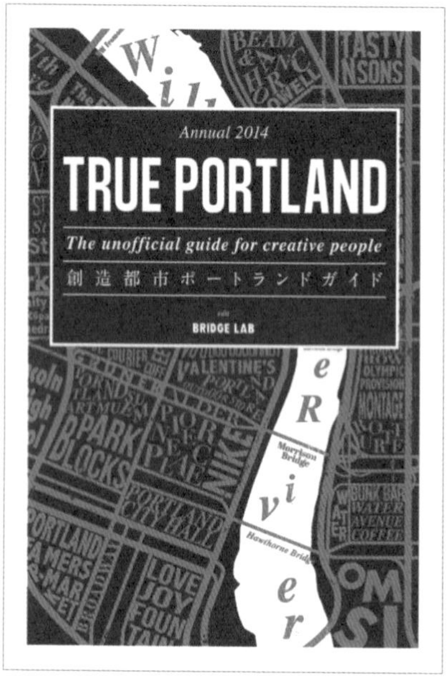

透過長時間的觀察，黑崎發現引領波特蘭成長進化的，並非地方政府或是大企業，而是普通的市民，即市民自發性的創造力，造就了波特蘭迷人的魅力。這樣的觀察和體悟，讓黑崎回頭想像日本：日本也有許多創意十足的年輕人，但要如何把這些人集合起來，一起在都市中創造有趣的事物呢？「若是要進行實踐，但沒有人擔負起風險走出第一步，那麼是無法開展的。」基於這番覺悟，他總是願意挺身而出，擔任起許多創新計畫的發起人，不管是自由大學、MIDORI.so，或是表參道的都市實驗奇蹟COMMUNE 2nd；可以說是因爲有黑崎先攬下責任與風險、踏出第一步，因而孕育出許多新世代設計師、創意工作者、料理界新星，並同時催生了東京等街區的創新與創造力。

↑《TRUE PORTLAND: The unofficial guide for creative people》，2014年出版，隨後陸續改版／刊載場所超過400處，附區域地圖／306頁／1800日圓。

代表作 6

進化地方的旅宿策展——從地域的想像打造旅宿，讓旅人從旅館走進街區｜二〇一九～

二〇一九年起，黑崎開始受邀擔任多處旅館的策展總監。有別於其他旅館經營規劃的專家，黑崎特別強調「不是只打造旅館」，而是要上升到更廣闊的地域，「思考這個地方該如何變有趣、該如何進化」。

NOHGA HOTEL（東京上野）

以二〇一九年開幕的NOHGA HOTEL爲例，因爲座落於對年輕創意工作者友善的上野地區，且當地的下町台東區有著自古流傳的手工藝文化，因此旅館的定位即是傳統和創新並存，並以「促發和地方連結的住宿體驗」爲概念，即試圖將地方職人、地方創意工作者連結旅客，創造新地方文化體驗的旅宿。

黑崎團隊除了海外視察超過三百間生活風格旅店之外，更費時兩年半訪查地區內四百多間工坊與店鋪，從玻璃製品、皮件工藝、木工雜貨等手工藝，到在地的乾物店、味噌店等，都蒐羅進在地調查名單。

團隊夥伴掘之內司表示，在進行旅店的策展工作時，最初的階段工作是「製作地圖」，把感興趣的店、有意思的建築通通標註進地圖中；接下來就是大膽狂想，像是試想旅館旁邊能出現有趣的店、把當地次文化的店鋪聚集起來等等，並透過速寫的方式描繪點子，創造意象化的願景。

最後，團隊在四百多間店家地圖當中，嚴選在地店鋪與工房合作製作旅店專屬品項，像是注重設計性與功能性的文具工坊「kakimori」（カキモリ）、江戶時代流傳至今的玻璃工坊「木本硝子」、在地腳踏車店「tokyobike」、自家咖啡烘培工坊「蕪木」，一共開發三十件在地品項，未來也將持續開發。此外，四百多間在地店家資料庫，也成了旅店定期製作紙本獨家地圖的泉源，創造「讓旅人從旅館走進街區的內容」。

↑ 黑崎團隊打造的風格旅宿THE KNOT TOKYO Shinjuku（東京新宿）。

↓ 旅宿策展作品之一K5（東京日本橋）。

CHAPTER 2

接合社會氣氛的編輯術，營造有魅力的幸福地方

Kazumasa Sashide
指出一正

｜《SOTOKOTO》

地域營造　# 地方創生　# 地方活化　# 縣民驕傲　# 地方社群　# 地方行動者　# 地域振興協力隊　# 地方刊物　# 移住　# 關係人口　# SDGs

被公認爲日本指標性地方主題雜誌的《SOTOKOTO》（ソトコト），其實在一九九九年創刊之初是以「樂活」爲主軸，直至指出一正於二〇一一年成爲二代編輯長之後，才開始了路線調整。二〇一二年，雜誌主軸由樂活轉定調爲「Social & Eco Magazine」，轉而面向Local（地方）、Social（社會）、Community（社群）的主題。二〇二一年又再度進行路線調整，以「SDGs」（聯合國永續發展目標）主題揭開《SOTOKOTO》的新頁。

這位帶領《SOTOKOTO》不斷經歷改變與創新、甚至可稱爲日本地方代言人的編輯長，卻總是謙虛的說，從小因爲愛釣魚造訪了日本許多自然之地，但對於「地方」的人文之美、文化之美的感受，其實來得非常晚。透過雜誌編輯的工作，他才真正開始看見「地方」，也看見地方上的「人」。

指出一正 Kazumasa Sashide

- 一九六九年出生於群馬縣，上智大學法學部畢業後正式進入雜誌業界，最初在戶外運動主題雜誌社就職，二〇〇四年加入《SOTOKOTO》（ソトコト）雜誌社。
- 身為日本地方系指標性雙月刊《SOTOKOTO》雜誌編輯長的同時，亦擔任日本許多地區地方活化計畫活動之要角，並出任日本政府地方創生本部、環境省、國土交通省、農林水產省等委員會之委員。
- 二〇一六年出版著作《我們在地方發現幸福》，書中提出「關係人口」概念，之後並以各種行動、計畫推廣該概念與實踐，成為「關係人口」倡議家。
- 全年以編輯長身分在日本各地進行採訪與演講等活動，平均一週造訪九個鄉鎮。
- 二〇二二年起，開始東京、神戶之兩據點生活。
- 委託費用：單次演講四十萬日圓，專案委託約一千萬日圓／半年（各約台幣八萬八千元、二百二十一萬元）。

雜誌路線隨社會脈動演進

指出一正（以下簡稱指出）出生成長於群馬縣高崎市，從小就在與大自然、動植物非常緊密相處的環境中生長，像是爺爺養了孔雀當寵物，也常被家人帶去河邊一起釣魚。他在小學二年級就愛上釣魚，對於釣魚的熱愛至今都沒變，大學時期因校內沒有釣魚社團，因此他改參加登山相關的社團，自此也愛上了山林，並開始造訪日本許多村落。

「雖然去到許多日本的地方，也深受吸引，不過現在回想起來，過去只是把地方當作『舞台』來看，因爲當時對地方上的『人』、『社群』都沒有太大興趣。」指出回憶道。

核心概念接合社會氛圍

大學畢業之後，他於當時以「Ecological Minded Magazine」（エコロジカルマインデッドマガジン）自居的戶外運動雜誌社《Outdoor》就職，「當時正好是空前的露營風潮時期，接著是擬餌釣魚的風潮，那時候是雜誌大賣、廣告滿稿的時代啊。」

二〇〇四年，指出因爲想要進一步開拓領域、轉換位置，便轉職到《SOTOKOTO》擔任副主編，該雜誌創刊於一九九九年，以「樂活」爲核心概念，專注於環境與慢生活相關主題。二〇一一年，指出從一代傳奇主編小黑一三先生手中接下總編輯職位，成爲二代主編；二〇一二年，這位新上任的主編改造雜誌定位，將原本的樂活主軸轉換爲「Social & Eco Magazine」。「並不是因爲是二代主編所以才大改路線，而是因爲感受到社會氛圍的變化，爲了接合社會氣氛的轉化才有了這樣的調整。」指出解釋。

看見地方更看見地方上的「人」

二〇〇八年開始，因爲受到NPO法人ETIC(1)的邀請，他開始擔任「地方青年挑戰大賽」（地域若者チャレンジ大賞）的評審，其他評審則都是創造了許多地方振興奇蹟的大前輩，有「四萬十Dorama」（四万十ド

註(1)　ETIC（Entrepreneurial Training for Innovative Communities）是一九九三年創立的NPO法人組織，以「培育開創未來社會人才」爲宗旨，至今協助超過一千六百人創立新事業。
註(2)　參見「關鍵字小辭典」。

⊕《SOTOKOTO》主軸從樂活轉換成更富社會性，面向地方。左圖主題為「樂活設計之關鍵字」（2006/01），右圖為「手工業 × 社會設計」特輯（2016/07）。

ラマ）的畦地履正、在岡山西倉粟村開創了林業創業圈「西倉粟・森林學校」（西粟倉·森の学校）的牧大介等「超級地方英雄」，因而開啟了指出對於地方的新想像。

此外，「地域振興協力隊(2)」制度於二〇〇九年上路，再加上二〇一一年三一一東日本地震與海嘯的災難影響，開始出現許多返鄉、歸鄉的年輕人。一點一滴，都讓指出感受到了社會脈動的變化，而這樣的觀察，就順勢反映在《SOTOKOTO》雜誌的路線轉換上，「於我於雜誌，都是從那時候起，開始看到地方上的『人』。」

只是，雜誌的路線轉換並非易事，「二〇一一年開始，我們轉而面向地方、社會、社群的主題，但是完全賣不動。」指出說，過去以環境議題起家的雜誌，突然轉換路線，讀者一時之間也無法適應。就這樣低迷了半年左右，直到二〇一二年十二月刊「年輕農友改變日本」（若い農家が日本を変える）特輯，讓雜誌在一週之內賣光、創造再刷佳績，這才確立了《SOTOKOTO》轉型成功的基礎，並奠定其社會性、地方性指標刊物的地位。

↓ 地方性指標刊物《SOTOKOTO》反映社會脈動的變化。

四大議題 Q/A 指出一正

以下訪談，針對指出編輯長的「日本地方觀察」、「關係人口」倡議、「地方編輯」概念與方法，以及近期對於「SDGs」動向的觀察，進行四大議題的深入訪問與整理。

議題一：日本地方觀察

青年 UIJ-Turn 開創地方的可能性

Q—能否分享對於日本UIJ-Turn的社會觀察呢？

如果是談「日本年輕人開始感受到地方魅力」的起點，大約五十年前的一九七〇年代左右，其實有一波「地域營造」（地域コミュニティーづくり），也就是自己創造理想的烏托邦，在日本有幾個地方，就有年輕人移住並創造了當地的社群（community）。

天然災害刺激「地方思考」

但這一段過去和近年UIJ-Turn(3)的脈絡有點不同，如果要談近年UIJ-Turn的起點，我想是二〇〇四年的新潟縣中越地震。地震發生之前的社會風氣是，大家都把眼光放向「全球化」，像大學有各種「國際」相關科系、大家都想到海外發展；但地震發生之後，國際NGO的日本分部開始組織志工到新潟，許多年輕志工到了當地，發現了新潟美麗的梯田風景、越後地區的山林風光，促成原本國際思考導向爲主的東京年輕人發現日本的另一個世界，因此我認爲這是「地方思考」最初的起點。順帶一提，中越地震發生的時候，我人在玉山，我是在山屋裡被告知地震的消息，當時的山友和後來在台中遇到的許多台灣朋友，都跟我表達對這個地震的關心，讓我印象非常深刻。

回到UIJ-Turn的脈絡，我認爲中越地震是年輕人和地方的生活、地方的社群「相遇」的起點，而那之後二〇一一年的三一一大地震，也是同樣的邏輯，雖然是令人悲傷的災害，但無庸置疑的是災害之後「把眼光轉向地方」確實是增加了，像三一一之後就出現了許多開始認識東北的年輕人。

「地域振興協力隊」政策加持移住

這兩個天然災害之外，還有另一個重要的國家政策，是二〇〇九年開始的「地域振興協力隊」（地域おこし協力隊）。我個人認爲，對於作爲「讓年輕人回鄉／到地方」的其中一個方法，這個制度算是滿成功的，也就是讓返鄉者在任期的三年間有基本的收入，並在這期間熟悉、融入地方，之後想辦法在地方創造工作等。

二〇〇九年最初只有不到百人，現在成長到一年有超過五千多人，而這樣的激增帶來了什麼變化呢？在地方上，有特色的咖啡店、好吃的麵包店開始出現，而這些有趣店鋪和事物的出現，許多都是協力隊的前輩們在各種試行錯誤之下的成果。協力隊制度創設至今已經超過十年，因此前輩們的成果，也累積成許多的範本，讓大家看到原來在地方上是有這些可能性的。而在我們《SOTOKOTO》雜誌

註(3) 參見「關鍵字小辭典」。

裡登場過的人，許多都有協力隊的經歷。

Q—全國性的脈絡之外，各地區也有獨自的脈絡嗎？

有的，西日本就稍有不同。「過疎」（編按：「疎」同「疏」）這個詞，是從西日本的島根縣開始出現的，在東京還在泡沫化時代，島根縣就開始有人口減少的趨勢，可以說是非常早開始面對人口減少問題的地方，因此自彼就開始有人口減少的對策以及各種實踐者。

另外，西日本、關西因爲文化和風土的關係，有著讓各種在地行動較能夠發生的土壤，比起嚴肅的課題解決，印象中西邊的地方行動常常帶有比較幽默、歡樂的氣氛。像是Studio-L的山崎亮先生、graf的服部滋樹先生[4]，都是代表性的先行者。

Q—日本好像會在二〇一〇年代興起一股地方刊物的熱潮，這股熱潮的背景是？

大概是二〇一三、二〇一四年左右，出現了地方刊物的熱潮，我想是有幾個原因綜合在一起的。

①首先是因爲有像是《雲之上》（雲のうえ）[5]這樣經典、走在前面的刊物出現。

②二〇一四至二〇一七年間是還沒過渡到數位媒體的過渡期，那段期間出現了許多使用地方政府「城市宣傳」（City Promotion）預算所製作的紙媒體，像是地方地圖、地方導覽手冊等。

③二〇一一年三一一大地震的影響也很大，那之後UIJ-Turn的設計師、創意工作者非常多，例如福島設計事務所的佐藤哲也[6]，而這些設計師回鄉之後，最一開始接到的工作委託大都是紙本的設計物居多。

④在三一一之前，大約二〇一〇年左右，日本全國其實就有一股「ZINE風潮」，也就是創作者個人獨立製作、具有個人風格的刊物。

⑤二〇一四至二〇一七年之間，可以說是一個「場域營造」（Place-making）的時代，大家非常熱衷於打造各種據點，而在這樣實體空間的地方，比起網路資訊，紙本的媒體更爲適切，也更受到重視。

總結來說，可以說是三一一大地震的影響下，許多年輕人UIJ-Turn返鄉，在「ZINE風潮」的推波助瀾下，藉著地方政府「城市宣傳」的預算，而製作出了許多宣傳地方、表現地方的刊物。而比起二〇一四年的鼎盛，近年就相對比較少了，大多都轉移成網路媒體。

地方創生講究官民的平衡配合

Q—對於日本地方創生(7)第一期的成果，指出編輯長有什麼評價呢？

不管是第一期還是第二期，我都是參與國家委員會的委員。在第一期的期間，可以看到許多年輕人為我們發現了地方上的各種可能性，因此我想比起政府，更應該肯定這些年輕人。另外，近期也可以感受到許多地方上的「實際案例」紛紛出現，並且為大家所見，也就是說大家身邊都出現了許多範本，這非常棒。

在這五、六年間，甚至出現一股「Local風潮」，其由來我想可以歸功於地方上許多年輕人、設計師、編輯等創意工作者的出現，再加上國家與各地政府推波助瀾。我想不僅是國家推動，還有民間的各種火花，這樣官民之間的配合與平衡是非常好的。

Q—台灣在二〇一九年也有自己的「地方創生」政策，能不能請指出先生給予一點建議？

我想有一點非常重要，就是在開始創生之時，對於地方未來的目標、方向、範本、期待，以及實踐的方法，都需要非常具體與明確，例如如果希望年輕人移住的話，那是希望什麼樣的年輕人來；又或是想要創造一個讓大家聚集的空間，那會是怎樣的一個空間。如果主事者沒有把這些「明確化」，只是消耗預算、辦辦講座或是分享會的話，之後是不會有東西留下的。

除了目標的具體化之外，我認為人才育成、社群創造也非常重要，在軟體的社群建立起來之後，再依據社群的性質長出硬體，舉例來說，可以參考埼玉縣草加市的「ShareAtelier-Tsunaguba」（シェアアトリエつなぐば）(8)。

註(4)　參見作者《地方設計》第三章〈服部滋樹：地域品牌化〉。
註(5)　《雲之上》是二〇〇六年創刊、以北九州市爲中心的免費半年刊情報誌。
註(6)　參見《地方設計》第六章〈佐藤哲也：街區營造〉。
註(7)　參見「關鍵字小辭典」。
註(8)　參見本書第十三章「松村美乃里｜Tsunaguba家守舍」內文。

《SOTOKOTO》曾多次介紹「Local風潮」下的實際案例，圖為「巡泳東京」（東京を泳ぐ）特輯（2019/07）中介紹神津島的地方創生行動。

議題二：關係人口

不移住也能深度連結地方

Q——指出先生是「關係人口」概念的提倡者，能不能分享一下出現這個概念的背景呢？

在新冠疫情前的大約二十年間，流入東京的人口是擋都擋不住的狀態，甚至出現「消滅可能性都市」一說，對此國家不得不推出各種促進「移住定住」的政策，也因此二〇一四年開始出現了「地方創生」這個詞彙。

促進移住門檻高

要讓地方恢復元氣，就要先增加當地人口，於是大家就開始一起思考要怎麼吸引人遷移到地方居住，像是一個家庭移住給予多少補助、準備免費的房屋等，但其實移住的門檻很高，因此想要促進移住，其實是非常吃力的工作。

另一方面，日本的總人口數持續在降低，卻又想要自己這個城鎮人口增加，不是聽起來矛盾又荒謬嗎？

因此我個人認爲，不一定要對「移住」那麼堅持，也是能夠打造有趣的地方吧；換句話說，移住政策固然重要，但也必須想想其他的可能性，而對我而言就是「關係人口」。

年輕志工與地方社群建立關係

我認爲，關係人口的起點，是剛剛提到的中越地震，代表性的例子有新潟縣十日町的前協力隊員多田朋孔先生，他的著作(9)裡就有很多說明。再來，就是二〇一一年的三一一大地震，許多二十到三十歲的年輕人，特別是有許多學生，到東北的災區當志工，這是另一個重要的背景。

就我的觀察，二〇一一年遇到的年輕人志工，他們說的是「我往來東北的〇〇市」（〇〇市に通っている），但到了二〇一四年左右，開始有了變化，他們改說「我和〇〇市有關係」（〇〇市に関わっている）。

「和〇〇市有關係」，這句話在日文聽起來也很奇怪，但爲什麼會有這樣的變化呢？這是因爲他們在地方認識了朋友，感受到當地對於自己的接納，發現自己能夠帶著自信說出自己和地方的關係，因此單純的、只能體現次數的「往來」，晉升到可以看出社群連結深度的「關係」。我想，這是「關係人口」這個概念被具體化的重要轉折，也是我提出「關係人口」的重要依據。

觀光以上、移住未滿的第三人口

Q——指出編輯長對「關係人口」的定義是？

「觀光以上、移住未滿的第三人口」是我常講的。當人們對於一個地方的情感不僅只是想去玩，還會想著自己是不是也能有幫上忙之處，或是能夠一起做什麼有趣的事，又或者單純的喜歡那裡之類，可能有非常多種混合的情感，若用一句話來概述的話，我想就是「和〇〇有關係」。

「關係人口」這個概念在二〇一四年左右具體化之後，我就想是不是能夠透過《SOTOKOTO》來介紹這個概念和這群人，也就是既非爲了觀光、也不是爲了找移住地的中間這群特殊又曖昧的人，因此後來就做了幾期關係人口的特輯。而政府對於關係人口的注意與動作，則是後來的事了。過往只有幾個地方政府著手關係人口相關的計畫，但在去年左右開始變成全市町村都得關注、著手的計畫主題。

註(9) 多田朋孔著，《奇跡の集落：村寸前「限界集落」からの再生》（中文直譯爲《奇蹟之村：從廢村邊緣的「極限村落」再生》），二〇一八年出版。

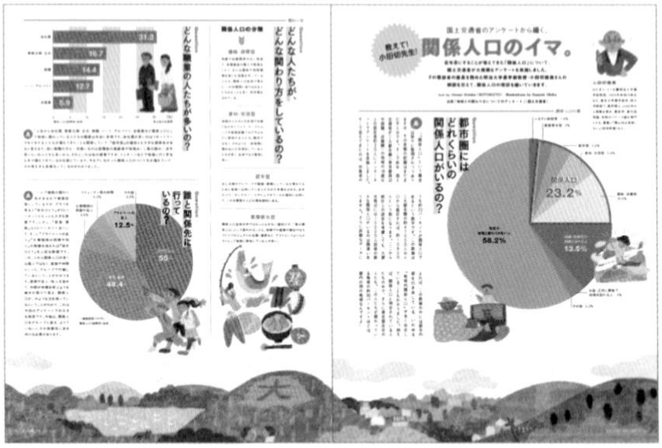

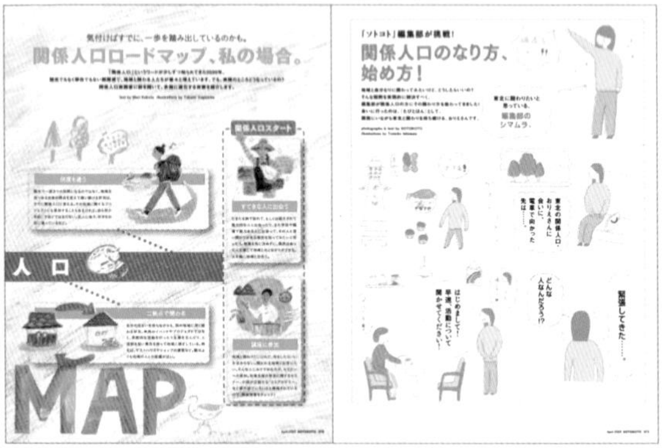

⑤《SOTOKOTO》的「新・関係人口入門」特輯（2020/04）透過案例報導、Q&A、漫畫、對談等多種方式來向讀者溝通關係人口議題。

線上線下創造、維繫關係人口

Q—「關係人口」是否因爲新冠肺炎疫情而產生變化？

因爲疫情，「東京一極集中」現象稍微緩解了一點，但眞的只有一點點。我想這除了疫情下遠端工作、工作旅遊（Workation）概念普及之外，還有包含像是ADDress⑽等訂閱制據點服務的擴大，讓各地方能夠比較容易出現年輕人的身影。

那麼大家都移住到地方了嗎？我想這是否定的，冷靜來看大家都移住到哪裡，可以發現就是移住到東京近郊的崎玉、神奈川，也就是頂多是首都圈的郊區。所以說疫情是否翻轉了人流、是否增加了許多UIJ-Turn，我認爲沒有到那樣的程度。不過另一方面，我相信因爲疫情，工作旅遊等概念出現，或是地方意象在媒體的曝光增加，對於地方開始有興趣、想要移住的人是有增加的，而且是持續增加，應該可以算是三一一大地震後的下一波。

關係人口分化成三類型

過往，大家對於關係人口的想像都是「非常遙遠距離」的關係，最典型的像是東京人是島根縣的關係人口。不過疫情讓關係人口的「距離」開始縮短，且分化成三類：

①區域內關係人口：也就是同一個縣內的關係人口。因爲疫情期間有移動的限制，長途的移動變得困難，大家因此開始發現鄰近的地區，而成爲區

註(10) 新創企業ADDress提供「月費制住到飽」（定額住み放題）服務，會員繳交定額費用就能在全日本各地的ADDress據點享受共同居住服務。

註(11) 參見《地方設計》第四章〈新山直廣：全方面設計〉。

註(12) 參見《地方設計》第一章〈梅原眞：負×負＝正〉。

域內的關係人口。

②線上關係人口：像是我所參與的「島事學術」（しまコトアカデミー），就持續舉辦了關係人口的講座活動，原本以爲滿意度會下降，結果反而收到了許多令人滿足的回饋。我的觀察是，過往因爲空間、時間限制無法參與活動的人，像是有小孩的人、爬樓梯有困難的人，都因爲線上化反而更能夠來參加，因此創造了爆發性成長的關係人口，且意外開發了跨世代的不同族群，甚至有七、八十歲的朋友來參與。

③流域關係人口：這個我得舉個例，山形有條叫做最上川的河流，它流經的地方被稱爲「最上地區」，區域內有新庄市、金山町等多個各有特色的市町村，而在這個區域內的Local Player（地方行動者）在各自的工作之外，也一起合作辦活動等，類似這樣的區域內合作在近期明顯增加，也就是說過去習慣用行政區劃分的界線，開始逐漸被跨越了。

因爲在過去，河川就如同現在的高速公路一般，因此不管是方言、生活方式、民族性文化等都比較相近，也就是比較容易成爲相近的夥伴。

我個人就是以這樣的「流域」尺度來看地方社會，我所拜訪的幾乎所有的流域，都有很棒的社群，像是福井設計師新山直廣[11]，就屬於九頭龍川的流域關係人口。另外，像是瀨戶內海、琵琶湖，也都屬於「流域」的概念。

流域關係人口最近之所以開始增加，我想是因爲各地的Local Player開始增加了，用地方設計舉例來說，以前可能就是「只有」梅原眞[12]先生一人，但現在許多村鎮都出現了優秀的創意人，而這樣也造就了更容易在流域區內串連的現狀。

Q——關於第二類的線上關係人口，有可能發展出「海外線上關係人口」嗎？

好問題。其實我現在被委託協助二〇二五年大阪萬國博覽會日本館，我們創立了「阪博未來編輯部」，要和大阪、和歌山、滋賀、京都的年輕人開許多編輯會議，一起思考「未來想要居住在怎樣的地方」。除此之外，政府也希望來參加阪博的海外人士，能成爲日本的關係人口。

總結來說，我們的工作對關係人口的創造共有三個階段，一是以大阪爲中心區域的關係人口，二是日本全國的關係人口，三是世界的關係人口。

地方與看得見臉的「夥伴」建立實質關係

Q—關係人口該如何建立與維繫呢？

雖然關係人口有可能會自然增加，但如果能更有意識的行動，潛在關係人口的個人和地方，就越有機會建立越來越深入的關係。

要提醒的是，現在大家談論關係人口，大多淪爲討論「數量」，像是常會聽到「今年增加了幾萬關係人口」的消息，不過那多是計算社群媒體上的「粉絲」。沒錯，增加粉絲的確非常重要，但我認爲在數量之外，如何增加「看得見臉」的關係人口、關係性，也就是增加實質的「夥伴」，也非常重要，這也是我接下各政府委託時會最先溝通的部分。

Q—以增加關係人口爲目標時，需要注意什麼？

地方和關係人口的關係就如同鏡子一般，地方的人如何接納外來的關係人口，以及所形塑的氣氛，對於關係人口的創造有一定程度的影響，例如一個歡樂的地方，就會吸引來歡樂的關係人口。

一旦關係建立之後，沒有一定要「永遠」保持關係。像是和一個地方建立關係三年之後，接著移動到其他的地方，這也沒問題；如果之後又再回來，再度接續起過去的關係，我想這也都很好。換句話說，不必認爲關係一定要「永久」延續，這很重要。一個眞正好的地方，一旦有人離開了，也會有其他人再來，因此重點就是回到「要營造一個有魅力的地方」。

議題三：地方編輯的概念與方法

跳出同溫層長期定點觀察地方

Q—聽說您對於許多地方有長期的「定點觀察」？

這十幾、二十年間，有進行長期定點觀察的，大概有三十個地方，其中有一年去四次的，也有三年去一次的。

我覺得如果只是去一次然後寫一篇報導，這樣是不夠的，重要的是在時間的推移下掌握並看清地方的變化。我們或許常會看到，像是「某地奇蹟似出現了地域營造的天才」這類的報導，但那之後的五年、十年呢？如果沒有持續追蹤觀察的話，我認爲是缺乏責任的。

因此對我來說，到許多地方很重要，而針對單一地點進行長期的定點觀察，也同樣重要。我想，這也是我個人在編輯工作上的強項。

⇩ 指出一正團隊接受二〇二五年大阪萬國博覽會日本館委託創立了「萬博未來編輯部」。

Q—但許多讀者追求的是不同地點的新案例故事，您都怎麼挖掘全日本的地方情報呢？

二〇一四至二〇一五年之間，我開始了「Rental歐吉桑」的免費租借計畫，就是想要「租借」我的人可以免費把我租借出去。這個計畫在臉書宣傳，收到許多地方的租借要求，我就在那兩年間，大約是一個月二到三次的頻率，去到許多原本自己沒去過、從未想過要去的地方。這兩年下來，一共去了大約六十個地方，租借的人非常多樣，像是東北災區的高中生、鹿兒島的大學生，而這些都是跳脫原本既有網絡社群的人們，沒有一個是曾經認識的熟人，也就發展出許多意想不到的連結，對我來說最後就形成了一個特有的網絡。

而這些租借我的人，很多在三、五年後就在《SOTOKOTO》登場。我相信這些人的故事，絕對不是在網路搜尋就能找到的。總之我就是這樣一股腦的到許多地方，並觀察著地方上即將出現的下個世代。

按照現在的演算法邏輯，就算在網路上搜尋，也容易陷入既有的嗜好或是方向。編輯也是如此，如果染上了特定的色彩，很容易就只能在特定的圈子裡工作，這樣就只能成爲一個「狹窄」的編輯者，因此我都有意識的儘量避免。而「Rental歐吉桑」，就是一個讓我可以接觸到原本非同溫層人們的方式。

《SOTOKOTO》與時俱進

Q—《SOTOKOTO》在二〇二一年將副標自「Social」調整爲「SDGs」，是有什麼考量嗎？

對媒體來說，如果不持續增加認同的讀者，能夠接觸到的讀者終究會有局限。《SOTOKOTO》提倡「關係人口」、「SDGs」，一定會收到各種正反意見的回饋，像是就有人說我們是爲了搭上時代的潮流，但我認爲，如果想要再更觸及一些還未觸及的讀者的話，那就可能需要依據時代的變化進行調整。

那麼要如何看出一個詞彙的期限，以及什麼時候該轉換呢？我想，解讀世界的氣氛非常重要，而我自己個人的方針是，到日本的地方上去尋找與感受。

成爲「和大家一起創造資訊」的媒體

Q—《SOTOKOTO》怎麼決定每一期的主題？

每一期主題的來由，都出自我心裡的一個「範本」，也就是有一個想要報導、介紹的人。舉近期的《帥農業》（かっこいい農業）爲例，最初是因爲遇到農友加藤加美小姐，她是稻農，但最近也開設了精釀啤酒的釀造所，我一直覺得她很帥、很酷，就有了這個主題。

我們大概一年到一年半以前就會定好一年六冊的主題，因此明年、甚至是後年的主題，也大致都確定了。

而如果要問怎麼訂的，我認爲就是要透過感受「社會氣氛」來訂定，而不是「社會潮流」喔。或許爲了感受「氣氛」，辦公室設在東京有一定的道理，但沒有匯聚到東京的訊息，就需要透過到地方上去感受了。還有就是要貼近國際的脈絡，將「世界氣氛」作爲思考的背景。

最後，我們的工作就是，把那些感受到的資訊，透過特輯的主題進行「語言邏輯化」的工作。

Q—《SOTOKOTO》在二〇二〇年爲何轉爲隔月出刊？現在似乎也不僅只有雜誌？

《SOTOKOTO》介紹的人都是經過長久的努力，調整成隔月出刊，能拉長賞味期限至少一個月左右。同時，我們也成立了「sotokoto online」，創立了線上大家也能夠閱讀到報導的網站，目前大約一個月有三百萬左右的閱覽數。我們現在就是紙本和網站兩軸經營，紙本比較接近書籍製作的概念，而比較追求速度的訊息就交給網站。

我們現在的工作主要有兩個部分，一個是雜誌，一個是專案的委託。

資訊傳播的管道不是只有紙本刊物，專案、計畫、行動也可以是資訊傳播的形式。因此我近期就以「編輯長」的角色參與了許多的計畫，像是參與奈良奧大和藝術祭「MIND TRAIL」的策劃，或是擔任山形「like a bird」影像計畫的總監。

像這樣的委託越來越多，我被期望的工作好像就從「雜誌」的編輯，逐漸轉換到以編輯的視角來進行各種有關於地方的「計畫」。過往，我們是個傳達資訊的媒體，但現在希望可以作爲「和大家一起創造資訊」的媒體。

獨到編輯術跨形式皆適用

Q—指出編輯長認爲「編輯」的定義是什麼呢？

我從大學四年級開始了雜誌編輯的生涯，任職《SOTOKOTO》之前，我在「興趣嗜好類」雜誌的工作經驗特別長，而這類型雜誌最重要的目標就是讓不同的讀者在一翻開之後，能有「哇，好療癒」「哇，好有趣」的感受。我就是持續帶著這樣的思考，覺得如果面對的是想閱讀的讀者，那麼形式可以是雜誌，而如果是不看雜誌的群眾，那麼形式就有可能是市集、活動或是影像，對我來說這些形式都沒有偏離。

↓ 主張貼近國際脈絡的《SOTOKOTO》曾出版歐洲地方設計特輯（2015/11）。

← 指出一正以編輯的視角參與了奧大和藝術祭「MIND TRAIL」的策劃。

將困難的東西講得易懂悅人

另一方面，其實我心裡也有著想要協助解決社會問題的想法，我想分享一段小說家井上廈的名言：「把困難的事物容易化，把容易的事物深度化，把深度的事物有趣化，把有趣的事物認真化，把認真的事物愉快化，然後愉快的事物就讓它保持愉快。」這段內容可以說是我製作《SOTOKOTO》，或甚至是我身一個編輯長，在編輯工作裡最重要的核心。

Q——能不能分享您特有的「編輯術」？

我有十個編輯重點提問，不管是紙本或甚至是活動、企劃等，我想都是適用的。

對一個編輯者來說，第三點非常重要。編輯的工作經常會獲得特別的待遇，像是採訪一些平常見不到的人、在店鋪開幕前得以先行參觀等，因爲這些特殊待遇，有時候也會和受訪者產生交情，這些有時候會讓編輯出現一種好像「不得不幫受訪者說話」的心理，但一旦有這樣的狀況，可能就會說得過多，反而變成不是加分。

Q——那麼您的「地方編輯術」呢？

關於地方編輯，我要再分享一段內容，是有關我非常敬佩的民族學者宮本常一先生的「父親十條」。宮本先生是個走路走遍全日本的學者，山口縣出生的他，十六歲的時候要去大阪工作，當時他父親交給他十個法則，要他未來去任何新地方時都以此爲準備。

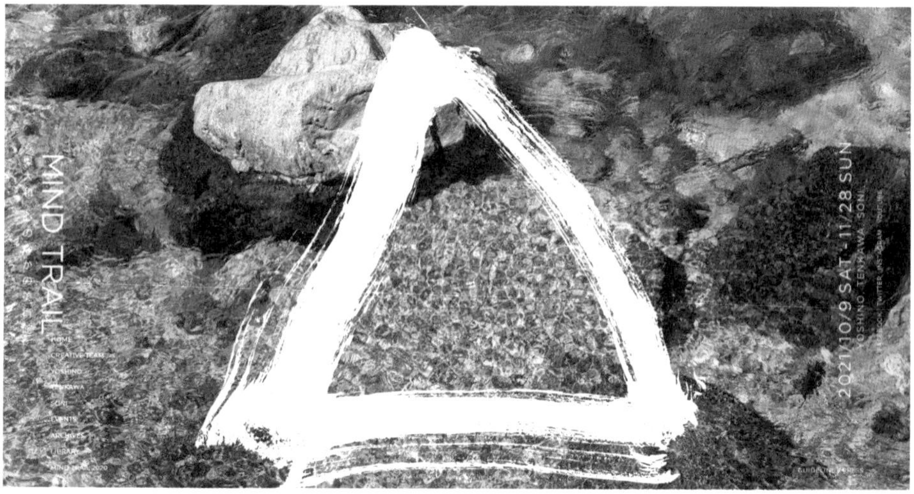

將「父親十條」應用到觀察地方

對我來說，這十條法則，就是觀察地方時重要的十個方法，我也常在許多講座跟參與者分享，尤其是一到四點，以及第十點。這些都是我到不同地方會有意識觀察以及實踐的內容。

像是第一點，我就會想東京的下北澤站和神戶的三宮站，人們的氣氛是怎樣的不同。

第二點，也是我到新地方一定會實踐的，然後就可以看到舊市區和新市區有什麼脈絡，而理解之後就比較好想像如何進行地方營造。

關於第四點，我的做法是，到地方開會時都提早大約一小時到，並在地方上走路逛逛，觀察店家、社群，對地方能更有所掌握。

之後的第五點到第九點比較是父親對兒子的叮囑，可以參考或是跳過，但最後一點非常重要，就是發現大家漏看的事物，而這也是《SOTOKOTO》一直以來在做的事，像是關係人口就是一例，大家都把重點放在觀光人口、移住人口，但其實都忽略了在那兩者之間的部分。從這裡我們可以看到，編輯並非要從零到一創造新東西，而是透過進行整頓、重新排列組合，或是重新命名等方式，來重新整理既有的、被遺漏的事物。

也因此，我相信每個人都可以成爲地方編輯者；或者說，如果每個人都能夠成爲地方編輯者的話，對地方就是一件益事。

議題四：SDGs動向觀察

SDGs、地方、幸福連動未來

Q——指出編輯長認爲SDGs和地方的關係是？

SDGs和地方這兩個主題，親和性是非常高的。

環境省有一個概念，叫做「地域循環共生圈」，但這個詞有點拗口，所以我比較常講「Local SDGs」。「Local SDGs」想要表達的是，SDGs這個非常大尺度、大目標的概念，可能讓大家覺得是國家層級且距離非常遙遠，那麼可以將尺度縮小些，改以「地方」爲單位思考，想想看地方二〇三〇年之後的目標與圖像。

Q—SDGs、地方、和近期大家越來越提倡的well-being之間的關係又是？

對於二〇三〇年之後的未來，即「後SDGs時代」（Post-SDGs），在日本的數位田園都市國家構想（デジタル田園都市国家構想）中，目標的設計開始從「永續」（sustainable）轉移至「幸福」（well-bing）；另外，《SOTOKOTO》一開始也是以永續作爲主軸介

↘ SOTOKOTO》的「新・地域編輯術」特輯（2021/5），介紹在紙媒之外以編輯視角進行的各種地方計畫或行動的案例。

指出一正的十個編輯重點提問

① 內容是易懂的嗎？
② 有建構／論述好脈絡嗎？
③ 有沒有聚焦在想要傳達的內容上呢？
④ 有沒有富含自己個人的想法與心情呢？
⑤ 有沒有考量到讀者的想法與心情呢？
⑥ 會不會過度依賴文章呢？
（不進行過度或非必要的說明）
⑦ 有沒有使用自己最喜歡的文字與圖片呢？
⑧ 是否有呈現對於土地的感情呢？
⑨ 是不是面朝未來的呢？
⑩ 有沒有成為有趣的內容呢？

紹SDGs，但在二〇二一年推出「幸福特輯」之後，我們也覺得非常一致。後SDGs時代的重點，可以說「幸福」將成為一大重要主題，這是無庸置疑的。

關於well-being（幸福）和地方的關係，我想特別強調「being」（存在）的部分。人是需要「心靈歸宿」的，也就是一個可以以自己希望的方式、步調存在的地方，或是說一個被認同、被接納的地方，而這樣的地方，我相信是在Local的地方比較容易找到。

指出一正觀察地方的方法

① 如果有搭火車的話，要好好看看窗外，看稻田或是菜園裡種了什麼，長得好不好，村子裡的家屋大不大，是屋瓦還是茅草頂，像這些都要好好觀察。到達車站之後，要留意上下車的人，大家都穿什麼樣的衣服。另外，也要好好觀察貨物區都放了什麼樣的貨物。這樣一來，就能知道這個地區是富裕還是貧窮，是否是個辛勤工作的地方。

② 不管是村落或城鎮，到了一個新的地方，一定要登上最高之處看看，了解方向，並且看看有沒有醒目的地方。如果能在山頂上俯瞰，那麼可以先看看顯眼的地標，像是森林、寺廟，接著看看有家屋、稻田的方向，也看看周圍的山脈，如果山頂上有引人注目的東西，那麼一定也要去那裡一瞧究竟。如果能在高處好好俯瞰地形，那麼接下來就幾乎不會迷路。

③ 如果金錢上允許，就把當地的料理、名物都品嚐一遍。因為這樣就能夠理解當地生活的高度。

④ 如果時間上允許，那麼就盡可能走路。這樣一來就能夠獲得許多學習。

⑤～⑨中略

⑩ 試著去看到人們看漏、錯過的東西，在那之中一定有非常重要的東西。不需要著急，請在自己選擇的道路上堅定地走。

——引自宮本常一之「父親十條」，由作者節錄、翻譯。

地方編輯術×指出一正

"編輯並非要從零到一創造新東西，而是透過進行整頓、重新排列組合，或是重新命名等方式，來重新整理既有的、被遺漏的事物。"

代表作 ①

《SOTOKOTO》雜誌特輯主題——拋出新概念，持續跟讀者溝通

在《SOTOKOTO》眾多的特輯主題中，在此挑選出幾個特別具代表性、且持續耕耘的主題。

主題① 關係人口

《關係人口入門》（関係人口入門）2018/02
《續．關係人口入門》（続・関係人口入門）2019/03
《合本．關係人口入門》（合本・関係人口入門）2019/07
《新．關係人口入門》（新・関係人口入門）2020/04

自二〇一六年指出編輯長於個人著作《我們在地方發現幸福》（ぼくらは地方で幸せを見つける）中提到「關係人口」之後，《SOTOKOTO》隨後就以多期介紹此概念。內容除了介紹日本各地的「關係人口創造」案例之外，更透過Q&A、漫畫、對談等多種方式，深入淺出介紹關係人口的概念、做法、可能性。這一系列的特輯，可以說是推動日本全國上下注目「關係人口」一詞的重要參考資料之一。

左圖：《SOTOKOTO》深入淺出倡議關係人口的概念與做法。
右圖：日本的地方設計蓬勃發展，《SOTOKOTO》也接連推出相關特輯。

主題② 設計

《樂活設計之關鍵字》（Lohasデザインのキーワード）2006/01
《Eco-Design》（エコデザイン）2008/06
《社區設計》（コミュニティーデザイン）2013/12
《社會設計》（ソーシャルデザイン）2014/08
《歐洲的地方設計術》（ヨーロッパのローカル・デザイン術）2015/11
《手工業X社會設計》（ものづくりXソーシャルデザイン）2016/07
《地方設計》（地方のデザイン）2017/2
《地方設計2019》（地方のデザイン2019）2019/02
《地域設計2020》（地域のデザイン2020）2020/01
《地域設計集》（地域のデザイン集）2021/04
《創造地域的地方設計集》（地域をつくるローカルデザイン集）2022/05

設計，一直是《SOTOKOTO》自創刊以來持續關心的主題，不過依照雜誌的路線轉換，觀察面向也有所不同。

在雜誌創立之初的「樂活」時期，相關的設計特輯便是以樂活、環境設計為主；在轉向於「社會」之後，特輯主題隨之轉為社會設計、社群設計；近五年來則是連續推出「地方設計」主題特輯，足見日本地方設計的蓬勃發展。

⊕ 地方編輯主題的採訪個案已從地方紙本刊物擴至更多元的形式。

主題③ 地方編輯

《地域編輯術》（地域の編集術）2017/05
《全日本小刊物圖鑑》（全日本リトルプレス図鑑）2018/01
《活用於地域的編輯力》（地域で生かす、編集力）2018/07
《新．地域編輯術》（新．地域の編集術）2021/5

從《SOTOKOTO》的地方編輯主題的採訪個案中可以發現，過去對於地方編輯的想像多以「刊物」爲主，但近年來的地方編輯已經變得更加多元多樣，不僅不再拘泥於紙本刊物，更擴及網路媒體、場域編輯、空間媒體等，對於編輯的想像變得更加廣義。

主題④ SDGs

《SDGs入門》（SDGs入門）2019/06
《續．SDGs入門》（続．SDGs入門）2020/06
《幸福入門》（Well-bing入門）2021/07
《SDGs入門：地球環境篇》（SDGs入門：地球環境編）2021/09

二〇二一年，指出編輯長正式將《SOTOKOTO》的副標自「Social」修改爲「SDGs」，宣示了對於SDGs的重視與投入。不過，在此之前《SOTOKOTO》便曾出版過SDGs的特刊，且二〇二一年更把眼光投向「後SDGs時代」的重要概念「幸福」，反映出思考上的持續進化。

案例特點

《SOTOKOTO》向來不怕特輯主題重複，反而因為這樣的累積、持續耕耘，形塑了雜誌的形象，更奠定了其在這些主題範疇的意見領導地位。但在這樣「舊瓶新酒」的舊主題新特輯中，如何透過主題微調、內容精煉來推陳出新，則是《SOTOKOTO》展現編輯力之處了。

「like a bird okitama」影像計畫從置賜地區歷史喚醒縣民驕傲，並創造女性雙向的內外對話。（左圖攝影／ Kanako Ojima）

代表作 2

like a bird okitama——置賜內外女性對話影像，創造思考未來的時刻｜二〇二二

在日本的地方社會上，相較於男性，女性參與各項事務、活動的門檻偏高，通常較難以「出場」，山形地方的觀光局因爲感受到如此的性別課題，因此找來指出編輯長商討對策。

指出編輯長提出了一個半年的計畫，製作女性旅人爲題的系列影像「like a bird okitama」，同時一邊整備地方大眾參與、討論的場域。

計畫的名稱，源自於十九世紀末的一位英國女性探險家——伊莎貝拉．博兒（Isabella Bird）。在海外旅行不普及、女性的自由也還被束縛的時代，伊莎貝拉．博兒卻如其名，如一隻鳥兒般在世界各地旅行，曾造訪山形縣置賜地區（Okitama），在她《日本奧地紀行》一書中，就讚賞該地區風景如東洋伊甸園的世外桃源。

這段歷史，以及伊莎貝拉．博兒對於置賜地區的讚賞，深受當地珍視，並視爲佳話。而影像計畫的目標，就是希望能把這個地方自古以來即有的縣民驕傲（civic pride），以現代的形式進行轉化。

在「like a bird okitama」的影像設定中，找了五位「現代版的伊莎貝拉．博兒」，到訪置賜地區的五個城鎮，並拜訪當地不同的女性，架構出「女性與女性相遇」的主軸，並透過地方女性的介紹與對話，讓雙方能把目前正在進行的行動、未來想要嘗試的行動進行梳理敘述。

案例特點

指出編輯長不僅透過主題設計、名稱訂定等方式，喚起伊莎貝拉．博兒來訪的這段歷史佳話與過往的縣民驕傲，還透過五位女性旅人的來訪安排，重新刻畫「現代版伊莎貝拉．博兒」的故事，更藉由在地女性人物的登場，創造雙向的內外對話，加深故事的內涵與深度。

代表作 3

島事學術（しまコトアカデミー）——島根系列講座，不斷創造關係人口社群｜二〇一二～

當日本其他的都道府縣還沒有面臨人口減少的課題時，位於西日本中國地區的島根縣早在一九九二年人口就開始持續下降，因此島根縣也是最先展開各種移住定住政策的地方政府。只是，當其他都道府縣也紛紛祭出各種吸引大眾移住定住的政策之後，島根縣就意識到，如果全日本的總人口持續下降，那麼各縣的移住政策就只會淪為人口爭奪，因此他們開始思考，有沒有可能在移住之外，創造都會圈「認識島根」、「為島根加油」的人呢？

二〇一二年，島根縣與《SOTOKOTO》合作，邀請指出編輯長擔任總監，開始以東京為起點舉辦「島事學術」的系列講座。與一般講座最大的不同是，「島事學術」每一屆的學員人數限制在十至十五名，因此想要參加還需要經歷選考等流程，成功入選之後便能夠參與為期大約半年的系列講座。

㊤「島事學術」講座活動成功培育了島根縣的關係人口。

講座內容從認識夥伴、認識島根開始，並透過講師的引導，逐步找出和島根建立關係的方法，接著藉由實習的方式進入地方現場，最後透過提案將想法成形為行動計畫。

雖然「島事學術」最初舉辦地點為東京，但後續也擴充於關西、廣島及島根縣內舉辦，更在二〇二〇年新冠疫情期間挑戰線上形式。自二〇一二年舉辦至今，雖然每一期的參與成員人數極少，但超過十年持續舉辦下所累積的參與成員超過六百名，而這正回應了指出編輯長所倡議的「關係人口」概念，他也明白表示「關係人口」的概念正是由「島事學術」所發展出來的。

有趣的是，雖然講座活動不要求成員一定要移住或是以「移住」作為成果KPI，但島根縣「關係人口」的培育，卻意外促成了不少實際移住的案例。

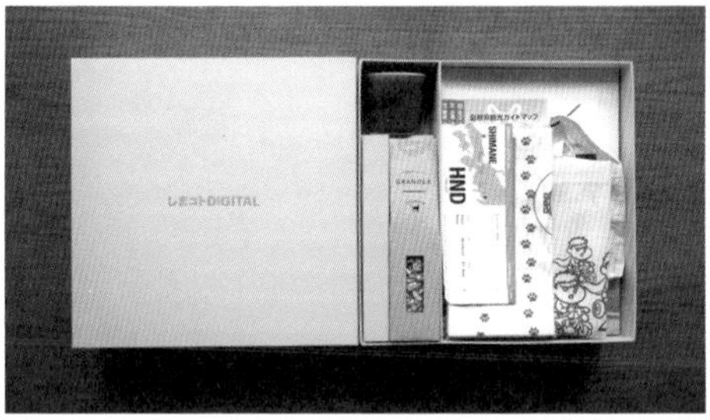

↑ 學員收到來自島根的禮物盒，有一張象徵性的「前往島根之機票」。

案例特點

彙整「島事學術」系列講座的特點，可以歸結出四點（如圖），其中「找到志同道合的夥伴」是指出編輯長在推動活動時特別留意的。因為每一屆成員人數少，因而能有「認得臉」（顔を見える）的認識，而且容易產生更深入的交流；除此之外，所謂「夥伴」不僅只是同屆成員間，更是指「島事學術」自第一屆以來所累積的網絡成員。指出編輯長留心於創造跨越不同屆成員間的交流，成為島根的關係人口能夠從個人走向「關係人口社群」的重要關鍵。

「島事學術」系列講座四項特點

1. 居住在都市也能夠參與
2. 不需移住承諾也OK
3. 有島根在地導師作為後盾
4. 能夠找到志同道合的夥伴

CHAPTER 3

全能地方編輯家，用設計性思考打破現狀

Toru Iwasa
岩佐十良

|《自遊人》

設計性思考　# 共感統合　# 實體媒體（Real Media）　# 地方文化　# 食文化　# 中立立場　# 縱覽角度　# SDGs　# 移住　# 地方創生　# 生活觀光

提到「編輯力展現」、「編輯力之跨界應用」，不得不提到的就是肩負雜誌總編輯身分、又多方面跨界發展的創意總監岩佐十良（以下簡稱岩佐）。在擔任雜誌《自遊人》總編輯之外，可以看到岩佐時而以古民家旅宿「里山十帖」的代表發聲，時而以「雪國觀光圈」（DMO）的總監登場，有著多歧的身分和多樣化的領域發展。不過，若要歸結岩佐的原點與核心，無疑是編輯與設計兩大主軸，而以溫泉和食爲主題的《自遊人》不僅是奠定這一切的根基，更是他和地方「發生關係」的原點。

岩佐十良 Toru Iwasa

- 身兼編輯家與創意總監，從編輯、設計出發，涉及包含雜誌編輯、食品企劃製造、農業、旅館住宿等多面向領域。
- 一九六七年出生於東京池袋，一九八九年於武藏野美術大學就讀期間創立設計事務所，後改投向編輯界，二〇〇〇年創立以溫泉和食為主題的《自遊人》雜誌並擔任總編輯。
- 因有感於「實體媒體」(Real Media)的重要性，於二〇〇二年創立天然食品網路商店Organic Express，更於二〇〇四年將辦公室自東京移轉至新潟。
- 二〇一四年創立從編輯視角出發的古民家溫泉旅館里山十帖。
- 另以「食文化」與「空間改造與活化」為主線，以創意總監身分活躍於日本各地，涉及領域多歧，主要以「製作」與「傳達」為核心，專注於創造「物件」、「事件」、「時刻」，以及空間的「實體媒體化」。
- 著作甚豐，代表作《里山を創生する「デザイン的思考」》繁中版(《地方創生 × 設計思考：「里山十帖」實戰篇》)於二〇一八年在台灣出版。
- 委託費用：演講單次三十～四十萬日圓(交通等雜費另計，約台幣六萬六千～八萬八千元)；顧問分為初期與實施兩階段，初期階段(約三個月)為三百～六百萬日圓(交通等雜費另計，約台幣六十六萬～一百三十三萬元)。

工作通則思考法：設計性思考

就讀於武藏野美術大學工藝設計科系的岩佐，在四年級時休學創業，和大學同學租了一間只有六疊（約三坪）大小的公寓，創立了以平面設計與空間設計爲主的設計公司。毅然的創業，卻讓業界前輩評爲「沒有設計才能、但有各種綜合統括能力」的人才，促使岩佐決定在設計主業以外投身編輯領域，公司業務也開始拓展以雜誌爲主的內容編輯製作，更在二〇〇〇年創辦了以溫泉和食爲主題的《自遊人》雜誌。

↑ 岩佐的編輯代表作《自遊人》奠定了工作上「設計性思考」的根基。

縱覽岩佐目前涉獵的工作與領域，雖然多元多樣，但最終都可以歸結到他獨到的「設計性思考」模式，換言之，「設計性思考」可以說是他工作時所使用的通則思考法。

三步驟推進設計性思考(1)

岩佐所開創的「設計性思考」，是個「以打破現狀爲目的的思考法」，也就是重新自根本來思考、來探索解決問題的方法。最重要的立基是「在初期不參考任何資料」，各種統計數據、行銷數據等都不參閱。

岩佐認爲，各種統計看似客觀，但其實不管有意無意，都必定有個人主觀價值觀的介入。對他來說，比起行銷數據，最重要的是「任務／使命」（Mission），隨後是「計畫」（Plan），最後才是「行銷」（Marketing），而其中任務與使命確立之後，計畫可以是任何形式，以實體媒體來說，可能是網路商店，也可能是古民家旅館。

註(1)　本節圖文內容參考自岩佐十良所撰之《里山を創生する「デザイン的思考」》（二〇一五），以及〈デザイン的思考とイノベーション〉（二〇一六）。

步驟①：
現實社會與資料的反覆驗證：複數人格之想像

岩佐說明，最一開始的做法是，總之自己先體驗看看。要做雜誌的壽司特輯，那麼就要體驗許多壽司料理；要開旅館的話，就去參觀各種旅館；要進行地域營造的話，就要去許多地點見學。在這之間，最重要的是不被自己的「興趣」牽引，相對的，要以「俯瞰」的視角來體驗。換句話說，要以「多重人格」的方式來進行體驗，也就是要以多種「價值觀」並存的方式，觀察怎樣的人格能夠獲得「共感／共鳴」。

這之後，才回頭看各種數據與資料。換言之，在閱讀各種數據之前，有了自己以「多重視點、多重人格」的親身體驗，如此在閱覽各種數據時，便更能理解它們是在哪些立基點下歸結出來的，也因此能夠謹慎、甚至是驗證式的使用數據資料。

以《自遊人》雜誌來說，岩佐在決定每期的主題時，完全不會先做各種調查，不去書店，也不上網找熱門話題，他甚至認爲「其實任何主題都

步驟1.現實社會與資料的反覆驗證：複數人格之想像

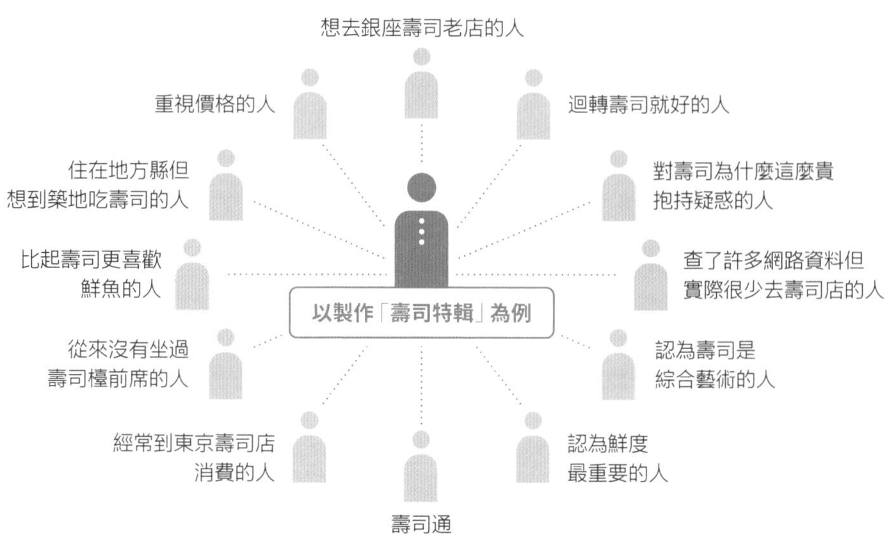

行」。壽司主題和天婦羅主題，前者一定會比較受到歡迎；吃到飽主題和蔬食主題，一定是吃到飽會賣的比較好。不用先行調查，依據既有的經驗就都知道。所以，如果最重視銷售量，那麼就做壽司特輯；但如果更想要鎖定特殊社群，蔬食主題也不是不可能。

若以壽司特刊爲例，岩佐的做法會是什麼都不先調查，就先隨意選一家壽司店前往，並在品嚐壽司時，觀察身邊的客人，同時在心裡注入其他種人格，試著思考「現今的消費者是追求怎樣的壽司呢？」。最後，如果是想要衝高銷售量的場合，那麼就是在眾多的人格中找出最大公約數；而若是想要針對特定的消費群體，那麼就是針對特定消費群找出其特殊嗜好。

岩佐非常重視親身的實際體驗，對於在現場被吸引的體驗，都會進行反覆思考與考察，以回答「爲什麼會被吸引呢？」「在現場的其他消費者，爲什麼會到此消費呢？」。爲了「里山十帖」，岩佐至今累積的溫泉入湯數超過一千三百次，留宿與參觀的旅館超過三千家，每到一個地方，他都會觀察且思考來訪的消費者，像是：大家都是跟誰來？爲了什麼目的來？在此期待什麼？在不同的地點、與東京有著不同距離的旅宿有什麼不同？從體驗中來多重驗證。

步驟②：共感之統合

在步驟一的時候，腦內會進行多種人格疊加的身分與思考，而到了步驟二，則是要從大量的人格中抽取出「必要人物」，並找到他們會共同產生「共感的重點」，而這樣的「共感點」，可能是這些必要人物間的流行，或是反映了當時社會的世態。

這樣的過程，岩佐稱爲共感之統合，也就是把複數人格的價值觀統合爲一，並進行反覆的驗證。岩佐特別聲明，這樣的「共感統合」雖然最後像是回到了「一個個人」，但這並非由編輯者個人來代表，而是複數人格的「意識共同體」，或者又可以稱爲「共感集合體」。

而這個部分更是「編輯工作」中的重點，針對特定的群體，要透過最小的勞力來創造最大的效果，並且

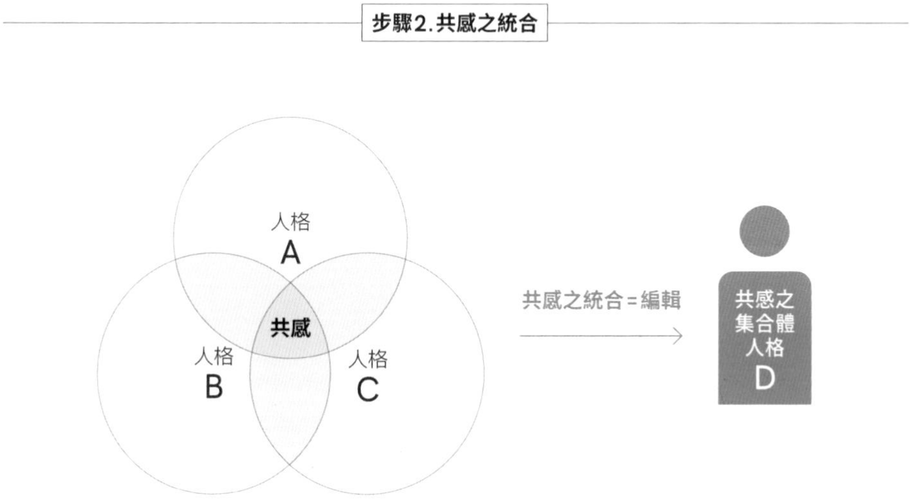

在受限制的頁數中取捨，什麼要刊登、什麼要捨棄，都是依據共感統合的核心來進行；換言之，要讓雜誌的主軸不失焦，這是非常關鍵的重點。

步驟③：思考的推翻與建立

設計性思考的過程牽涉許多社會風氣、時代潮流的影響，因此不同的時間點會產生出不同的結論。由於結論會隨著時間軸的變化而有不同，因此一旦決定要依循結論來實踐，但卻沒有立刻行動的話，那麼答案也會開始變調。

現行社會裡常有的會議模式，多是經過長時間的合議制過程才得以總結出結論，因此常會出現與當下環境脫離的狀況。面對這樣的局面，設計性思考的過程可能會讓事件出現必須「打掉重練」、「打破過往邏輯」的情況，此外，在共感統合過程中，因應不同程度的檢證也會導引出不同的結論，因此必須要進行多次的修正才能使結論的「精度」更爲提升。

步驟1~3總結

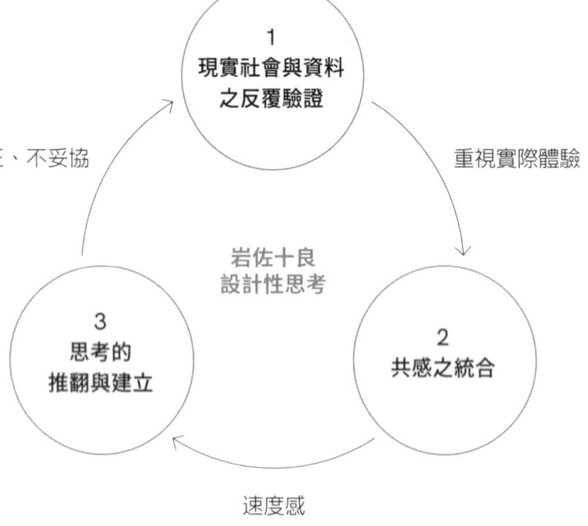

編輯心法 Q/A 岩佐十良

打造《自遊人》成為有信賴性的媒體

衝發行量不靠廣告收入

Q—能不能分享對這幾年日本雜誌產業變化的觀察？

不知道其他國家是否一樣，日本雜誌的收入主要分兩種：販售收入和廣告收入，大部分的雜誌都是靠廣告收入。二〇〇〇年前後，網路抬頭，過去投入到雜誌廣告的預算開始轉移到網路，而因爲廣告預算減少，雜誌的力量也就開始式微。二〇〇〇年代，開始出現宣布休刊、廢刊的雜誌，二〇一〇年代這樣的狀況更是加速。

Q—但《自遊人》在二〇〇〇年，也就是這麼一個「險峻的時代背景」之下創刊了？

對，因爲我們《自遊人》決定要做一個不依靠廣告收入的雜誌。爲此，我們就必須想辦法增加發行量，也因此，我們決定要做一個「有信賴性」的媒體。

對比之下，多數雜誌是「廣告商」基礎的雜誌。二〇〇〇年左右，有越來越多「置入性行銷」的廣告報導（タイアップ広告）出現，也就是看起來像是報導文章的廣告，讀者開始分不清什麼是廣告、什麼是報導，對於媒體也有了質疑。而《自遊人》因爲創建了讀者的信賴感，因此創刊的二〇〇〇年之後，在大環境不太好的時代裡，發行量逆勢成長。

「實體媒體」創造外延的感官體驗

Q—爲什麼開始跨足網路商店呢？

在網路抬頭等背景下，我們發現「眞正好的東西」好像越來越難被發現，因此我們也一直在想，這些眞正好的東西該如何介紹出去。於是二〇〇二年，我們在辦雜誌之外開始了Organic Express網路商店，販售雜誌所介紹的好食品。

我們希望報導內容、農業知識等這些和「左腦」相關的內容，能夠透過實際品嚐、味覺、嗅覺，連結到「右腦」。從那時候我就開始把這樣以「虛擬（Virtual）提案」爲主的雜誌加上實際（Real）的食品，這樣一個統合的概念稱爲「實體媒體」（Real Media）。

Q—據說Organic Express當時開創了獨特的銷售方式？

我們當時創立了「不混米」的販售方式，也就是不把不同生產者的米混裝。現在聽起來可能非常普通，但是在二〇〇二年是非常劃時代的做法。我們還推出了「吃吃看米」（お試し米）的set（套裝組合），就是一個set裡有五個生產者所種的米，讓消費者可以吃吃看、比比看，這樣的做法當時在日本是第一次出現，也因此成爲了非常熱賣的商品。

而我們能推出這樣子的商品組合，原因在於我們擁有自己的碾米工廠、倉庫、物流系統、物流據點，包裝發送等也都自己來，而這就跟一般雜誌社經營的商店很不一樣，因爲其他大多是委託外部生產者，碾米、包裝等也都委外運作。

Organic Express對於米的販售有自己一條龍的生產運輸系統。

移住地方深化雜誌與食品的共感度

Q—之後是什麼契機從東京遷移到新潟呢？

對比於一般媒體，報導一結束就結束，不管實際上好不好都不需要負責任，而我們在報導介紹之後也販售商品，因此就必須付出更多的責任，不然的話，是無法獲得大家對雜誌、對食品的共感，也基於這樣的原因，才毅然決然決定移住到當地。

二〇〇二年我們在新潟的南魚沼市建造了物流據點，但當時工作還是以東京為據點。不過後來發現，為了雜誌的公信力、說服力，我們不更了解這些食材、食品的生產製作是不夠的，得更加學習，且置身於生產環境中。因此二〇〇四年公司的一部分開始搬遷到南魚沼市，我個人也在同年移住到當地，到了二〇〇六年，則是把剩下在東京的辦公室整個搬過來。

當時，因為覺得不自己也種米的話是不行的，因此我們開始種稻，從二〇〇六年起一直到二〇〇九年間，我們一邊編雜誌，一邊非常認真的學習種稻。

Q—當時是向農友租借水田種稻嗎？

有租借、也有持有，總共有兩公頃，不同的田地我們就嘗試用不同的農法、不同的除草法，原則上都改為有機、減農藥的農法。基本上，就是五月黃金週開始，一直到十月十日左右，每天都要農作，一邊就編輯雜誌。一早起床到六點之間，還有中午太熱的十點到下午兩點間，以及晚上六點到晚上九點、十點間，也就是早上、中午、晚上各有一段時間。

↓ 移住新潟的岩佐十良和工作夥伴體驗一邊種稻一邊編雜誌的生活。

Q—從東京移住到新潟時，當地的反應是？

二〇〇四年移住到當地的時候，不要說「地方創生」這個詞還沒有出現，當時日本社會裡會移住到鄉下去的都是六十歲以上的退休人士，所以像我這種正值工作黃金歲數的三十多歲移住者出現，對地方上的人來說非常不可置信。另一方面，東京的圈子也覺得我是不是瘋了，就這樣離開東京，「這個人是不是要完了、是不是要放棄工作了？」。

但我一點都沒有要把工作丟一旁的想法，我相信就算在新潟，工作也能夠持續。我那時候已經感受到東京等大都市的極限，覺得接下來一定是「地方的時代」。

Q—當時是否有感受到都市和地方的落差呢？

過去在東京，我想我在工作上是有達到一定的成功，不管是年收、生活，住在地點好景色好的大廈、買想買的東西，或許許多人看來，這就是理想的生活，但其實現實是我一直都在工作，幾乎快沒有睡覺的時間，而心理上能夠感到滿足的東西，一樣都沒有，也就是心理上一點都不豐裕。那時候我就覺得，一定哪裡出了問題。

因此我就想，或許搬到地方年收會下降，但是應該能回到「人類該有的生活」。實際上我的年收下降到過往的三分之一，但心理上的豐裕，大概是過往的十倍、百倍吧。

跨足旅宿振興再起

預見「地方的時代」來臨

Q—爲什麼又再跨足到旅宿產業呢？

開始賣在地食品之後，當時的下一步其實是想開一間「體驗餐廳」，我想像餐廳的前方就是農田，有羊、有牛，客人來了也能體驗插秧、收稻。但在準備開店的規劃期間，發生了三一一東日本大地震，然後這個計畫就胎死腹中了。另外一個原本想要拓展海外市場的計畫，也因爲災情、因爲輻射食品的問題而斷然終止。

在這樣的背景之下，我們開始想接下來要做什麼，而「旅宿」這個選項就出現了。因爲很偶然的是，有個合作的農友來問我們：「要不要來看看市內一間要停業的溫泉旅館呢？」那時候是二〇一二年五月，三一一之後因爲新潟的米也受到無妄牽連（風評被害），我們當時眞的是處於一個看不到未來、快要走投無路的狀況，但因爲遇到了溫泉旅館，我就開始想，或許這是一個振興的機會，而且能夠成爲一個跨越雜誌、跨越食品，針對生活的衣食住各方面提供「生活風格提案」的場域。因此，我們就決定買下「里山十帖」前身的溫泉旅館。

另外一個原因是，作爲旅宿，還能夠以「實體雜誌」的立場來傳達各種生活提案、介紹新潟南魚沼的傳統文化等。

不過爲了達成這個目標，可眞的花了巨大的金額，是個我當時無法想像的數字，物件購置花了五千萬、裝修改建花了三．五億，總共花了四億日圓。當時因爲是災後，銀行對各種借貸的立場非常謹愼，原本說好了沒問題，中途又撤回，不過還好最後受當地業者之助，這些整修的業者願意通融等我們旅館開業、有營收之後再慢慢付清款項。之所以會有這樣的通融，也是因爲我自二〇〇四年搬到當地到旅館開業的二〇一四年，這十年當中所累積的信賴關係。

↓ 客人來到里山十帖能親自體驗收稻。

Q—當時岩佐先生有感受到新潟的潛力，所以才進行這項鉅額投資嗎？

那時候，我相信未來地方的觀光一定會被強調。只是，新潟對大家來說，是一個沒有「觀光地印象」的地方，像是四十七都道府縣的觀光魅力度排名，新潟大概排三十七名，以前甚至是四十名，所以大家要觀光並不會特別想要來新潟。但我一直相信新潟的潛力，像是日本「百座名山」裡新潟就排第三，擁有十一座名山；自然公園面積也只輸給北海道，排名第二；再說到米、日本酒，都可以說是名米、名酒的故鄉，都是日本第一。這樣自然資源、地方文化都豐富的地方，卻完全沒有觀光客，不是非常奇怪嗎？我深信憑這些資源條件，一定可以吸引觀光客，而我就是這樣拜託銀行、也拜託幫忙整修旅館的業者的。

← 里山十帖透過活動創造客人與在地人的「聚集之緣」，體驗當地的食文化。

生活風格提案旅宿：里山十帖與松本十帖

里山十帖體現「重新定義奢華」

Q—岩佐先生想透過里山十帖傳達什麼樣的概念呢？

里山十帖的重要概念是「重新定義奢華」（Redefine Luxury），主要有兩點。

其實我從二〇〇四年由東京移住到新潟開始，就一直在思索奢華、豐裕到底是什麼，而里山十帖就是把我這十年間的體悟，以旅宿的方式呈現。「當然經濟活動、金錢很重要，但是不是可以再重新檢視經濟和生活的平衡呢？」這是第一點。

第二點，是重新定義「食」的奢華。過去，「好的一餐」意味著不用豪華、高級的食材不行，但我覺得不是完全如此。舉雪國的食文化來說，保存食的智慧、循環的智慧、和地球共存的智慧，這些不正也是「奢華豐富的食文化」嗎？學習這些寶貴的智慧，不也是一種奢華的體驗嗎？也因此，我們在「里山十帖」立下了「料理十律」，來說明我們對於料理的思考。

Q—里山十帖的「十帖」，是哪十帖呢？

這「十帖」的主題，是我列出我覺得將來人類生活中重要的十個主題，也是我想對客人們提出的生活提案。大部分的主題概念都滿易懂的，但有特別說明必要的是「聚集」（集う）。

雖然來到里山十帖的客人，並不一定帶著「聚集」的想法而來，大多是想來慶祝紀念日、來放鬆，但我的理想是來到這裡的客人們能夠彼此結識，然後期待新的「聚集之緣」又能油然而生；除了客人之間的認識之外，還有在地的農友、酒藏的職人等，大家能互相認識，並且創造更多創意的事情，這是我一直以來非常期待的。

而類似這樣的案例非常多喔，像是來住宿的米其林三星廚師認識了當地酒藏職人，最近雙方就開發了一款搭配廚師料理特色的啤酒。

Q—這樣的交流都經由介紹的嗎？

有介紹的，更多的是透過在我們這裡舉辦的活動。雪國觀光圈每年辦五至六場活動，我們自己主辦的活動一年也多達十六到二十場。

松本十帖活化「生活觀光」體驗

Q—您近期經手的旅宿品牌松本十帖的主題是「生活觀光」，爲何會著眼這個概念？

我在疫情開始之前，其實就有在想「生活觀光」這個概念。二〇〇八年，我們幫忙把滋賀縣大津市一座町屋改造成旅館「講 大津百町」；那之後的二〇二〇年，我們另一處旅館松本十帖開幕，這兩家旅館，我們的概念都是「把整個小鎮的生活視爲觀光資源」，也就是把過去被認爲理所當然、也從來不會被當作觀光資源的「生活」，視爲觀光資源。

舉松本十帖所在的淺間溫泉爲例，過去是非常有名的溫泉觀光地，但後來沒落，過去那些「觀光化」的東西都不剩了，現在存在的是留存於地方、深植於生活的「溫泉文化」。也就是沒有觀光客來泡溫泉，但當地人會帶著裝著洗髮精、沐浴乳的木桶走在路上，去小鎮上留存的十多個溫泉場泡湯，這些是當地的日常風景。

保護根植於地方生活的文化

而我想，比起爲了觀光而刻意做什麼，更重要的應該是保護那些一千五百年前便存在於地方的「溫泉文化」，也就是這些根植於地方生活的日常。

舉例來說，在淺間溫泉，基本上當地的溫泉只有當地的人才能去泡，如果是過去昭和或平成時代普遍的做法，其實也是目前日本幾乎大半溫泉的做法，就是把這些共同浴場的溫泉開放，讓觀光客也能來泡。但至於淺間溫泉要不要也走這樣的路線，我是反對的，因爲只有維持不開放，地方上的溫泉文化才能留存。但觀光客還是會想泡湯啊，那怎麼辦呢？我們的做法就是在松本十帖裡重建了一處給觀光客泡的小湯屋「小柳之湯」。

此外，我們也故意把旅館的設施，像是咖啡館等，打散到小鎮上，要讓客人們走出旅館玄關。儘管可能會下雨、冬天可能有寒風，但希望客人可以體驗這個溫泉小鎮的日常文化和風景，創造觀光客和當地人交流的場所，而這也回應了里山十帖所注重的「聚集」。我十分相信，人和人的接觸、異文化之間的交流是文化能夠更活潑發展的重點，因此希望能夠創造這樣的空間，而這也是松本十帖非常重要的概念。

Q——松本十帖的做法似乎和城鎮旅宿協會（まちやど協会）有點相近？

概念的確相近。其實主要是城鎮旅宿協會裡面有許多人是我的好朋友，所以常常交換意見，也互相影響。

以編輯視點處理諮詢委託案

Q——對於顧問諮詢委託，岩佐先生都如何進行？

ⓥ 旅館「講 大津百町」由町屋改造而成，將小鎮生活視為觀光資源。

←「小柳之湯」滿足了松本十帖客人在溫泉小鎮的泡湯渴望。

我的做法可以說是以「編輯視點」出發。首先，我非常重視聽取大量的意見，不管是委託人、在地居民、各種利益關係人的聲音；同時試圖找出地方上有哪些孕育已久的文化、地方的identity是什麼、什麼是必須捍衛珍視的。而這些過程，通常最少會花三個月、甚至半年的時間。

有時候會被委託人質疑：「顧問要花這麼多時間嗎？一定要聽地方上其他人的意見嗎？能不能快點做些什麼呢？」只是，不經過這個過程，不理出地方的脈絡、委託人企業方的想法，不掌握好這兩方的平衡，便無法進行下一階段的規劃；但另一方面，也是因爲經過了非常長時間的認識、接觸地方，所以最後能夠一氣呵成提出output方案。

Q—顧問諮詢的委託，大多會經歷多長的時間呢？

不管是商品品牌的再設計，特別是地域品牌的設計，委託案的調研階段最少都要半年，所以整個專案完成基本上都要一年以上。如果是旅宿，還要再加上建築、裝修等，一年更是不可能的，一定是一年半、兩年等更長的時間軸。

新潟雪國觀光圈推動地方共榮

Q—岩佐先生似乎一直都是以行銷整個「新潟」爲概念來行動，不知道這個理念是如何形成的？

我一直都是把朋友叫來新潟，帶去跟我們經營無關的餐廳、產地、酒造，然後請他們幫忙一起宣傳新潟，所以常常會被問「是爲了什麼而做呢？」。

但我想的是，如果新潟能成爲世界的觀光地，讓大家想來看看，而最終有可能讓里山十帖被大家認識，這樣就夠了。總之，地方的發展是共存共榮的，因此最重要的是首先增加來到新潟的人，不如此的話，我們的旅宿也會沒有發展性。

Q——說到新潟的行銷，不得不提到「雪國觀光圈」，能請岩佐先生介紹一下這個組織創立的來由嗎？

在這個解決問題的過程，一個人是辦不到的，必須和許多人一起合作，借助大家的力量，「夥伴」非常重要。魚沼市因此就出現了一般社團法人「雪國觀光圈」這個組織，slogan是「爲了一百年後讓雪國繼續存在」，要達到這樣的目標，就必須增加認同這番理念的夥伴，而在夥伴增加的過程中，地方的力量就越來越大。

當大家聚集的時候，「綜合統籌力」就非常重要，因爲有許多不同技術的人來，如何集合又活用大家的智慧，且經濟上又如何達到可持續性的發展，這些都不簡單，也都非常重要。

Q——您是什麼時候加入的呢？

二〇〇四年移住到新潟的南魚沼之後，慢慢的和當地人認識、加深感情，和許多不同的人開始有了交流，然後新潟縣政府開始找上我們，有了一些縣級等級的活動和委託。二〇〇八年，受到「雪國觀光圈」邀請加入，我當時就跟大家說，新潟這樣的雪國，冬天會下三、四公尺積雪的地方，最具有象徵性、也易懂的是「食文化」。過去我們可能就說米很好吃、酒很好喝，但接下來不是只有這樣，而是要探究雪國文化裡面特有的食文化，並進行世界級的宣傳。當時還未有SDGs的概念，但我那時就相信這些傳統的食文化是重要的資源，而且必須被傳承。

地方編輯需要設計性思考

Q—岩佐先生認爲「編輯」是什麼？

我的職稱有兩個，一個是編輯家，另一個是創意總監（Creative Director），總合來說的話就是「編輯性質的創意總監」。

我所做的事，首先是：發現地方的優勢，挖掘地方的潛在資源，接著思考這些資源要怎麼琢磨，這是一開始非常重要的一步。而編輯的視點就是：現在的社會在追求什麼、有什麼樣的重要關鍵字、要怎麼做才能將資源和社會氛圍接軌；接著要傳播之時，要借助許多不同專業者的能力，也要同時思考這些照片、文章版面、設計，要怎麼安排才能有效傳播。

還有一點很重要，在「設計性思考」裡也有提到，就是身爲一個編輯，必須時常在心裡握有許多人格、許多價值觀，然後進行意識的統合。

Q—在進行「地方編輯」時，有什麼是需要特別注意的？

編輯者的特殊才能，就是必須要時常站在中立的角度，也要時常以縱覽的角度觀察許多事物，並且時常思考要如何把這些input轉化爲output。要將自己置身於地方上不同利害關係人（stakeholder）的處境，並找出大家共同一致的部分。

尤其在地方可能有著比都市更複雜的人際關係，這樣要如何在小村莊裡統整複雜的利害關係呢，這就是編輯視點可以發揮的空間，也就是在不同人的立場和想法間「調和」，幫大家梳理「目的」，提出「要達到目標，是不是可以做」的output方案。

Q—「編輯」和「設計」是什麼關係呢？

基本上，我認爲編輯和設計是一樣的，當要回答是爲什麼編輯、爲什麼設計的時候，我想都是爲了「解決問題」，也就是要對社會進行創新的提案，而創新提案，其實就等同於「讓社會變得更好、更有趣」。

↑ 雪國觀光圈集合夥伴之力探究區域裡的傳統食文化。

未來的媒體兼顧左右腦刺激

維持實體媒體、紙本媒體的平衡

Q—岩佐先生對於未來媒體的想像是？

我們現在以「實體媒體」爲出發，在食品販售、旅宿上下了許多心力，但是我認爲雜誌媒體依然非常重要，因爲透過閱讀，會讓讀者進行深刻的思考，而這個就是雜誌的優勢。也就是在右腦被實際的食品、體驗刺激之後，要再加上左腦的思考，才能促進人們做更多的搜尋、行動。而要促進左腦，比起網路媒體，紙本的媒體又更好。也因此，我認爲維持實體媒體、紙本媒體這兩者的平衡，不偏袒任何一方，非常重要，而這也是我們公司跟許多媒體公司不同的地方。

Q—岩佐先生會在媒體上提及《自遊人》赤字的狀況，很好奇儘管雜誌赤字也持續出刊的理由是？

因爲大環境的書店一直在減少，所以雜誌發行量、銷售量連帶受到影響，也因此開始出現赤字，但另一方面，我們的「實體媒體」基本上是「黑字」，以整體身爲一個「媒體」來看，只要加起來不賠錢，雜誌就一定會持續出刊。

Q—有想要從紙本涉足網路媒體嗎？

關於網路媒體，我們沒有太積極，不過正在思考接下來要怎麼進行YouTube頻道。我們有在想，網路的線上社團形式，或許適合想更深入認識社會設計主題、地方創生主題的朋友，因此我們正在規劃一個會員制的線上媒體，有點像是線上沙龍，讓大家可以更深入學習、對話的地方。

在地方活出SDGs概念

Q—您認爲「地方」和「SDGs」有什麼樣的關係呢？

我覺得「地方」和「SDGs」的關聯，是理所當然存在著的。地方上的生活，不正是非常符合SDGs的概念嗎？

許多人正努力保護地方的文化，或許大家用的不是「可持續性發展」這樣的詞彙，但就是努力想辦法要「留存、延續」。另一方面，我也相信地方握有許多「可持續性的豐裕」的可能性，因此我認爲從觀察地方，能夠獲得許多思考的靈感。

Q—最後一個問題是，爲什麼岩佐先生這麼全能呢？

因爲身爲編輯者，常常能夠認識許多專業的人，而基本上，只要肯問，就能得到許多指導，在這之外更重要的是，聽完之後就要立刻嘗試。

舉例來說，我非常會炸天婦羅，因爲雜誌在做天婦羅特輯的時候，我訪問了許多店家，從第一家聽到怎麼炸之後，回家立刻嘗試，嘗試失敗之後，隔天採訪另一家再繼續問，在這樣反覆操作之後，技能就逐漸上升。如果只有聽沒有做是不行的。

地方編輯術×岩佐十良

> 編輯者的特殊才能，就是必須要時常站在中立的角度，
> 也要時常以縱覽的角度觀察許多事物，
> 並且時常思考要如何把這些 input 轉化為 output。

代表作 ①

《自遊人》雜誌——生活風格深度探索，從地方創造地方的未來 二〇〇〇~

二〇〇〇年創刊、可謂是岩佐編輯長之原點的雜誌《自遊人》，是一本以「Ecological. Creative. Organic. We're designing lifestyles.」爲核心價值的生活風格雜誌。過往多以溫泉與料理相關主題進行特輯報導，曾經創下發行量十六萬、類別排行第二的銷售紀錄，近年則是轉向以有機、生活風格主題爲主軸。

二〇〇四年，雜誌本社自東京日本橋遷移至新潟縣南魚沼市，開始強調「因爲在地方，所以了解地方的事物。在地方思考、以地方爲據點的日本唯一全國販售的雜誌」，更有著「從地方創造地方的未來」的目標。

這本由岩佐擔任主編，並由他親自進行採訪、攝影的雜誌，可以說是發揮岩佐特有「設計性思考」的編輯實例。不同於市面上「以量取勝」的路線，《自遊人》總是在每期的主題之下，精選六至七個經典個案，進行深入的訪談與介紹，因而讓人透析岩佐獨到的精準眼光，以及深掘每個案例、並讓「每一期都成爲經典」的厲害之處。

⊙《自遊人》是岩佐思想的核心，
他也親自進行採訪、攝影。

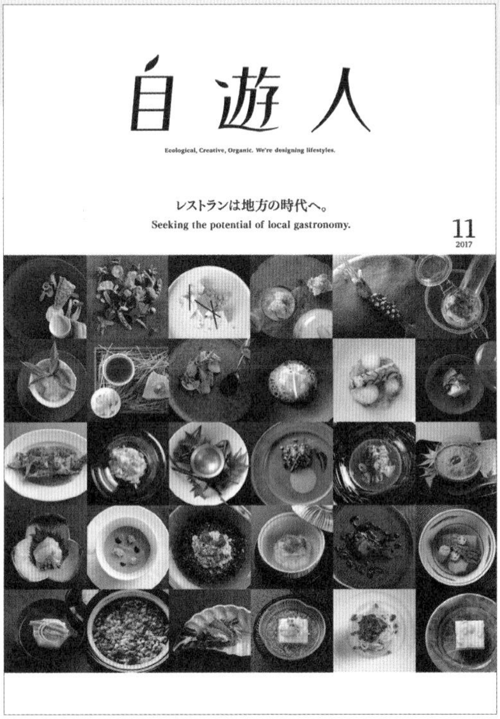
自遊人
Ecological, Creative, Organic. We're designing lifestyles.
レストランは地方の時代へ。
Seeking the potential of local gastronomy.
11
2017

案例特點

雖然雜誌事業體並不如其他事業能夠帶來利潤，但《自遊人》的媒體傳播功能是支應其他事業的基礎，也是岩佐思想的核心。因此無論收益為何，岩佐都努力維持《自遊人》的出版。

代表作 2

Organic Express——具化實體媒體的網路商店，傳達最眞切的資訊體驗｜二〇〇二～

二〇〇二年，因爲《自遊人》的「米特輯」，因而促成了網路商店Organic Express的開幕。而這也成了紙本雜誌《自遊人》跨足其他產業的起點，也是岩佐強調「一粒米即媒體」之「實體媒體」的第一步。

在資訊爆炸的時代，紙本媒體、電子媒體能夠傳達的訊息有所侷限，多無法眞切傳遞出實物眞實的價值，因此岩佐在既有的雜誌媒體之外，再開拓「實體媒體」，要透過一粒米、一口味噌，以眞實的味覺體驗來傳達紙本雜誌做不到的資訊傳播。

創立之初，推出了「吃吃看米」（お試し米）禮盒，讓消費者一次可以品嚐五位生產者所種的米，一舉成爲熱銷產品，也打響了Organic Express的知名度。

雜誌出身的網路商店，所有的商品頁面都有精心搭配的圖文介紹，更備有「讀物專區」，讓讀者、消費者都能夠更認識種植農產的農友、食品加工的職人等產品背後的故事。

案例特點……………

看似普通的食材網路商店，但Organic Express除了刊登商品與販售外，還有三項獨到之處：經營團隊有實際種稻經驗；具備一條龍的生產運輸系統（碾米工廠、倉庫、物流系統、物流據點，包裝發送等）；再加上《自遊人》雜誌與實體旅宿里山十帖的互相加乘，形成Organic Express不同於一般網路商店的特殊商業模式。

ⓥ 左圖：味噌組合商品可以傳達紙本雜誌做不到的真實味覺體驗。右圖：岩佐強調「一粒米即媒體」。

YUKIGUNI A GOURMET

← 雪國觀光圈推廣的「A級美食」概念已在日本各地方發酵。

代表作 3

AG304計畫——守護地方食文化，讓美味啓動更多在地連結

二〇一六～

一九八〇年代左右，日本出現了「B級美食」一詞，即平價美味的庶民料理。而在二〇〇六年左右，B級美食成爲觀光旅遊以及地方行銷的新寵。

對於這樣的風潮，岩佐不甚認同，他提到像是煎餃、大阪燒、炒麵等B級美食之所以可以平價，是因爲使用了低價的進口小麥粉，因而可以在價格上有所壓制。對此，他認爲比起推廣「B級美食」，更應該重視與推廣長存於日本風土、文化的料理，因而在二〇一〇年開始提倡「A級美食」。岩佐解釋，「A級」，並不是指使用高級食材，而是「根植於氣候、風土中，自過往留存在當地的食文化」。

最初，「A級美食」概念是在一般社團法人雪國觀光圈（DMO）裡推廣，這個組織聚集了日本豪雪集中地新潟縣、群馬縣、長野縣的觀光產業之有志之士，當時組織裡的旅館、飲食店、加工食品業者紛紛響應參與。

二〇一六年，因爲希望能把A級美食的概念傳達到全國，因此出現了「AG304」計畫，AG是A級美食（Gourmet），三〇四則是日本廢藩置縣之前的「府藩縣」數。加入AG304的店家有著一星至三星的認定，但星數並非是區分味道的優劣，而是考量了更多的在地連結面向，例如在地食材與調味料的使用比例、和生產者契作合作等，最後再加上料理味覺呈現的評分所認定。

案例特點

從松本十帖的「料理十律」，即可看出岩佐對於「美食」獨到的眼光，倡議的主體也從單一的旅宿空間，走向區域性的雪國觀光圈，更在後續推廣至全國。這樣自單點走向線、再普及到面的行動層次，可見「A級美食」的影響力之發酵與擴散，亦可窺見議題倡議的層層推展策略。

代表作 4

Jiyujin Hotels——旅宿即媒體，透過體驗為地方發聲

二〇一四年，岩佐第一座以「實體媒體」為概念呈現的旅宿品牌里山十帖開幕，隨後獲得許多好評與獎項，並且開啟了後續許多旅宿相關業務的委託。目前岩佐所經手的旅宿空間已經成為「Jiyujin Hotels」系列，包含里山十帖（新潟）、箱根本鄉（神奈川）、講大津百町（滋賀）、松本十帖（長野）、里山Journal（新潟）。每一間旅宿都有不同的主題與概念，各個都精彩，在此特別針對里山十帖和松本十帖的概念進行介紹。

Jiyujin Hotels之一：里山十帖（二〇一四）

承接Organic Express網路商店之「一粒米即媒體」的「實體媒體」概念，里山十帖在料理之外，亦強調「椅子不僅只是造型，乘坐時的舒適感亦為媒

㊤ 里山十帖是岩佐第一個呈現「實體媒體」概念的旅宿品牌。

體」、「彼處的風景即媒體」，目標是讓文字之外的物品、建物、風景，也成爲有發聲能力的媒體，旅宿則是「生活風格提案的媒體」。

爲了打造出理想的實體媒體，岩佐接手新潟縣大澤山溫泉區一間有著一百五十年歷史的古民家，花了兩年整修，投資總經費近乎四億日圓（約台幣九千三百萬元）。這個過往爲了融資而被銀行斷言「一○○%失敗」的不可能任務，卻在開幕三個月後達到九十二%的住房率，之後更維持著近乎一○○%的住房率。驚人的訂房率之外，里山十帖更是獲獎連連，開業才五個月，就獲得二○一四年優良設計獎（Good Design Award）的「BEST 100」，後又贏得二○一五年新加坡設計獎（Singapore Design Award）、二○一九年日本旅遊獎（Japan Tourism Award），更在二○二○年獲得米其林指南一星殊榮。

作爲生活風格提案場域，里山十帖具現了以下的核心概念。

重新定義奢華（Redefine Luxury）：

一反過去對高級、奢華的定義，里山十帖強調在里山山林裡的四季、豐富的大自然中，藉由聽、聞、見、感受、飲食、休息等體驗與發現，來重新定義奢華。

⊕ 大自然中的茶會激發新的感官體驗與發現，是里山十帖為客人創造的奢華。

十帖

即十個物語、十個生活提案，涵蓋食、衣、住、農、環境、藝術、遊、癒、健康、聚集等十個軟性面向。岩佐認爲，比起雜誌或餐廳，旅宿空間因爲有著兩天一夜的停留時間，更能夠提供深刻的生活風格提案。

十帖——十個生活提案

- 食：向世界介紹日本豐富的食文化。
- 衣：透過將傳統織物加上設計，創造出新的價值。
- 住: 以設計之力，將古民家改造為舒適的生活空間。
- 農：從生產的現場到餐桌來認識農業。
- 環境：舒適性與環境共生的平衡。
- 藝術：成為催生創造性發想的場域。
- 遊：接近離東京僅有兩小時距離的大自然。
- 癒：體驗與發現時刻變化的自然景觀。
- 健康：料理以外，也注重睡眠與空氣。
- 聚集：Social Line Design，連結的設計。

↖ 旅宿的物件、風景都屬於十帖的關注面向。

料理十律

岩佐說，許多住宿空間都試圖要回答「地方要如何展現？」的命題，而里山十帖，則是一個「以料理來展現地方」的實例。除了十個生活提案的「十帖」，這裡還有「料理十律」（料理十条），明確闡述料理的十個基本原則。雖然洋洋灑灑有十條，不過一言以蔽之是「以當地有的食材，活用當地的風土、文化、歷史，以提供只有這裡才有的料理」。

料理十律

- 藉由料理提供體驗、發現、感動。
- 依循二十四節氣、七十二候，製作不違背時節的料理。
- 學習新潟的風土、文化、歷史，並活用於料理。
- 學習自古以來流傳的發酵與保存技術，並活用於料理。
- 盡可能取用鄰近的食材，而非周遊列國般的食材。
- 使用山菜、傳統野菜、有機蔬菜等，有著強韌生命力的食材。
- 不浪費，充滿感謝地領受肉類食材。
- 連蔬菜的皮、莖、根，魚與肉的骨頭等，都毫無浪費的全面使用。
- 使用無添加、天然釀造的調味料，化學調味一律不使用。
- 創造美味、美麗、健康、幸福的料理。

↓ 里山十帖以料理來展現地方。

Jiyujin Hotels 之二：松本十帖（二〇二〇）

松本十帖是貞享三年（一六八六年）創業、有著三百多年歷史的百年旅館「小柳」的再生計畫，不只是「旅館」的再生，而是以「區域再生」爲目標。

因此，這裡一反過去爲了追求旅館利益而刻意把顧客留在旅館內，反而透過在旅館外打造兩家咖啡店，刻意營造「讓人們走出旅館到溫泉街上散步」的可能性；另外更在旅館內開設四家麵包店等店鋪，豐富雙向的交流可能性，而這樣的做法，也形塑出松本十帖的另一個重要概念「生活觀光」。

岩佐說，二〇一八年決定承接小柳的再生計畫時，眼前的問題堆積如山，像是當地淺間溫泉的蕭條、旅館區域內缺乏停車場等，在面對這些課題之下，還打出「區域再生」的目標，根本是莫大的挑戰。在日本，有著這樣「公共思維」的計畫多半有政府挹注的資源，但松本十帖是個百分之百民間的計畫，總投資額不僅大幅超越里山十帖的四億日圓，更是一舉來到十四億日圓（約台幣三億二千五百萬

→ 強調「生活觀光」的松本十帖以「區域再生」為目標。

元）的鉅額規模。岩佐表示，這樣的嘗試雖然冒險，但希望能夠開創民間企業、甚至是中小型企業對於地域活化的可能性。

案例特點

從二〇一四年試圖「再定義奢華」的里山十帖，到二〇二〇年強調「生活觀光」的松本十帖，可以看到這五、六年間，觀光旅遊概念與方向的轉變，從個人享受的微觀層次，漸漸有了拓展，走向更巨觀的區域、地域層次，而旅宿的經營也逐漸深根地方，並且肩負起地域營造的重要角色。

↑ 松本十帖刻意在館外打造咖啡店，營造讓旅人到街上散步的可能性。

德谷柿次郎 Kakijiro Tokutani

●公司：Huuuu
●成立：二〇一七年
●駐地：長野縣長野市（東京辦公室位於下北澤）
●負責人：德谷柿次郎（本名：德谷洋平）
●事業規模：約五名文字編輯
●主要事業：媒體運營、報導之策劃執筆編輯、場域營造
●理念：以地方為軸心、編輯全日本四十七都道府縣的編輯團隊自居，以「擴增人生的未知」為理念，以綜合性編輯力為武器行腳全日本地方。
●委託費用：單篇報導文章約十五萬日圓／篇（約台幣十一萬元）；媒體網站營運約四百萬日圓／月（約台幣八十八萬元）。

CHAPTER 4

超有梗地方網媒編輯術，綜藝感搶下閱覽記憶點

Kakijiro Tokutani
德谷柿次郎

| Huuuu

#地方網路媒體 #網路編輯術 #地方移住 #採訪小旅行 #案內人 #跨領域編輯 #好奇心 #空間編輯 #紙本出版 #店鋪經營 #創意行銷 #關係性

許多地方媒體，常會遇到「三大不知」的瓶頸，也就是費盡心力搜集的材料、熱血採訪的報導，因爲讀者看起來就是「在不知名的地方，有個不知名大叔，做了不知名之事」，最後湮沒在資訊爆炸的洪荒當中。

日本知名網路媒體JIMOCORO（ジモコロ）的編輯長德谷柿次郎（以下簡稱柿次郎），則是專治這個「三大不知」瓶頸，透過超強網路編輯術，創造單月百萬PV（單頁點閱率），孕育了多位「地方超級大叔」。他擅長在網路媒體圈運用各種娛樂元素，創造出以詼諧與搞笑風格爲特色的地方媒體，更連連創造許多地方話題。而這一切的起步，要回溯到年少的陰鬱人生與網路的相遇說起。

網路為人生開了另一扇門

一九八二年於大阪出生的柿次郎，小學時期因爲父母離異，父親染上柏青哥店的賭博，又逢日本的泡沫經濟崩壞，家裡的經濟狀況每況愈下。他直白的說，他出生在一個家裡連一本書都沒有、文化資本非常貧乏的環境。高中畢業前，就開始兼差打兩份工，早晨送報，課後去牛丼餐廳松屋打工，儘管如此，對於漫畫、音樂等次文化的愛好，讓他在辛苦工作之餘有了慰藉。

夢想成爲文字工作者

爾後，因爲電腦與網路的興起，意外開啟了柿次郎的第二人生。十多歲的時候，第一次透過遊戲機Dreamcast而和網路相遇；十六歲時，在某次送報時發現內夾的電腦廣告，驚覺「就是這個了，不買不行」，於是人生中第一次拜託父親，用四十八期的分期付款，買了第一台模仿Mac的電腦。

高中畢業後沒能繼續升學、開始了多份打工的柿次郎，對於未來、對於人生沒有明確的目標，卻有著想要與外面世界聯繫的渴望，因而用人生第一台電腦，架設了得以盡情表現自我的個人網頁（テキストサイト），並在上頭發表漫畫、音樂的評論。沒想到這個網站意外被下田哲也（後來創立網路媒體製作公司BURG HAMBURG BURG）發現，柿次郎因而開始了音樂評論的寫手身分。儘管因爲不諳雜誌的商業寫作模式最後草草結束了音樂評論的生涯，但柿次郎說，這是他人生第一次的「成功體驗」，也因而在心中種下了「想要成爲文字工作者」的夢想。

二十六歲走上編輯之路

二十二歲的柿太郎在打工之餘，玩票性質地成立了嘻哈音樂的網路雜誌，自行擔綱主編，發布許多音樂評論，也採訪音樂創作者。這也意外經營起網路社群，並在當時的日本社交平台MIXI

← 柿次郎在二十六歲一圓成為文字工作者的夢想。圖為Huuuu辦公室一隅。

上，認識了許多從未見過面、但有同樣興趣的同年代網友。

儘管萌生了一點夢想，卻被家庭的經濟狀況逼迫到了崖邊，甚至一度往返精神科，借助精神安定劑藥物，最後是在二十六歲之際，因下田哲也傳來的訊息而獲救，「你這傢伙要過那樣的日子到什麼時候？」附加一個Excel表格說道：「總之你給我先存個五十萬然後來東京！在存到五十萬之前每個月寫儲蓄報告給我！」之後柿次郎就拚命的打工，到松屋、錢湯等等，每天只睡不到三小時，終於在半年之後存到了五十萬，在二十六歲時一圓「上京夢」。

起初，先於東京的編輯製作公司學習專業的新聞編輯工作，並在地方化的網路新聞媒體品川經濟新聞磨練。兩年後，他加入了網路媒體製作公司BURG HAMBURG BURG的團隊，期間歷經了總務、公關、網路廣告企劃等工作。後來遇上日本的「自媒體風潮」，他接受地方職缺介紹網站e-aidem的委託，在二〇一五年成立了全國性的、以「哪裡都是家鄉」爲題的地方網路媒體JIMOCORO。

創立JIMOCORO走訪地方

在接受委託當時，關於媒體的主軸有多種討論，而提議以「地方」爲方向的柿次郎，除了考量委託主的業務性質，比起東京的大型求職網站，更適合走「Local」的路線之外，其實還有一個私心的理由。

劈柴劈出對地方的嚮往

熱愛的漫畫《第一神拳》（はじめの一歩）主角在比賽前，都會爲了鍛鍊背肌到山中劈柴，柿次郎說因爲太喜歡這個場景，有天就想著是不是也能用同樣方法來鍛鍊肌肉，於是在臉書上發了一條「哪裡能夠劈柴呢」的貼文，結果竟然有個住在長野縣松本市的女性回覆「我們家的熱水澡都是柴燒的，可以來我們家劈柴喔」。儘管是連面都沒見過的陌生人，但柿次郎就這麼搭著高速巴士前往長野劈柴去。

沒想到，這個兩天一夜的劈柴體驗，成爲柿次郎走入自然、被長野迷惑的第一步。在夏天，置身氣溫宜人的長野田園中，什麼也不想的專注劈柴，木頭在柴刀落下的一瞬間被果斷的砍分兩半，搭配眼前長野的阿爾卑斯山雪景，還有隨手摘採的蔬果，種種都讓他著迷。

柿次郎說，過去因爲家庭、經濟環境的關係，大阪成長的他沒有太多到日本地方走訪的經驗，但長野的劈柴體驗，讓他彷彿認識了新世界般，因而萌生了想要走訪日本更多地方的念頭。而網路媒體JIMOCORO的創立，就像是一個禮物，「讓我可以用公費到日本各地去。」他爽朗直接地說。

柿次郎之地方網媒編輯術十大步驟

有別於許多地方媒體普遍呈現鄉村生活美好、溫馨的一面，JIMOCORO的綜藝感、娛樂性，以及每每話題十足的內容，在地方媒體圈獨樹一格，也創造了每個月百萬PV、多篇文章成爲地方媒體圈經典報導的成績。這與柿次郎特有的採訪風格很有關係，以下就整理出其編輯術的十大步驟。

①假說

對柿次郎來說，分居步驟一、二的「假說」和「組織團隊」是採訪能否成立的超重要前提，兩者深刻影響後續步驟三到十的進行與結果。而確立假說之前，最重要的前提是確認從什麼樣的視點出發，換言之，這是爲了哪個媒體而寫、採訪的目的是什麼，都會左右假說的建立。

㊀ JIMOCORO編輯團隊平時就常備許多假說。

「假說」的工作，是平時就帶著好奇心接觸廣泛的資訊及相關領域的情報，建置自身的資料庫、備用話題庫，而從中發展出來的疑問以及擬答，即是「假說」。對編輯採訪者來說，對於議題有著基礎甚至是高度的認識，隨身攜帶許多假說，是非常基本的必備條件，除了有助於發想出新穎切合的主題，更重要是以假說發展出具有意識、不過於淺白的「訪談問題」，順帶也能夠對受訪者展示自己對於議題的了解，加深受訪者接受採訪的意願。

②組織團隊

找到「對的人」、「把對的人加入到團隊中」極爲重要，而步驟一的「假說」則可作爲判斷依據。

「對的人」即是對於當地事物有著深度了解、能夠挖掘到特殊題材的「案內人」（引路人），也類似於當地的「協調者」（coordinator），藉由他們的指引及在當地累積的信任，才能促成許多自身接觸不到、想像不到的相遇，並讓受訪者卸下戒心接受採訪。

至於要如何請案內人介紹「合拍」的受訪者，柿次郎的小技巧是「拿出過往寫過的報導」，也就是先拿出合拍的、理想的案例給案內人，讓對方可以快速理解要搜尋哪類型的人物，增進介紹配對的成功率！

另外，柿次郎也強調，寫手和攝影師的風格，是否吻合媒體調性，這也非常重要。

③現地採訪

柿次郎最主要的編輯路線是「總之，先去現場！」，而到了現場之後，則採取兩大採訪前提、三大取材風格。

採訪前提：

(1)帶著假說與好奇心

展現好奇心，但如果不是「眞心的」好奇是行不通的。柿次郎總是隨身帶著許多「假說」，因此有許多的好奇，訪談時也能夠有非常眞心的「啊，原來是這樣」之反應。

另外，考量受訪者不知道要提供多深的情報，因此最好能儘量提供相應對的案例、基礎知識，讓受訪者對於談話的深度有所掌握。

(2)創造聊天氛圍

絕對不照既有的問題表順序來一一詢問，而是創造一種「聊天」的輕鬆氛圍，並盡量使用對方也能夠理解的「共同語言」，營造一個令人安心、能夠舒服談話的環境。另外，有許多受訪者其實不太習慣接受採訪，因此突然的機器架設等會讓受訪者徒增緊張的動作，要極盡可能地避免。

取材風格：

(1)一〇〇%準備之後照劇本走路線

一般的雜誌採訪風格，是在架構、頁數都拍板決定之後，進行以找尋回答爲目標的採訪。JIMOCORO也有這種類型的取材，多數是「體驗型」的活動經過報告類文章。

(2)採訪小旅行路線

由委託的當地人進行案例介紹與引薦，取材團隊針對受推薦的案例進行採訪。這種借助當地人推薦的取材路線，最好的辦法就是拿出過往同一風格的報導，說明「我們是這樣風格的媒體，請問有沒有相近的受訪者能夠介紹？」。

(3)不設定採訪前提進入地方、發現土地價值路線

由於對前兩種取材風格漸漸膩了，因此最近漸增的採訪路線是不預設採訪前提，而是先在當地短暫生活一段時間，試著進行各種生活體驗，像是在當地剪髮、去地方上的居酒屋等，而在當地獲得的新的相遇，又能夠再回饋到新的採訪計畫。

④順道走訪與玩耍

因爲玩耍是採訪之旅太過重要的動力，因此有別於採訪完立刻走人的「高效率」，柿次郎的採訪風格是能不當天往返就多住一天、能不兩天一夜就盡量三天兩夜，總之就是爭取更多的現地調查、更有餘裕的採訪之旅。

採訪前後的玩耍，像是一早就去附近的溪邊釣魚等，都可以成爲和受訪者開場、破冰的題材；也就是有這些輕鬆的話題，更能夠打造平易近人的氛圍，讓不習於受訪的受訪者能輕鬆打開話匣子。

另外，想要抓住地方的空氣感，柿次郎最先推薦到當地的博物館拜訪，了解地方過去的歷史，接下來就是散步、觀察、感受。還有一點很重要的是，和當地的「情報人」聊天，他們多是當地的店家，像是青年旅社的老闆、蔬果店老闆等。

⑤小酌會

在日本，「小酌會」（飲み会）文化盛行。有別於正式場合的緊張嚴肅，小酌會的氣氛輕鬆，是個拉近大家距離的重要活動。因此，在採訪之後小酌一下，是加深關係性的重要方式之一，除了能更認識受訪者，更是創造一個場合來介紹自己。柿次郎非常重視這樣能夠和受訪者或在地人相互熟悉、交流，以及「變成朋友」的機會。或許不是最有效率，但卻能醞釀可持續性發展的長遠關係，爲下次再訪當地埋下再續前緣的伏筆。

⑥組織報導文章

雖然一般都是採訪之後才構思文章架構，但是若能在採訪之前便構思好標題、照片配置等，也就是已經大致掌握文章主軸、開頭的破題方式，便更能創造出有趣的、吸引人的報導文章。

⑦執筆

每次採訪團隊出動，大多是柿次郎（編輯）、寫手、攝影師的三人組合，基本上現今的文章撰寫都交給寫手。不過，柿次郎有個一直以來的祕訣是，基本上在採訪完之後，都會和朋友口頭分享採訪當時的有趣發現，「之前在某地遇到這樣的人和事呢」，在兩、三次的分享之後，腦海中的「趣事」印象就能夠更深刻被刻畫與描述，報導寫起來也就能更生動有趣。

⑧編輯

因應年輕世代爲主的閱覽者、且大多數以手機爲主的閱讀環境，因此文章會搭配許多具有娛樂性的照片，像是受訪者半閉眼的剎那、誇張表情的瞬間。另外，考量電腦頁面轉到手機畫面時，行數都會加乘（原本四行的段落加乘爲八行），因此都盡量限縮在五行以內，避免太過重的段落。文章的呈現也以「對話」爲主調，搭配個人的頭像icon，營造輕鬆趣味的視覺效果，達到有韻律感的節奏。

⑨激盪標題

面臨資訊大爆炸的社會，若是沒有在標題上創造一些「違和感」，是無法抓住大家目光的。對柿次郎來說，標題的呈現要帶有如拳擊般的致命一擊之感，有時運用嘻哈的旋律感，或是借用搞笑的笑點，而他自己常使用各種有趣的譬喻和舉例。

此外，標題搭配的首圖、內文的配圖也極爲重要，而爲了讓照片與標題能夠一起「擊中讀者的心」，柿次郎的小心機是把標題插入到首圖中，但也因此增加了許多作業上的難度，「因爲到最後一刻都在改標題，而且標題一改之後，首圖也得被迫重做了」。

⑩發布

基本上，JIMOCORO都視各篇文章爲「作品」，因此不會只是把文章的連結附上，然後加上一句感想就分享結束，而是盡力把文章轉成各大社群媒體（Twitter、Facebook、Instagram等）上易讀的精簡版本。另外也會考量激起分享的動力，安排適切的小短片、GIF，例如要展現新潟縣燕三条地區的金屬工藝，無法用照片完整呈現技術的部分就做成了GIF，爲單篇文章創造了驚人的分享數，甚至吸引了日本偶像團體嵐的成員、英國威廉王子造訪該地區，間接幫助了當地金屬工藝的發展。

換句話說，「作品」的發布，除了要在意標題、首圖，更要抓到「讓人想要分享的素材」，把社群媒體的「分享」，也算在「編輯」的工作之中。

移住地方展現多元編輯力

和長野重續緣分

在東京淺草居住多年後，因爲地方的採訪經驗漸增，彷彿開啟了多扇世界的門，也讓柿次郎開始畫起在地方生活的想像。比起在東京每天要擠滿員電車的生活，他想或許地方的生活更合適自己一些，萌生了移住地方的念頭。

當時的移住候選地有山梨、山形、長野等，最後，基於交通便利性以及朋友的介紹，二〇一七年他再續和長野的前緣，開始了長野和東京的兩據點生活，兩、三年之後，就完全移居到長野，二〇二一年更下定決心貸款三千萬日圓（約台幣六百六十三萬元）買了四百坪土地的住屋，「過往都只是採訪各種有機農友，現在我自己也有了農家登錄，未來也要自己著手接觸農業看看。」柿次郎充滿期待的說。

立足長野擴展多元編輯

二〇一七年，對柿次郎來說是特別的一年，他開始了長野、東京的兩據點生活，也離開前公司自己獨立開業，成立以編輯爲主業的公司Huuuu。獨立開業之後，柿次郎的觸角更爲擴大，從最擅長的網路編輯爲核心漸次延伸，近年不僅獨立出版地方書籍，更實驗性運營長野的工作空間，進行實體空間的編輯。

地方網路媒體編輯檢查表	
步驟	重點
① □假說	對於採訪對象的領域／地盤，口袋是否有足夠的假說、話題？
② □組織團隊	是否有找到適合媒體的編輯團隊夥伴（攝影師、寫手、版面設計）？對於採訪的田野是否有罩得住的「案內人」？
③ □現地採訪	不管是什麼路線的採訪，都要在現地搜集好材料！沒有豐富的材料無法產出高品質的內容。
④ □順道走訪與玩耍	採訪之外，是否有多一點餘裕感受當地呢？當地的博物館、各種店家老闆都是地方情報站！
⑤ □小酌會	正式的採訪之外，有沒有其他方式能更認識受訪者，也讓受訪者認識編輯團隊呢？
⑥ □組織報導文章	不是只有內容，而是連標題、搭配之照片等，都要先大致構思！
⑦ □執筆	動筆之前，再次回想到底哪些片段是最想跟讀者分享的！
⑧ □編輯	讀者是用什麼載具閱讀呢？該如何讓讀者津津有味的讀完呢？這些都要透過精心設計來解題！
⑨ □激盪標題	標題是內容的生命，千萬不能看輕標題的重要性！
⑩ □發布	搭配特製的照片或短片，創造讓人想點閱、分享的「點」！

ⓔ 柿次郎移住長野成立Huuuu公司展開更多元的編輯嘗試。

編輯心法 Q/A 德谷柿次郎

Q—編輯是什麼？地方編輯是什麼？

地方編輯就是「言語化」的過程，而將地方進行編輯、進行言語化的過程之後，其實產出的除了是刊物、文章的形式之外，也有可能是地方企業理念、地方產品命名，換言之，地方編輯的應用其實非常廣泛，並非只有刻板印象中狹義的「編輯產物」。

Q—地方編輯的姿態與步驟？

地方編輯的姿態是，將地方上重要動向進行「可視化」。而步驟如下：①選取一個入口寬廣的主題。②在主題之下有著「已知/未知」之意識。③以創造「只有這裡才看得到的報導」爲目標。

Q—怎麼看待紙本媒體與網路媒體？

網路媒體的優勢在於一個網址就能夠傳給許多人；紙本媒體的優勢是具有不會消失的形體，且地方上的受訪者看到被刊登在紙媒體上大多比較開心。所以比起硬要選一邊，我其實希望兩方都能做，例如除了SHINKAI一週年的特別出版品之外，我們也和櫪木縣黑磯市當地的人一起製作書籍。

而回到兩種媒體的角色，我在想如果是網路媒體先報導，然後東京的紙本媒體看到後也進行報導，如果能形成這樣的動線就滿不錯的，所以也不用所有都做，我們就是做自己能夠做的部分。

Q—JIMOCORO怎麼看待點閱率與流量呢？

一開始JIMOCORO也會研究點閱率、分析後台資料，但現在完全不這麼做了。相比於十萬多人點閱、但只有一千五百字的文字量，也就是標題新聞一般的內容，JIMOCORO的文章（以我們Huuuu所負責的地方文章來說），讀者大多停留四到五分鐘，或許有興趣的只有兩、三千人，比起十萬多人相對少很多，但這些人卻可能是對這些主題有非常濃厚的興趣，因此我認爲讀者的停留時間也非常重要。

除此之外，相對於PV的「量」，「質」也很重要，像是看了文章之後實際去到地方拜訪等。我們也是因爲從最初就一直保持這樣的想法，所以才孕育了JIMOCORO獨特的風格和色彩。

Q—未來的網路媒體之角色該是什麼？

如果是要追求PV數來創造廣告效益，比起網路媒體，現在YouTube或許更有利可圖。因此，我在想，接下來網路媒體的角色是，比起過去是爲了追求流行，或是要趁勢創造話題，未來更重要的是傳達委託方（不管是自媒體的企業或是地方政府）的價值、思想或個性，換句話說，就是比起創造短暫立即的價值，更應該注重長期的文化價值。

Q—地方編輯是？

不管是「設計地方」或是「編輯地方」，基本上是相近的概念，但我之前在採訪福井的設計師新山直廣(1)時，感受到的是，在地方的層面上，相較於編輯專業者，以設計師的身分進入地方難度比較不那麼高，也能於更短時間內解決地方課題，且比較能接下地方上的委託工作。

不過話說回來，我想在解決地方課題的這一點上，不管是短期較能見效的設計，或是比較長期眼光的編輯，對地方來說這「兩輪」都是需要的，也因此我認爲我們Huuuu未來若能夠編輯和設計都做的話，那就是最好的。

註(1)　參見《地方設計》第四章〈新山直廣：全方面設計〉。

地方編輯術×德谷柿次郎

“在解決地方課題的這一點上，不管是短期較能見效的設計，或是比較長期眼光的編輯，對地方來說這「兩輪」都是需要的。”

代表作 1

JIMOCORO（ジモコロ）——人氣地方網路媒體，把文章賞味期限變長了｜二〇一五～

一般既有的媒體在面臨地方主題的採訪時，大多因爲預算限制，採取遠端採訪，或委託當地寫手進行，JIMOCORO的運作則沒有這方面的限制，而是給予編輯長柿次郎極高的彈性與自主性，因而讓採訪團隊能夠挖掘到許多連當地人都沒發現、沒注意到的情報。

梗多到不用開題材會議

問柿次郎JIMOCORO的祕密know-how是什麼，他想了想說，有別於一般媒體常有的題材會議，產出配合社會時事、時節的主題，像是夏日企劃、奧運特輯等，也就是「由會議中決定採訪主題」，JIMOCORO則不走這個路線，而走「總之，先去想去的地方」之路線。當採訪地點決定好之後，就翻出夥伴們過去在Slack工作群組中所儲存的相關話題、材料，並進行二到三篇的採訪規劃。換言之，夥伴們平時在Slack群組裡搜集的大量情報、素

JIMOCORO（ジモコロ）

- ●性質：網路媒體平台
- ●創始：二〇一五年
- ●規模：一百～一百五十萬PV數／月
- ●網址：e-aidem.com/ch/jimocoro

材、假說等，都是非常重要的寶庫。因此，柿次郎說，題材會議就是因爲沒有「梗」所以才要開會，但JIMOCORO因爲有太多題材，所以都沒有進行這樣的會議。

另外，每次出動到地方採訪，JIMOCORO都會產出兩、三篇文章，但並不會一次接連刊登相同地點的〇〇系列報導，反而是依照不同的時機來刊登，可能是兩、三個月之後，甚至半年或一年後才會刊登。像是有篇介紹樸門農法的文章，文章完成之後整整等了一年半才出刊，但因有這一年半的「冬眠」，在社會的關心度轉向之後出刊，締造了一萬人次的分享，迴響極高。

柿次郎說，JIMOCORO在規劃與編輯文章時，會去特別意識文章在五年後閱讀都不會違和，目標是創造更恆長的「賞味期限」。

內容範例——山梨竹筍王

原本是因爲預定了別的採訪而到靜岡，結果在路上被「風岡直宏的竹筍以日本第一爲目標」、「鍬形蟲」、「硬水蜜桃」等奇怪標語的招牌所吸引。雖然路過未停，但實在太好奇了，於是問了當地人那些招牌究竟是怎麼回事，結果得到了這樣的回答：「風岡啊，他是個靠著鍬形蟲和竹筍，就買了兩台法拉利的人喔。」「什麼！」柿次郎心裡一驚，覺得太有趣了，內在的編輯雷達一響，隨即在既定的採訪結束之後，立刻驅車返回剛路過的現場。

結果，走進招牌後方的空間，遇見的是一位穿著黑色吊嘎、肩膀上還貼著受傷貼布的中年男子。戰戰兢兢的問：「請問，聽說您以鍬形蟲和竹筍就買了兩台法拉利，這是眞的嗎？」男子拿出了過去的雜誌和報紙剪報佐證說：「對啊，是眞的。」接著帶著柿次郎參觀繁殖鍬形蟲的冷藏庫，說明如何在一九九〇年代的「鍬形蟲風潮」中賣出巨量的鍬形蟲，還有經營竹筍生意的各種祕辛，途中還分享了夢想是想要上日本的電視節目「情熱大陸」，以及想要徵求女友的心願。

這個採訪，是柿次郎臨時起意，也是閒聊途中就決定進行記錄，結果變成歷時一小時半的突擊式採訪。報導裡除了詳盡說明了買了兩台法拉利的故事、鍬形蟲生意和竹筍生意的祕訣，更刻畫了風岡先生有趣又細微的一面，像是爲了折疊式手機開闔方便，而在手機開闔面上貼了一個黃色膠帶。這篇報導最後吸引了超高人氣的閱覽，更引起了電視媒體的注意，邀請風岡先生以竹筍王出道，在電視節目連續登場十多次。

柿次郎回憶說，有許多引起廣大迴響的報導都不是既定安排的，而是突然偶遇，然後當場立刻展開採訪作業。文章的整理重點如下：

①帶點違和感的吸睛標題，搭配特製的封面圖片（首圖）。

②文章多以對話呈現，且名稱多用個人頭像，增加趣味性。

③除了案例個人事蹟的「正經」內容之外，更透過一些細節的描寫，例如竹筍王的掀蓋式手機膠帶，帶出受訪者有趣的另一面，增加許多娛樂效果。

案例特點

如果只看JIMOCORO的成績——單月有一百到一百五十萬的高PV數、擅長創造高話題高分享率，會讓人以為這是一個求快、求跟上流行的即時媒體，但了解細部之後，才發現原來每一篇報導都是極度的「慢工出細活」，講究地毯式的現地採訪、編輯文章字字斟酌，以及各種發布上的沙盤推演與耗時熟成。

「山梨竹筍王」文章的整理重點

㊤ JIMOCORO風的標題與首圖，帶點違和感才吸睛。

㊤ 在正經的內文中夾雜有趣的細節觀察，增添受訪人物的立體感和報導的娛樂性，像是風岡先生在手機上貼著黃色膠帶。

㊤ 令人好奇的招牌是關鍵，勾起一探究竟的興趣。

「風岡さんの夢ってなんですか？」

「僕はね、情熱大陸に出たいのよ。ずっと出たいと思っている」

「ああー！ たしかに密着しがいはありそうですね」

「そうでしょ？ こういうのが出たらおもしろくない？ タケノコに肥料をやりにいったり、山菜を採りにいったり、カブトムシを捕まえたり…言葉で聞く以上に大変だからね。スズメバチにも過去3回刺されているし。**こんな僕に1年通して密着したらおもしろいと思うよ？」**

㊤ 內文多以對話呈現，且名稱用個人頭像，製造出臨場感與趣味性。

㊤ 抓住偶遇下的題材當場突擊採訪，為JIMOCORO創造許多迴響熱烈的報導。

㊧以深呼吸的鼻息之聲「SuuHaa」作為網站名稱和頁面意象，傳遞長野的吸引力。

SUUHAA
長野の空気を深く吸い込もう

代表作 2

SuuHaa——長野移住資訊網路媒體，打造違和感吸引讀者—二〇二一～

打開SuuHaa的網頁，立刻會被小動物們大口呼吸的動畫吸引，令人不禁也想要一起「Suuhaa」，吸氣、吐氣！或許，若沒有人提醒，完全不會聯想到這是一個地方政府的附屬媒體網站，而爲了打造這樣的「違和感」，柿次郎費盡許多心思，從網站名稱、網站整體設計、到報導文章的呈現等等。

網站名稱刻意不置入地名

首先，是網站的名稱。雖然這是一個以吸引大家到「長野移住」爲目的的網站，但若是這麼直接把「長野」、「移住」的字詞放入媒體的名稱中，那麼結果就可想而知，只有對長野、對移住有興趣的讀者才會前來。柿次郎想，與其這樣限縮了讀者的範圍，不如以「傳遞長野的資訊，並在之中置入移住相關情報」爲上位的路線，來擴大有興趣的讀者。

那麼，要用什麼名稱好呢？就在訪談長野居民、長野移住者時，有受訪者提到東京的窒息感，對比長野令人想要大口呼吸的遼闊，因此就從這樣的訪談資料當中，萌生了以深呼吸時吸氣吐氣鼻息之聲「SuuHaa」作爲意象的媒體名稱。

和公部門溝通靠信賴的構築

但是，這樣大膽又「意義不明」的網站名稱，理所當然被長野縣的長官質疑，「大家會不懂有什麼意義吧？」「這樣意義不明吧！」等等的意見。面對公家機關的反彈，柿次郎心裡清楚，公部門的邏輯是「前例主義」，因爲是使用稅金的事業，因此必須提出「大家都易懂」的事物，若非如此，縣民是不能夠

SuuHaa

●性質：長野縣移住資訊網路媒體
●創始：二〇二一年
●運營主體：長野縣、地方報社《信濃每日新聞》、Huuuu
●網址：suu-haa.jp

接受的，會有反彈，爲保險起見，公部門就自然生成了「前例主義」的邏輯。

那麼，說服的作戰計畫該如何草擬呢？柿次郎明白，首先，他的優勢在於自己正是長野縣民，不僅在長野開設店鋪，也有了三年間和長野政府合作的經驗，更曾經採訪過縣長並與之同台過；再來，團隊裡有個縣政府非常信賴的夥伴，或許能借助夥伴的斡旋與協調來試試看？如此經過一番遊說與溝通，最後終於讓縣政府同意「SuuHaa」的名稱。

對此，柿次郎表示，與其費心要採用什麼語彙或是理由和公部門溝通，或許更重要的是信賴關係的構築，以及善用團隊成員匯聚的共同之力。換句話說，在地方上，有許多事可能跟信賴關係有沒有建立非常相關，而信賴關係的建立，三年以上的時間累積是基本的，也著實重要。

可持續性運作的地方媒體

地方政府附屬媒體常會遇到的問題是，若是地方政府的預算中止，媒體就會面臨關門大吉。而SuuHaa爲了要避免這樣的問題，雖然是長野縣創立的媒體，但同時也是長野的地方報社《信濃每日新聞》中的新事業。換句話說，這是一個政府創立、當地報社營運、委託Huuuu進行編輯的網路媒體。

案例特點

與「前例主義」的公部門合作，又要跳脫公部門既有的限制與框架，開創新的可能性，看似難上加難，考驗著編輯專業以外的溝通能力，而這或許就是在地方行動時的重要關鍵！

代表作
3

來做吧！SHINKAI（やってこ！シンカイ）——實驗性實體商店，空間編輯產出附加效益—二〇一八～

柿次郎在東京、長野兩據點生活期間，就租下了當地的老屋打造爲一處實驗性質的商店「來做吧！SHINKAI」，展開「空間的編輯」。

那是在兩據點生活開始半年後，柿次郎發現因爲一半是接東京的工作，似乎沒能好好利用長野這裡，於是心想如果能有一個據點，也許賣一些喜歡的服飾或是CD，總之就是一個讓人有次文化感的小地方，這樣不僅可以讓朋友們聚一聚，更可以打開人脈圈，應該不錯。除此之外，兩據點生活於長野的他深刻感受到，「如果不在長野開家店，便無法和長野的店家用同樣語言對話」，因此開店的想法越來越強烈。而這個構想在朋友的聚會上一提，當時這幢房子的住民朋友就說「不如就在這裡試試看怎麼樣」。

一開始，柿次郎先實驗性租下了一樓的空間，召集朋友一起開辦了一場市集，但因爲太好玩

↑ 經營「來做吧！SHINKAI」店鋪為柿次郎的生活與工作帶來意外收穫。

來做吧！SHINKAI（やってこ！シンカイ）

●性質：店鋪經營、空間編輯
●創始：二〇一八年
●經營成本：租金三萬加上其他水電、網路、人事費，一個月約二十七萬日圓（約台幣六萬元）

了，大家意猶未盡，於是柿次郎順水推舟提議「那就來開家店吧」，「來做吧！SHINKAI」這家店的計畫就這麼啟動了。

開店玩各種嘗試

同年六月，在募資平台上進行開店的集資計畫，有趣的是，企劃標題是令人摸不著頭緒的「我們要創建一個2.0版本的店鋪」。柿次郎解釋，1.0版本的店鋪就是既有的店鋪營運方式，也就是透過買賣交易行爲而成立的店鋪；而2.0版本則是一種新的「訂閱制」經營方式，透過會員的訂閱來營運店鋪。

具體來說，房子的租金是三萬日圓，加上水電、網路，還有人事費，一個月的營運支出大約是二十七萬日圓。因此一個月的收入若以三十萬來計算，首先希望召集十位想要租用販售展架的創意人，以一個月五千日圓的租借費來說，那麼就有五萬元的固定收入。至於月費的會員分兩種，一種是月費五千日圓的「實踐方案」，可以自由使用店內的空間，辦公工作、召開會議、舉辦活動等；一種是月費一千日圓的「加油方案」，每個月能夠收到來自店長的營運筆記，了解店鋪營運的各種內部故事。

奉上熱開水的創意行銷

只是，試行了一段時間之後，柿次郎發現要運作2.0版本，沒有1.0版本的基礎是行不通的，對於一個連1.0版本都不熟悉的新手，要兼顧兩種模式著實困難，因此決定回歸店鋪本位的1.0版本，並在鍛鍊基本功之餘，再加入店長與實習生的各種「來做吧！」創意發想計畫。

其中一個是有趣的「熱開水計畫」。最初，柿次郎因長野的冬天太冷，考慮著要不要暫時歇業，但念頭一轉，突然想到夏天京都的店家們會在門口潑水以助降溫，「那不然我們冬天就在門口發送熱開水吧？」反正開水也不花錢，而且當頂著寒風在街上行走時，有人奉上一杯熱開水，應該能大大提高好感度，或許也能成爲行銷店家的方法。於是，二話不說，第二天

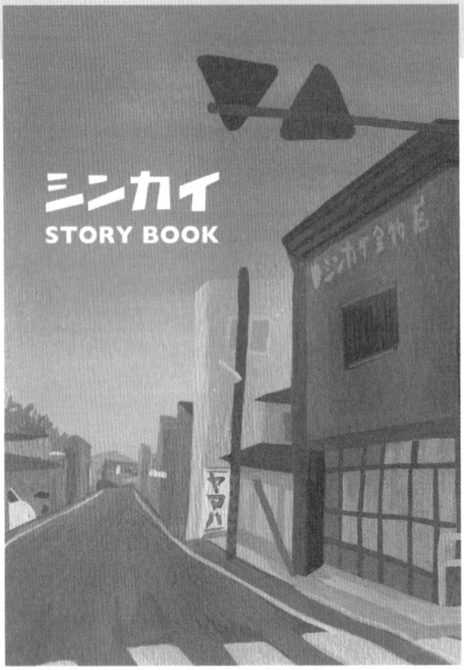

⊕ 開店一週年的特別出版品《SHINKAI STORY BOOK》，除了介紹店鋪本身，還收錄了和縣長、房東、創業家、店長的許多對談。

通學時間的七點半開始，就展開約一小時的「熱開水計畫」，結果眞的出現了許多滿心喜悅的行人們，而實際運行兩個禮拜之後，地方的電視、廣播、新聞等大眾媒體，就被計畫吸引而來採訪。

實體空間編輯收穫多

不管是2.0還是1.0版本的店鋪，目前的經營都還在摸索實行中。但柿次郎說，因爲從經營店鋪的經驗當中，獲得了和許多經營者的「共通語言」，因此在採訪的時候，更容易達成深層的互動交流，因此不管是於公的編輯工作，或是於私的人際交往，都有許多的助益。

另一方面，店鋪的經營亦像是「編輯行爲」的擴張，換句話說，就是在進行「實體空間的編輯」，店鋪也是如同媒體一般的存在。他表示，「擁有一個實體的場域」和「豐裕的生活」有著強烈的關聯，SHINKAI的存在，正是擴張生活與工作的快速方法。

案例特點

柿次郎在訪談時不諱言，目前SHINKAI的營運還在和赤字苦戰當中，但也因為這個據點，生根長野的決心因而能夠被看見、被認可，也因此帶來不少相關工作的委託。換言之，對柿次郎來說，SHINKAI是店鋪，也是廣告般的公關存在！

代表作 4

《A GUIDE to KUROISO》——特定市町村深度編輯，紙本出版挑戰多——二〇二三

逆向跨界紙本出版

過往以網路媒體爲主要戰場的柿次郎，近年卻開始了新的獨立出版品牌「風旅出版」，並在二〇二二年二月自主出版了一本以栃木縣黑磯市（Kuroiso）爲題的書《A GUIDE to KUROISO》（中文直譯爲「黑磯指南」）。

↑ 紙本書《A GUIDE to KUROISO》是風旅出版的第一號作品。

從網路逆向跳入紙本出版，聽起來有點違和，但柿次郎講起來卻十分自然。他表示，「一直都想做一本書看看」，此外，因爲過往網路的編輯多是以日本全國爲田野，不時有種太遼闊而無邊際之感，因此風旅出版的創立，便是希望能夠聚焦特定市町村，進行深度的編輯，《A GUIDE to KUROISO》即爲第一號作品。

不像網路媒體文章發布之後就結束，「出版一本書」除了採訪與書籍編輯作業費時費力，出版之後還有更多要費心，通路開拓、書籍配送、行銷活動舉辦等，「做一本書能夠學到許多網路媒體不曾碰觸的經驗。」身爲公司的負責人，柿次郎常常扮演「老師」一般的角色，設定好新目標，並帶領大家一同學習、前進。

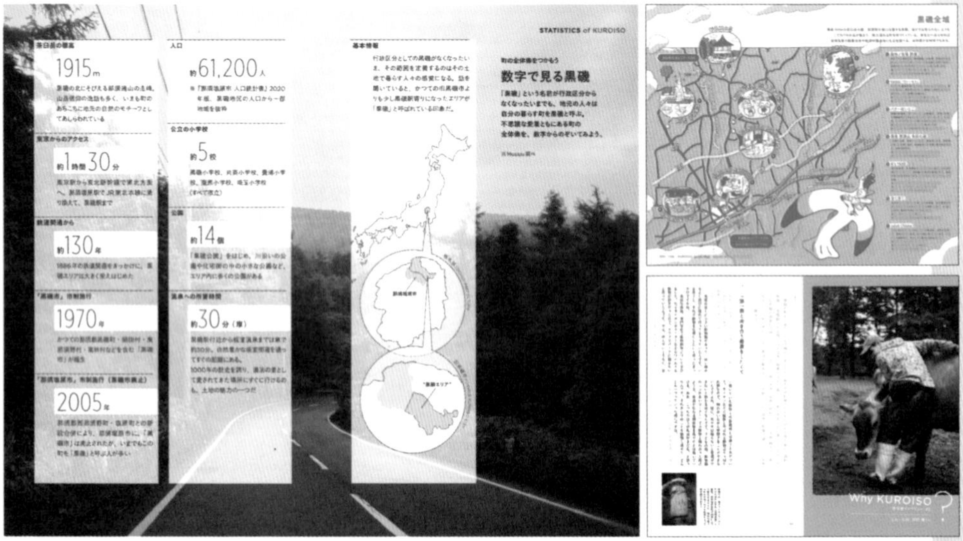

㊤《A GUIDE to KUROISO》結合照片、插畫、人物訪談等呈現黑磯從下而上的地方活力。

透過人物採訪導覽地方活力

風旅出版第一號作品選定黑磯的契機其實也是偶然。柿次郎的好友、同時是黑磯在地店家的宮本吾一在臉書上發文「如果能有一本黑磯的書就好了！可惜黑磯都沒有編輯家……」柿次郎就因爲這篇發文，開始啟動黑磯的出版計畫。

有別於許多地方營造多是由上而下的政府動員，柿次郎的編輯角度看到的黑磯充滿「由下而上」的活力，地方上每個個性店家致力於自己的專業，專注經營店鋪與事業，集結每一個點狀的個人成果，創造出街區的獨特風格，也讓柿次郎相信這裡是個「未來會自然誕生的小鎮」。過往黑磯的介紹多被安插在鄰近的那須觀光勝地之中，「但黑磯絕對足夠撐起一本書」，柿次郎爲黑磯打抱不平的心情，促動了第一本黑磯專書之誕生。

跟擅長的網路媒體呈現相比，柿次郎說書籍的內容較硬，爲了增加適讀性，因而邀請了專業的攝影師和插畫家，爲內頁增添柔軟度。

《A GUIDE to KUROISO》製作流程

● 全書製作期原預計一年，最後約費時一年半。
● 全書製作之期間，主筆人來回當地約十次。

初期採訪 → 概念訂定 → 團隊組成 → 後期採訪 → 終盤作業

初期採訪	概念訂定	團隊組成	後期採訪	終盤作業
主筆人確立後，進行5～6人採訪	書籍主題概念、標題等訂定	外部協力團隊確定（設計師、攝影師、插畫家）並進行團隊採訪之旅	依書籍主題架構進行後續採訪	配合書籍文章內容請攝影師進行攝影、插畫家繪圖等工作

在內容方面則有別於一般景點的旅遊介紹，由一篇篇的人物採訪構成。柿次郎說，希望二十至三十幾歲各地的年輕讀者們能夠透過《A GUIDE to KUROISO》的這些故事，各自解讀，且能激發地方工作者新的靈感和想像。

團隊組成左右製作難度

許多以特定市鎮爲主題的書籍出版多半有政府資源挹注，或是地方企業贊助，而《A GUIDE to KUROISO》是Huuuu的自主獨立製作，肩負所有的製作支出，但也擁有全然的揮灑自由。

柿次郎說明，最初並無訂定主題，也沒有頁數規劃，一切都從選定了主筆人之後，先進行小規模的採訪開始。有了初期的採訪基礎，才訂定書籍的主調，接著進行外部合作團隊的組隊，並進行後期採訪與製作。

書籍的製作後期，由於地方關係的人際網絡出現了一些誤會，柿次郎特別奔波三次到當地道歉，原本已經試刷的書稿也必須撤回，重新安排採訪與圖文編排，製作時程因此被拉長，更增加了許多印刷成本。「就算一刷的三千本都售罄，也只能勉強打平。」柿次郎難掩苦笑之情：「不過也獲得了許多的經驗和學習，像是地方人際網絡的認知、外部製作團隊進到地方的難處等。」問他會不會因爲這次的經驗而懼於走向下一個地方進行這系列的出版，「不會呀，已經有這次的經驗了，」他輕鬆的說：「學到的就是組隊的重要，包括地方夥伴的組成也是」。

案例特點

該書的初期採訪如同行前調查一般，針對重要報導人進行初訪，在大致掌握了地方狀態之後，才進行後續的書籍概念訂定、團隊組成，以及後期採訪。這樣的流程，就如同設計思考中先擴散再聚焦的手法，先大範圍蒐集淺顯資料，主題底定之後，再進入深掘與深描。

《A GUIDE to KUROISO》（黑磯指南）

- ●性質：書籍出版
- ●出版：二〇二二年
- ●售價：三千日圓
- ●製作費：五百五十萬日圓（內含印刷費約八十萬）
- ●群眾募資：一百五十萬日圓（約台幣三十三萬元）

← 作為Huuuu辦公室與外部會員共同工作空間的「窗／MADO」十分寬敞。

代表作 5

窗／MADO——辦公室租用制度創新，為空間營造新的相遇｜二〇二二～

新冠肺炎疫情期間，在家工作到極限的柿次郎決定在二〇二一年年底租下長野市中心的辦公室，由於租借的空間超乎預期的大，因此他開始想該怎麼利用。Huuuu無意發展成招租事業去費心管理經營，但又希望有志同道合的夥伴一起利用辦公空間、分攤房租，因此催生了名為「窗／MADO」（窓／MADO）的「Local Office Community計畫」（地方辦公室社群計畫）。

MADO的會員分兩類，一類是固定座位會員，使用費一個月二萬五千日圓（約台幣五千八百元），人數限定四位，且只限熟識的友人申請；另一類是自由座位，一週約二至三次的低度使用，使用費一個月六千日圓（約台幣一千四百元）。MADO沒有大肆宣傳，只靠人際網絡介紹，但開幕不久就接近滿席，幾乎打平辦公室十二萬租金與其他固定支出。

柿次郎藉由開創新的制度，進行工作空間的氛圍營造，還有關係性的編輯。「我想『新的相遇』是許多人的期待。」柿次郎推測道。

案例特點

原本只是一個「分攤租金」的念頭，卻昇華成創造新相遇的「關係編輯」。有別於利益導向的商業活動，也有別於完全對外開放的公共性，MADO的立場特殊，介於商業與非商業間，也介於公共與私人之間，因而有了更多實驗與嘗試餘裕。

窗／MADO

- 性質：工作空間經營、空間編輯
- 創始：二〇二二年
- 規模：除了Huuuu辦公室功能之外，約有二十名外部會員

Re:youth

- 性質：雜誌型Instagram媒體品牌
- 創始：二〇二二年
- 內容：將JIMOCORO過往發布的報導文章進行新的詮釋
- 編輯長：少年編輯長京野櫻大
- 網址：www.instagram.com/reyouth_mag

少年編輯長京野櫻大（左）為Re:youth的貼文注入年輕觀點。

代表作 6

Re:youth——少年編輯長的「舊聞新看」，世代接力開發年輕讀者

案例特點

Re:youth透過新世代的視角，重新詮釋過往文章的可讀性，為過去的報導文章，帶來二次、甚至三次的再閱讀價值，以打破網路媒體文章的時效性魔咒。

二〇二二年，柿次郎將自己在網路媒體JIMOCORO的編輯長一職，部分交棒給一位十七歲的少年編輯長京野櫻大。

柿次郎和少年編輯長的相遇發生在京野十四歲之時，原本是個逃學國中生的京野在SHINKAI遇到了店主柿次郎，結果逃學少年在柿次郎的邀請之下，兩年間跟著柿次郎旅行到日本許多地方，完全翻轉了對於大人、對於世界的想像。京野在國中畢業之後就獨立生活，成爲個人工作者，協助Huuuu的各種編輯、攝影、影片製作等工作。

過往Huuuu負責網路媒體JIMOCORO每個月七篇的文章，而二〇二二年柿次郎調整了這樣既定的安排，將既有七篇預算的其中一篇交付給京野，在Instagram上創立新的媒體品牌Re:youth。並非要進行「新的採訪」，而是將JIMOCORO過往的報導文章，以京野的年輕觀點，進行新的詮釋。

Re:youth

透過「少年編輯長」的視點進行重新詮釋的「舊聞新看」

開發年輕讀者回饋母體網路媒體

CHAPTER 5

設定未來願景，重新定義秋田的團體編輯術

Satoshi Fujimoto
藤本智士

｜Re:S

free paper #地方創生 #旅行策劃 #跨領域編輯 #編輯人才培育 #創造性統籌 #自由採訪 # LIVE 臨場感

創辦獨立出版的經典刊物《Re:S》、秋田傳奇地方刊物《Non-biri》，更經手過日本偶像團體嵐一書《日本的嵐》（ニッポンの嵐）、男星佐藤健與神木隆之介等日本藝能界藝人的書籍與出版品，以神戶爲據點、近年開始實踐神戶與秋田兩據點生活的編輯長藤本智士（以下簡稱藤本），是個談到日本地方主題出版，不容忽略的傳奇編輯長。

日本地方設計始祖梅原眞便曾如此點評：「過去我們都覺得寫手的工作使命就是『把受訪的話進行精煉和統整』，但藤本不一樣，他是『呈現受訪者的原貌』，可能一見會讓人想說這寫手的功力在哪裡，但再想想就會覺得這樣的採訪手法的確也成立！眞是新穎的方式！」

意外的是，學生時代的藤本，從來沒有想過要當編輯，一直以來，他的目標都是成爲作家、成爲小說家。只是，沒想到這個以小說家爲志的文青，最後經手多部以地方爲題的傳奇刊物與書籍，不僅連連打破業界常規，更顛覆了雜誌圈邏輯，帶動起新一波的「地方編輯」旋風。

藤本智士 Satoshi Fujimoto

●公司：Re:S（有限会社 Re:S）
●成立：二〇〇二年（前身公司名為park editing）
●駐地：兵庫縣神戶市、秋田縣（兩據點生活）
●代表：藤本智士
●事業規模：四名成員，彼此獨立接案
●主要事業：以日本地方為題的出版品製作
●理念：社名Re:S為「Re:Standard」之簡稱，意味著「新基準之提案」

從一張徵求編輯夥伴的傳單開始

大學畢業後，藤本隨即遇上就職冰河期，相繼到就職情報公司、廣告代理店工作，一邊當上班族，一邊不放棄的創作文學作品。一次，仰慕的文藝雜誌社Littel More（リトルモア）舉辦新人大賽，藤本的作品獲得佳作，還接到當時的編輯（後來成爲雜誌社社長）孫先生的來電讚賞，而這段和孫先生的交情，兩度改變了藤本的編輯生涯。

第一次，是孫先生邀請他到東京，參加當時由雜誌社所參與的電影之試映會。會後的慶功宴上，藤本見到了許多電影幕前幕後的知名演員、導演，現場也有許多與他同齡且懷抱夢想的年輕人：「我的目標是電影導演！」「我立志要成爲小說家！」等，這除了讓他感受到東京的閃耀之外，更讓他開始思考，一直以來都是自己一個人埋頭寫著小說，但關西是不是也能找到這樣一群志同道合的朋友呢？

他深信關西一定也存在許多創意工作者，只是都還沒「相遇」。那麼，要怎麼「創造一個遇見創意工作者的場域」呢？拍電影不可行，開一間店也不太可能，在盤點了自己的資金與資源之後，他決定在大阪辦一份Free Paper。

於是，藤本在紙上寫下「接下來我想要做這樣的Free Paper，寫手、攝影師、插畫家募集中！」留下自己的手機號碼，之後將這張傳單大量印製之後，放在大阪小劇場「扇町Museum Square」。

Free Paper爲編輯起點

沒想到，留下手機號碼的募集傳單吸引了七八位個人工作者來電。藤本說，那時候大家的相聚，與其說在「編輯」，不如說像是大學時期製作同人誌般，是在搜集大家想要刊登的原稿內容。

如同玩票性質般的出刊，一刊一萬份，在出刊四天內分派到關西四個地區的小店。始料未及的是，累積一段時間之後，Free Paper意外引起了關西電視台製作人的注意，藤本說他當時一喜一憂，一來開心受到注目，但是這樣玩票性質的內容讓他感到些許羞赧，而這也成了他決心改造Free Paper內容的轉機。過去是大家想要刊登什麼就恣意安排，但未來必須是「眞的想要刊登的內容」才行，於是他開始和理想的作者、插畫家邀稿。

憑著誠懇的邀請，藤本請到了許多當時關西的文化人、藝人來撰稿，許多甚至義務無償提供原稿。也是這樣的恩情，再加上投注了大量心血的付出，藤本決心不能讓Free Paper最後變成了如廢紙般的垃圾，因此決心要成爲專業的編輯，製作出「讓人一點都不想丟掉」的出版品。

《Re:S》創立雜誌界新的標準

而實現這個心願的，是傳奇的紙本雜誌《Re:S》。

這是一本打破雜誌界常規，沒有贊助商、沒有廣告，且全國性販售的雜誌，更是一本沒有事前「頁數規劃」，開啟了藤本「走到哪訪到哪」之採訪風格、獨樹一格的雜誌。

這一本傳奇雜誌之所以能夠創刊，歸功於過往和雜誌社Littel More孫社長的緣分，孫社長一聽企畫僅是帥氣地說了一句「你要做的話，就去做吧」，而這一句帥氣的應允，成了轉變藤本編輯人生的第二次轉捩點。

問藤本出版《Re:S》雜誌的起心動念，他說來自心裡一直以來積存的兩個疑問。

首先是「爲什麼媒體都這麼理所當然的報導東京的事？」不管觀眾是住在北海道或關西，那些報導著東京代官山新開店鋪的節目，都這麼理所當然的存在。他帶著這樣的疑問思考著：那麼地方是不是也可以這般堂堂正正的傳達地方的事物呢？他開始想，有沒有可能翻轉這樣的現狀，由在關西的自己，甚至是去日本其他地方採訪，然後透過雜誌傳遞給全國的人。

再來，「雜誌一定要被廣告牽著走嗎？」藤本解釋說，雜誌與其他刊物最大的不同，在於比起雜誌本身賣得好，更重要的是因爲銷售量高能帶來的廣告量，但正因爲廣告和編輯被綁在一起，因此雜誌的彈性、自由性就被大幅限縮。也因此，就出現由東京總社的總編輯發案給地方的寫手，但東京總部的預想和地方現場遇到的狀況，出現極大落差的狀況。藤本過去受東京雜誌社委託時，就常遇到在採訪現場發現很想寫的報導、發現很棒的材料，卻只能按照東京的發案行事。

以上的兩個質疑，讓他意識到「不自己創立媒體的話是不行的」，唯有創立自己的媒體，才能夠打破這樣的常規。因此他提出從創立「新的標準」爲發想，創辦了以「Re:Standard」（新基準之提案）爲概念的雜誌《Re:S》。

穿梭在小衆和大衆之間

《Re:S》自二〇〇六年到二〇〇九年之間的三年裡，一共出版了十一刊，藤本在這段期間進行了許多實驗性質的嘗試，像是不受總社束縛的自由採訪風格、以第一人稱本位的敘事手法、不刊登廣告而改以和製造商共同開發產品收取權利金等方式等。當今看起來逐漸稀鬆平常的採訪與撰寫方式，在當時如同劃破雜誌市場的特異之星。

二〇〇九年，《Re:S》因商業模式未能穩健成長而決定休刊。藤本反省會不會是因爲這樣的模式「太小眾、太非主流」，才導致無奈走上休刊一途，因此他決定不實際體驗一次「超主流的大眾文化」不行，打算一訪超主流文化的聖殿：一個是迪士尼樂園，另一個是參加傑尼斯偶像天團「嵐」的演唱會。迪士尼樂園只要買了票就可以去，但「嵐」的演唱會門票太難買了，遲遲沒辦法如願。

結果沒想到傑尼斯事務所自己主動出現，向他提出製作出版物的工作邀約，要爲「嵐」出版一本《日本的嵐》。原來是負責出版品的主管看過《Re:S》，一直想提出合作邀請，後來發現休刊消息，於是趕緊提出邀約。也因爲是認同《Re:S》的編輯理念與手法，因此採訪的安排同樣走「不訂得過度嚴謹」。

原本是因爲《Re:S》走到瓶頸，所以按下暫停

↑ 進行許多實驗性嘗試的《Re:S》是一本充滿傳奇性色彩的雜誌。

鍵；結果卻也是因爲《Re:S》，而有了新機會的到來。自從這次經驗，藤本再次實際感受到了自己作爲一個編輯者的任務，以及編輯的力量。

助攻地方華麗變身

在蓄積了超主流的大眾文化經驗之後，藤本再次走向地方。這一次，是秋田召喚了他。

因爲擔任「日本之設計二〇一一」（日本のデザイン2011 Re:SCOVER NIPPON DESIGN）之展覽總監，藤本策劃了「和設計師們一起旅行」的田野調查，結果最後和當時受邀的設計師梅原眞一同造訪了秋田。以高知爲據點的梅原眞設計師，當時因爲身兼秋田縣的顧問，因此不時會往返秋田。而因爲這樣的巧緣，藤本也見識到了在梅原眞指導下，培育出特出氣質的秋田縣府，感受到縣府官員的眼神與他縣不同，那種大家破釜沉舟、打從心底「不認眞改變是不行的」決心。

偕同縣府挑戰新的秋田願景

而當往後秋田縣府發出「徵求Free Paper編輯團隊」的號召令時，藤本就立刻決定要組隊參與。他說，秋田的高齡少子化是全日本第一，身爲一個「課題先進縣」，反而是能夠樹立新的標準、新的可能之地。

結果，Free Paper的編輯團隊徵件，有高達二十多家團隊參加，其中不乏知名的媒體公司，最後藤本的團隊以特立獨行的「走到哪就訪到哪」之編輯方針進入最終決選，最後順利雀屏中選。藤本不諱言，「對縣府來說，選擇這樣的投標團隊也是非常高風險」，只是當時秋田縣剛受梅原真的指導，揭示了新的「秋田願景」（あきたびじょん）口號，剛好是一個竭盡所能想要華麗變身的時間點，因此縣府的大家接下了這樣創新的挑戰。

藤本坦言，讓他能夠帶著編輯團隊盡情發揮的關鍵是縣府全然的信賴。編輯團隊成立之初，藤本先是和縣府的承辦職員高橋先生報告刊物主題，而在第一刊出刊之後，高橋先生就確信編輯團隊的創作品質，因此全權把採訪的現場交給他們，而團隊也能有全然的自由度盡情發揮。

培育在地編輯力：一半原則

身爲外地「風之人」般角色的編輯，藤本說，他接下秋田縣的Free Paper《Non-Biri》的遠大目標，是培育當地的編輯創意者，而這群創意團隊能夠帶領「課題先進區」的秋田，更甚者是引領整個日本，示範日本未來的可能。

《Non-Biri》的編輯團隊，是一個多達十名成員的大家庭，像是藤本、攝影師淺田政志等「非秋田當地人」的成員佔了半數，另一半則是秋田當地的創意工作者。他解釋，如果都是外地人，這樣的團隊突然空降地方，是不會在短時間內被坦然接受的；另一方面，只有當地人的話，就很容易被當地的政治等地方事務捲入，無法做出最佳的判斷。因此藤本認爲，一半在地、一半外地的團隊是最佳的組成，

㊤《Non-Biri》的出版目標之一是要培育秋田在地的編輯創意者。

更能把累積編輯的經驗實質的留在當地。

而每一次的採訪，也都是「全員出動」的大陣仗。並非團隊的每個人各司其職各自分工行事就好，而是將每一次採訪都視爲一次「培育」機會，全體總動員，也全員一起感受編輯過程中最重要的「採訪」工作。因此，每一期的《Non-Biri》都可以看到十多人包圍受訪者的寫實畫面。

《Non-Biri》的十個編輯魔法

承繼過往《Re:S》所累積的採訪風格，《Non-Biri》不僅創造了更多的傳奇編輯哲學，還帶動了更大的編輯魔法漣漪。

①重要的是「完成之後」

編輯力是「活用媒體來改變現狀的力量」，編輯是「手段」，並非「目的」。舉例來說，許多推廣地方的影片、刊物、活動，一完成之後就消聲匿跡，就是誤把手段看作目的的結局。因此，比起做什麼、完成什麼，預想完成之後的世界會有怎樣的變化、設想想要達成什麼變化，這些「完成之後」的事反而更重要。

②「願景」是必須的

「設定願景」指的不是設定雜誌要賣多少份、銷售排行要排第幾、影片要有多少觀看次數，不是這種眼前的目標，而是設定想要達到怎樣的理想未來。編輯力，就是爲了實現那般理想未來所需要發揮的力量；而編輯者，就要時常保持面對未來的長遠眼光。

③創造性的統籌

統籌，可以說是編輯最重要的工作，像是要找誰來擔任攝影師、撰稿人，或是拜託哪個設計師或插畫家負責視覺，這些統籌的過程，其實就是創造的過程。

「統籌」必須帶著創造意識，在這一點上，可以常見許多地方媒體做爲反例，因習於和身邊親近的朋友合作，而陷入喪失創造性統籌的陷阱中。

④培育廣義的「編輯者」

在接下《Non-Biri》編輯長之任務時，藤本所設計的願景是「讓秋田成爲地方之星」，而在這樣的願景之下，就需要培育許多在地實踐者，換言之就是廣義的編輯者。也因此，《Non-Biri》的其中一個目標，就是培育秋田的廣義編輯者。每次採訪一定都是整個十人的編輯團隊一起出訪，因爲要了解編輯術，最直接的方法就是在採訪的現場。

⑤走到哪訪到哪（行きあたりばったり）

這個從《Re:S》時期所奠定的「藤本流」採訪風格，據藤本自己說，是受到落語家笑福亭鶴瓶非常大的影響，他引述說「寫了一個一百分滿分的劇本，但就只能獲得八十分的演出，但若是故意寫一個只有七十分的劇本，剩下三成的戲份，那就看藝人們的潛力，有可能出現把一百分發揮到二千分的表演」。

⑥一〇〇%的臨場感、紀錄片既視感

藤本編輯長的風格屬於「取材現場實況轉播」型的彈性調整路線。當採訪途中出現了不可預測的超展開，這些突如其來的意外，或是各種實境的緊張感或焦慮感，都會一〇〇%進行記錄，並在刊物裡如實呈現。

不僅只是受訪對象的專文，在採訪之外的編輯團隊和受訪對象的聚餐等酒席畫面，甚至是採訪現場的失敗感、苦悶、各種瓜葛，這些本來都會被省略捨去的「NG片段」，都以照片、文字紀錄等方式呈現在紙頁上，也就是有種「紀錄片感」的性質。

⑦小心「歸納」的陷阱

爲了要如實傳達採訪現場的溫度，藤本時常注意的是不隨意的簡略歸納。舉例來說，一百分鐘的採訪現場，不是將整場採訪進行概要化的縮寫，讓讀者自行拼湊一個熱量喪失的敘事，而是將其中的百分之十進行鉅細靡遺的呈現，讓讀者眞切感受那百分之十的現場，對藤本來說，後者能讓讀者更接近眞實。

⑧拋頭露面的編輯群

藤本說，他總是在地方遇到許多很厲害、深藏絕技的爺奶，但比起地方不知名人士的故事，大眾傾向的是名人的箴言，也就是有保證、有說服力的故事。換句話說，即使爺奶們、大叔們各有十八般武藝，但對大眾來說，因爲「無名」，也就等同無法信任、不感興趣。

要翻轉這樣的問題，是地方媒體的莫大挑戰。而藤本的對策是，就由「自己來獲得大眾的信任」，也因此，藤本成了一個不藏身幕後、在幕前大幅出現的編輯，不時在內文的字句或是搭配的照片中出現，讓讀者能有個熟悉、安心的導引，樂於進入紙頁裡未知的地方。

⑨新意，也需要新名

當要向世人提出創新概念、新想法、新行動

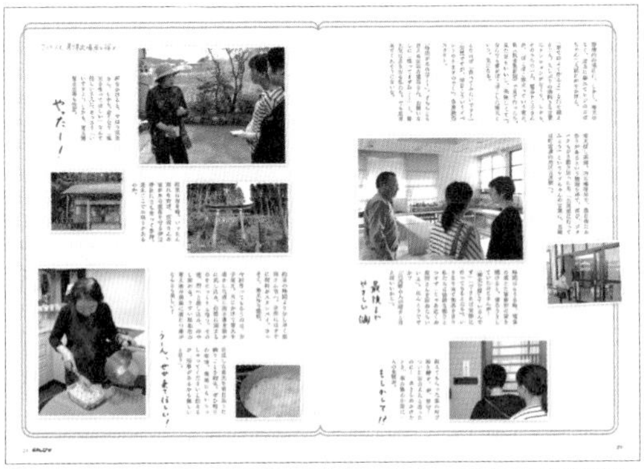

↑《Non-Biri》採「取材現場實況轉播風格」，圖為編輯團隊緊急尋找寒天博覽會參展者及展場的過程。

時，若只是用既有的字詞，那就一點也不新穎了。創造一個新的名字、新的說法，儘管大家感到陌生又不習慣，甚至有些違和感，但是卻更容易引起眾人的興趣，並帶來新鮮感。創造新名的下一步，就是要傾力讓大眾能夠理解新名，並與更多人共享、共用。

⑩比起瞬時性，更重視恆久性

過去製作Free Paper時，藤本就在心裡下定決心，不放進任何瞬時性的資訊，甚至連受報導的店家資訊等都不放。換言之，比起一時的情報提供，他更追求的是未來十年、二十年都不滅、能持續發揮價值的恆久編輯成果。

未來從各種「結束」展開

這本傳奇性的秋田縣免費刊物《Non-Biri》，自二〇一二年創刊至二〇一六年間，每季出刊，一共發行了十六刊。《Non-Biri》休刊之後，藤本接下了秋田網路媒體「沒有什麼大學」（なんも大学）的編輯長一職，二〇二一年，藤本發布了網路媒體自秋田縣府畢業的宣言。若回溯過往藤本經手的Free Paper、《Re:S》等代表作，可以看到他總是一貫瀟灑，在劃下休止符的時候毅然決然，問他為什麼能夠這樣「斷捨離」，他表示：「只有在自己所放棄的選項中，才能夠找到『未來』。」

「一般大家都覺得改變是恐怖的，否定改變，但我自己對於改變，則一直都是肯定的。」這樣面對改變的勇氣，他說或許其實非常接近編輯的本質，『編輯力』就是『變身力』」。

編輯心法Q/A 藤本智士

Q——「編輯」是什麼？

比起「創造新東西」，我想編輯是「活用現有的東西」。

Q—編輯工作最重要的是什麼？

我過去不斷在想，不同的「編輯」共通點是什麼呢？我想，是「採訪」，也就是調查、訪談、搜集素材，而這也是編輯非常重要的工作。

另外，還有「組隊」也極爲重要，這樣一來，一個人想做的目標，就能由一群人來一起完成、一起挑戰。因此不時都要意識到「夥伴創造」的重要性。

Q—編輯家是什麼樣子？

我覺得「編輯」，不是只是指在做媒體、做地方報的人，而是在心裡對地方有著願景、理想、想像，然後進行行動、活動的人，換句話說，地方的許多人都可以說是編輯家。

Q—要如何「編輯地方」呢？

我一直都認爲，我們應該不是像神一樣的姿態來「編輯地方」，因此在地方的現場，以「其中一員」的角色行動，這是非常重要的。像我過去就有許多不在地方現場、而是扮演「從旁協助者」的角色的經驗，而在這些經驗中就有許多失敗的經驗，後來我漸漸發現，要做什麼、要推動什麼的時候，不是身爲一個喊加油的旁觀者，而是應該由自己做起、自己也加入其中，成爲地方行動的當事者。

Q—「風之人」的角色與意義是？

過去，我一直非常重視身爲一個「外人」（よそ者）的身分，也就是我常說的「風之人」。但在新冠疫情爆發後，外人要到地方、要進入地方開始變難，我也無法像以前一樣自由來往秋田，因此我在想，比起說「風之人」的存在重要，或許如果地方上的人能開始有「風之人的感覺」、「風之人的視角」，這樣風之人不在也沒問題。

「風之人的視角」，就是可以不拘泥於某地，而是能以俯瞰的角度縱覽各地，或許可以說是一種「編輯的視點」。

地方編輯術×藤本智士

“我們應該不是像神一樣的姿態來「編輯地方」，在地方的現場，以「其中一員」的角色行動非常重要。”

代表作 1

《水壺之帖》——暢述「水壺生活」樣貌，開啓日本「My Bottle」運動

二〇〇四年，藤本製作了一本名爲《水壺之帖》（すいとう帖）的小書。它的誕生源自編輯團隊有感於瓶裝水文化普及所帶來的環境危機，因而讓藤本發下了「如果有越來越多的人能夠帶水壺出門，應該會很棒」的願景。

為了這本小書，也爲了許下的願景，在這本《水壺之帖》裡，主要的內容是小說家、音樂家、插畫家等創作者登場，各自介紹自己自豪的水壺，暢述「水壺生活」的樣貌。除此之外，藤本更在製作前後多次拜訪保溫瓶（日稱「魔法瓶」）產業的事務所，和事務所的大叔們博交情，最後在成書之後，更和象印的社長見面，向產業大老們提議「一起做出美麗的水壺吧」！

以出版品爲手段推進願景

看似臨時起意的提議，其實是藤本觀察產業許久之後的行動方針。他發現社會大眾對於水壺的印象不外乎是充滿卡通圖案的「孩童用品」，或是沉甸

甸的「大叔用品」，因此若能和產業合作，一起開發新型的保溫瓶，那麼應該會有越來越多的女性、年輕消費者願意接受帶水壺的生活。爲了促成如社會運動般的倡議效果，他更一改「水壺」這樣已經有太多刻板印象的詞彙，開創了「My Bottle」的名稱，成爲「My Bottle運動」的開端。

結果，因爲「My Bottle」話題的興起，讓原本已經快要放棄日本國內市場、轉而開拓海外市場的保溫瓶品牌開始注意到My Bottle的潛力，低迷的買氣有了極大的轉機（二〇〇四年的年製造量爲六百萬個，二〇一六年成長到一千八百萬個），更間接開創了日本的「My Bottle」效應。

案例特點

透過刊物出版、創造新詞彙，進而開創「My Bottle」效應，是藤本讓《水壺之帖》不僅只是停留在紙本刊物的經典之作。採訪當天，意外得知藤本仍和保溫瓶品牌持續交流合作、共同激盪新產品，令人不禁驚嘆這樣由刊物製作為契機，因而進展之長久不輟的夥伴關係。

↑《水壺之帖》體現了藤本智士如何活用媒體來改變現狀，促成My Bottle的環保及商業效應。

代表作 ②

《Non-Biri》—— 大破大立的政府出版品，躍出紙面揮灑創意｜二〇一二～二〇一六

二〇一二年創刊，由秋田縣政府主辦、藤本編輯長領軍的地方免費刊物《Non-biri》，雖然有著地方政府主導的背景，卻是一本徹底顛覆政府出版品概念的傳奇之作。

以下分別從四項大膽創新手法的分析，佐以實際的刊物內容案例，來一窺《Non-biri》的內裏一面。

創新①：「走到哪就訪到哪」的採訪風格

因爲若是百分之百都安排好、都照著劇本走，那麼就少了許多意外的興奮感，因此採取最低限度的事前預定，並將現場的偶遇都呈現在內容中，讓讀者也能感受到採訪路上的臨場感、越讀越期待。

↑《Non-biri》的封面照總是散發令人屏息的魅力。

創新②：近似合成的封面攝影

《Non-biri》的雜誌封面照都令人屏息，猜不透是不是特殊合成所製造的效果，但驚人的是這都不是合成照，而是真人真物的設定。例如某期的封面

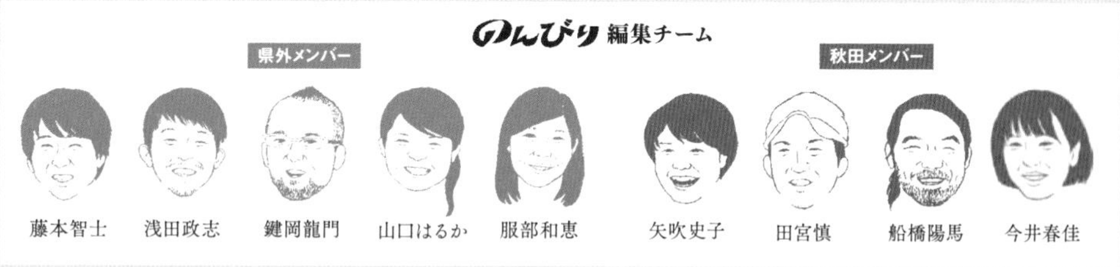

↑《Non-biri》內頁會明確刊載外地及本地成員各半的編輯團隊。

照是大家圍繞著新幹線的車頭賞櫻，照片裡若假若眞的新幹線車頭讓人懷疑是不是後製上去的效果，結果不管是車頭、還是圍繞著新幹線著和服的人們，都是貨眞價實的眞實情景。

創新③：外地編輯群結合本地創意人組成團隊

爲了實現能夠與主流雜誌媲美的品質，邀集的主編、攝影師等編輯成員都是一時之選，除了這樣的創意空降部隊之外，更把地方上的創意工作者一同捲入，形成一個能屈能伸、裡外應對都自如的編輯大隊。藤本說，《Non-biri》的長遠目標，是希望透過編輯工作來培育當地的創意工作者，因此編輯團隊採用半數外部、半數在地的組成原則，而每一次的採訪，都是「培育」的重要過程，必定全員出動，進行十人大隊的內外刺激與交流。

創新④：躍出紙面的多元開展

團隊在紙面的編輯之外，也觸發了多元面向的開展。例如，因爲製作秋田的木版畫家池田修三特輯，單單紙面的內容還不夠，另外還策劃舉辦了展覽、重新販售作品集等，接連展開許多延伸的行動。

而雜誌休刊之後，編輯部也沒有就此停歇，而是接連參與了廣播電台的廣播節目製作、電視台的旅遊節目製作，以及過渡到後來的秋田網路媒體「沒有什麼大學」的創立與經營，完全不局限於紙面的編輯。

《Non-biri》（のんびり NON びり）

- 出刊：二〇一二年創刊，二〇一六年休刊，共出版十六刊
- 編輯部成員：十名（半數外地工作者、半數秋田本地工作者）
- 刊期：季刊
- 規格：尺寸約十八X二十四公分，約五十～六十頁）
- 發行區域：以秋田為主，擴及東京等店鋪
- 價格：免費
- 經費來源：秋田縣廳

內容範例——道之驛劇場

編輯團隊因採訪而來到秋田的道之驛（即道路休息站）「十文字」，受到了非常大的歡迎，道之驛的夥伴在工作之餘以歌聲迎接，還有各種盛情之款待。而在訪談小川驛長時，得知道之驛每年都由小川驛長寫劇本、由志工夥伴合作，共同舉辦劇場活動。爲了回應道之驛的款待，藤本當下就決定要和團隊們祕密策劃一齣劇，在採訪最終日「以劇報恩」。

於是，編輯團隊展開「三天內演出一場話劇」的超級任務。在已經滿是採訪行程的三天內，藤本構思著腳本，其他不管是攝影師還是設計師都一起做道具、練習演技。到了最後一天，劇場經驗爲零的夥伴們在道之驛的臨時舞台登場，還邀請了小川驛長的兒子唸出滿溢溫情的一封信，成了當晚的高潮。

案例特點

像道之驛劇場這樣「超級任務」的發想、實行、碰壁的插曲、祕密行動等，都以照片和文字如同轉播般記錄在每一期的《Non-Biri》中，不僅讓現場的情緒躍出紙幅之外，也樹立了《Non-Biri》特殊的LIVE實況感特色。

「道之驛劇場」內頁版面呈現

⬆ 編輯團隊祕密拜訪小川驛長的兒子邀請他客串演出。

⬆ 零劇場經驗的編輯群在道之驛的臨時舞台登場。

⬆ 小川驛長的兒子念出滿溢溫情的一封信成為當晚溫馨高潮。

藤本主導的旅行主題出版物／展覽

↑《佐藤健訪熊本》（るろうにほん熊本へ），2017
男星佐藤健因拍攝電影《神劍闖江湖》而和拍攝地熊本結下深厚緣分。
2016年規模7.3的熊本地震發生之後，佐藤健自主提出透過出版熊本相關書籍來協助賑災的想法，因而找來藤本編輯長，協助策劃於熊本縣內的旅行及書的編輯作業。
該書出版後捐出販售利益，用於協助熊本災後重建，2018年出版的台灣翻譯版則是捐用於協助當年的北海道地震重建。

代表作

3

地方旅行編輯長——
奠定「藤本＝旅行編輯長」定位，傳達地方新魅力

自二〇一一年接下傑尼斯事務所之邀，策劃讓日本偶像團體「嵐」成員到日本各地旅行、並集結成《日本的嵐》（ニッポンの嵐）一書之後，無形間便奠定了「藤本＝旅行編輯長」的定位，往後許多以「旅行」為主題的出版品委託，都指名要找藤本編輯長來操刀旅遊規劃、編輯旅行書籍。

↑《從宮崎，》（みやぎから、），2022
由男星佐藤健與神木隆之介聯手，以協助日本311東北災後振興為目的，透過宮崎旅行以及兩人的對話，挖掘宮崎的新魅力。由藤本協助行程策劃、撰寫、編輯。

↓展覽「日本之設計2011 Re:SCOVER NIPPON DESIGN」，2011年藤本受邀擔任「日本之設計2011」展覽總監，將展覽主軸訂為「和設計師一同旅行」，邀請三大知名設計師梅原真（秋田）、森本千繪（兵庫）、山中俊治（鹿兒島）到日本三地旅行，並將一路的風景記錄於展覽中呈現。

川口瞬／來住友美
Shun Kawaguchi／Tomomi Kishi

●公司：真鶴出版
●成立：二〇一五年
●駐地：神奈川縣真鶴町
●負責人：川口瞬
●夥伴組成：出版與旅宿雙事業體共四名核心夥伴、一名實習夥伴、兩名工讀夥伴
●主要事業：獨立出版、旅宿經營
●委託費用：依據不同委託形式而變動

CHAPTER 6

出版＋旅宿之駐鎮編輯家，重新編織人與地方的關係

Shun Kawaguchi／Tomomi Kishi

川口瞬／來住友美

| 眞鶴出版

#關係性 #空間編輯 #旅行策劃 #地方媒體 #地方行動者 #町宿 #地方產業 #兌換券行銷 #地方再發現

神奈川西南部的半島，因爲突出的島岬地形像是展翅的鶴鳥，因而有著優雅的名稱「眞鶴」。在這裡，有個特別的獨立出版社——眞鶴出版，別名是「可以住宿的出版社」。

二〇一五年，有著雜誌編輯經驗的川口瞬（簡稱川口），以及曾任青年海外協力隊的伴侶來住友美（簡稱友美），結束菲律賓的留學與工作之後返回日本，兩人開始思考地方移住的可能，而當時因爲攝影師MOTOKO的推薦與介紹，因緣際會移住到眞鶴。

移住之後兩人創立以地名眞鶴爲名的「眞鶴出版」，由川口負責出版事務，自主製作以眞鶴爲主題的出版品；伴侶友美則負責旅宿事務，在老房子改建的出版社兼旅宿，招待一日限定一組的旅客。

擁雙事業體的真鶴移住前輩

友美回憶，成立之初兩人並沒有特別多想出版社與旅宿的分工，後來漸漸發現，透過出版對外介紹真鶴，而接觸到的讀者又能夠透過住宿親臨當地，更認識地方，意外成了一個宣傳與體驗的好循環。此外，兩事業體的金流性質不同，出版事業金流較大但較不定期，而旅宿事業金流雖然較小但相對穩定，因此兩事業體的金流流動也能互相支應，意外契合。

因地圖編採加深在地關係性

雖然移住到真鶴之後就決定要開展出版與旅宿兩項事業，但兩人其實在最初除了決定好「真鶴出版——可以住宿的出版社」這個名稱之外，其餘都不知道要如何開始。

焦急了幾個月之後，兩人決定從門檻最低的嘗試起步。友美先實驗性以小規模的二十萬日圓（約

出版與旅宿互利共贏

↑ 扎根地方的眞鶴出版社兼營旅宿事業。

台幣四萬六千元）預算改造自宅部分空間，並於Airbnb登錄。川口則是決定在正規的出版品之前，先製作一份當地的地圖摺頁。沒想到，因爲地圖「懷舊的短程旅行in 眞鶴」（ノスタルジックショートジャーニー in 眞鶴）的製作，讓初來乍到、對當地還陌生的兩人，因採訪而開始認識街坊鄰居、地區夥伴，意外增強了融入當地、成爲地方一員的連帶感。

而這份地圖的出現，也引起了當地町公所注意，按圖索驥找上眞鶴出版，委託川口協助製作地方的移住推廣手冊、社會福利手冊等。而因爲移住推廣手冊的委託企劃，川口身兼編輯之外，更自述移住的自身經驗，意外奠定了「眞鶴移住前輩」的形象，爾後更以前輩之姿，再加上出版社與旅宿立場猶如在地訊息窗口的角色，協助多達數十位的移住後輩前來眞鶴一起生活與工作。

透過出版與旅宿扎根地方

地方編輯激化在地意識

雖然不時有外地的編輯工作委託，但眞鶴出版一如其名，以眞鶴爲主要基地進行出版，從最一開始的自主地圖製作、町公所委託的手冊製作，後續還出版了以在地三間漁獲干物店爲主角的《優美之干物》、聚焦當地一條蜿蜒街道「岩道」的《岩道報紙》，近年更接下町公所委託，製作了一本目標要流傳三十年，如曠世町史般的《眞鶴手帖》。透過一冊

↓《在小鎮上創造工作》（小さな町で、仕事をつくる）、《一起生活在小鎮上》（小さな町で、みんなで生きる）都是真鶴出版接受町公所委託製作的免費手冊。

一冊的採訪、撰文、編輯，川口編輯長對於在地歷史、地方店家的理解可謂瞭若指掌。

眞鶴出版另一項主軸事業旅宿，也在二〇一七年歷經店址移轉，進而把地方編輯的概念，運用於老屋改建的整修過程當中。像是在地廢棄建材的重新利用、捨去大型建設公司而與地方職人團隊合作等，川口和友美都竭盡所能做到更在地化，並且貼近眞鶴當地特有的建設規範《美之基準》（美の基準）。

以眞鶴爲名而意外降臨使命

問起川口當時取名眞鶴出版是否別有用意，他說當時其實沒有多想，而且若是現在才要取名的

↑ 真鶴出版旅宿一日限定招待一組旅客。

↑ 真鶴出版的老屋改建依循當地《美之基準》的建設規範。

話，大概也不會以此命名。他苦笑解釋說，因爲「眞鶴出版」的名稱，讓他宛如成了眞鶴的代表一般，更接受了許多對在地的使命。不過川口說不一定只能永遠足不出眞鶴，他也描繪著未來的理想，有可能在亞洲其他地方成立眞鶴出版第二據點。

編輯心法 Q/A 川口瞬

Q—眞鶴出版是如何區別紙本媒體與網路媒體的呢？

對我來說，網路媒體是「發射工具」，像是弓箭一般，把資訊傳遞給遠方的人；而相對的，當今紙本出版品在「傳遞訊息」上的功能逐漸降低，但另一方面則逐漸成爲「社群創造」的工具，也就是成爲進入某一社群的依據。因此，我們現在非常重視許多紙製品的細節，像是紙質的觸感，或像是《日常》和拓印設計師合作創造出三千本獨一無二的獨特封面等，在許多「只有紙本才能創造」的細節上精心考慮。

關於紙本和網路在編輯上的差別，我認爲最大的差別是，有別於網路媒體多是均等式的呈現如存檔般的資訊，紙本能夠創造出「強弱感」。不管是均等如字典般、目錄般的呈現，或是有濃淡深淺的差異性呈現，再加上不同的內容可以依照頁面編排進行適度的連結與穿插，這樣的彈性與自由度，是紙本編輯上最大的強項，也是我最喜愛編輯紙本的理由之一。

Q—就眞鶴出版的經驗來說，地方媒體的角色爲何呢？

過往，媒體最主要的角色是訊息的傳遞，由一地將訊息傳送到另一地的傳播。但我認爲，地方媒體的角色並非這樣單方向的、由甲地到乙地的傳送，更重要的是「關係性的重新編織」，也就是透過編輯連結人們和地方。

在這樣的理念之下，眞鶴出版便不僅只製作紙本出版品，更透過旅宿經營、小鎮散步等細節設計，落實地方媒體的理想之道，而我將之稱爲「Re-Local Media」。

地方編輯術×川口瞬／來住友美

“地方媒體的角色更重要的是「關係性的重新編織」，也就是透過編輯連結人們和地方。”

代表作 ①

眞鶴出版——可以住宿的出版社，穿織對地方的情感與認同｜二〇一五～

關係性的重新編織，是川口對於地方媒體角色的期待與目標，而眞鶴出版社的旅宿空間便是川口自身最具代表性的實踐。自開設一號店之初就設定的小鎭散步環節，以及二號店在裝修時對於建築上的各種堅持，軟體硬體都緊扣了在地媒體的信念。

「小鎭散步之旅」締結深層交流

在住宿空間初創時，川口夫婦便開始了帶領住宿旅客走訪當地的「小鎭散步之旅」。除了二次造訪的旅客，每一個來到眞鶴出版社住宿的旅人，都會跟著川口太太（來住友美），一同散步認識當地。

最初，是因爲前來投宿的旅人大半都是外國人，爲了協助無法日文溝通的旅人到餐廳點菜，也體諒地方餐廳面對外國旅人可能手足無措，友美開始了臨時的口譯工作，沒想到這樣的地方介紹行程後來也受到日本旅人們的喜愛，因而從臨時的口譯轉變爲眞鶴出版的招牌行程「小鎭散步之旅」。

真鶴出版——可以住宿的出版社

- ●性質：出版社結合旅宿空間
- ●創始：二〇一五年，二〇一八年移轉至二號店
- ●網址：manapub.com

小鎮散步之旅促成了旅人與在地的深層互動。

「不僅僅只是介紹當地給旅客，也是介紹旅客給當地人們認識。」川口說明，最初當地人總是不太理解怎麼會有旅客千里迢迢來到真鶴，但現在在地住民們都已經習於旅人的來訪，而從大家應對的改變中，也可以發現加深了當地人的地方認同與縣民驕傲。

原本無緣接觸的外來旅人、在地居民，因為真鶴出版領軍的散步之旅，讓雙方有了互相認識的機會。有趣的是，原本只是想說讓雙方能夠打打招呼，沒想到意外促成許多旅人與當地人結為朋友，也因為有了更深層的互動與交流，創造出讓旅人們二訪、三訪、甚至移住到當地的契機。

致敬《美之基準》的裝修實踐

二〇一七年，真鶴出版的川口夫婦為了打造新的住宿空間，邀請同世代的建築雙人團隊Tomito Architecture，一起啟動了「真鶴出版二號店」的裝修計畫。

川口說，在移居真鶴之前，就知道真鶴有一本傳奇的建設規範之書《美之基準》。在一九九〇年代，當時町長為了遏止因為商業開發而破壞當地地景，因而請益各領域專家，並召開多場居民工作坊，訂下了有著六十九個關鍵字的《美之基準》條例，成為當地地方營造、建築興建的準則。出於對《美之基準》的敬重，因此在進行旅宿空間的改建計畫時，川口和友美兩人也希望能夠依循這樣的原則，找出適宜在地、合乎在地之美的裝修之道。

不過，熱切的兩人雖然在最初搜集了大量的改建案例，但找到的資料多是呈現硬體面資訊，在地連結相關的論述少之又少，因而整個裝修的計畫，成了川口夫婦、建築團隊、在地職人團隊三方一起摸索、也互相磨合學習的實驗與實踐。

於改建細節貫徹地方編輯理念

二號店的老房子改建計畫中，在建築風格呈現、實作工班選定等各種決策上，都可以看到川口

↑ 由老房子改建的真鶴出版外觀與內部。

真鶴出版二號店旅宿老房子改建費用

項目	細目	花費（日圓）
解體	自主拆除	22萬
施工與設計	木工工事、電器工事、建材工事、泥作工事、設備工事、建築設計	627萬
	冷氣裝設	75萬
油漆	自主油漆施工	29萬
內裝	備品	64萬
其他	工程車停車費（2台 × 3個月）	5萬
	旅館、消防許可申請	17萬
	宣傳品製作	32萬
	追加家具	23萬
	設計師交通費	11萬
	合計	905萬（約台幣198萬）

夫婦及合作的建築師團隊，大家有志一同、希望貫徹地方編輯理念的努力。

友美說，在決定裝修施作團隊時，曾經猶豫是要委託大企業的建設公司，還是在地的職人工班。雖然在地職人工班施工費用較爲昂貴，但是比起價格，友美更重視與在地職人的關係之延續，同時考量後續保養維護是否能有可靠的靠山，因此衡量了諸多方面之後，決定委託在地職人工班來施作。

此外，建物內部許多五金構造、建材，都和建築師一同尋找在地元素，活用廢材，或是委託在地藝術家製作，像是在地石材小松石製成的洗臉台、原本是船錨的門把、漂流木製成的桌腳等等細節。除了在地網絡的編輯，還透過群眾募資專案的啟動，連結了更多地方內外的資源，創造了內外交織的關係編輯。

記錄改建歷程編輯成書

在決定整修老房子打造二號店之時，川口夫婦就隱隱覺得這將是一場特別的改造之旅。在前無先例、和建築師來回討論的過程當中，「將這個歷程編輯成一本書」的想法開始浮現，再加上構思群眾募資專案回禮的契機，便正式啟動《小小的、可住宿的出版社》(小さな泊まれる出版社)的出書計畫。

這本書透過友美之筆，從兩人移居眞鶴爲故事開端，帶出打造二號店的整修老房子過程，除了寫下致敬《美之條例》的抽象思考與實踐，還記錄了清晰的預算與進度分享，同時穿插了夫婦兩人一同經歷懷孕、長子出生的生活體驗，是一本詳實記錄眞鶴出版、如紀錄片一般的參考用書。

案例特點

旅宿服務的小鎮散步、旅宿空間的裝修改造，這些看似和編輯沒有關連的事，都在川口夫婦的經手之下，作為「關係性的重新編織」的重要載體，也成了抽象型地方編輯的一環。而這些歷程，最後又集結在紙頁上出版，成了實體版的經典地方編輯實例。

⊕ 論述真鶴城鎮發展轉變的《美之條例》(圖中)是二號店改建的重要靈感。

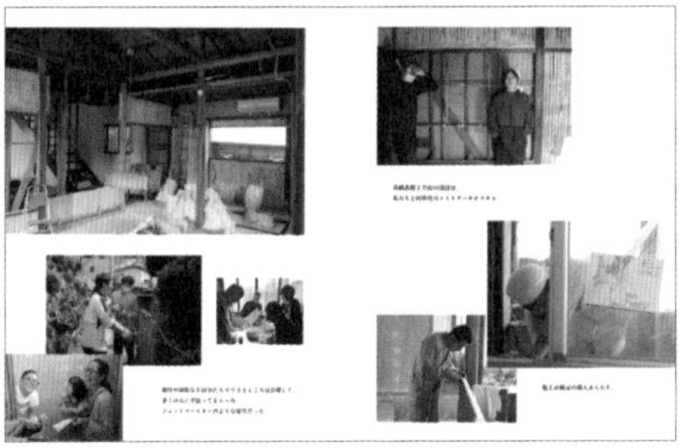

《小小的、可住宿的出版社》
(小さな泊まれる出版社)

- ●性質：獨立出版書籍，記錄真鶴出版二號店的改建歷程
- ●發行：真鶴出版
- ●出版：二〇一九年
- ●規格：A5變形尺寸，一七六頁
- ●售價：二四二〇日圓(約台幣五五〇元)

代表作 2

地方產業系列手冊——生活要角的入門書，不同視點展現產業親近感

二〇一六年針對眞鶴在地三間漁貨干物店製作了《優美之干物》手冊，二〇二二年則是接受委託來到佐賀縣的茶鄉嬉野，製作了《愉快之茶》。雖然兩者地點不同、主題的產業型態不同，但在川口編輯長的心裡，這個「地方產業系列」默默成形。

川口說，不管是干物或是綠茶，對日本人而言都是太過理所當然的生活之物，而他希望透過不同的視點、平易近人的方式，讓大家經由這一系列的「入門之書」，重新認識這些生活中容易忽略的要角。

問他如何在編輯上做出「平易近人」的親近感，他說比起專門書是「要精要深」，入門書的定位是「要廣要淺」，因此編輯的立場不是當傳授專門知識的專家，而是從貼近讀者的立場出發，和讀者一起進行探索與挖掘。

手冊之一——《優美之干物》（やさしいひもの）

眞鶴出版的第二彈自主製作物鎖定海港特產的魚類「干物」主題，除了採訪當地僅存的三間干物店並製作小手冊，更在其中埋藏「干物兌換券」，誘惑讀到手冊的人實際造訪眞鶴，親自品嚐名產干物。川口說，最一開始是想要模擬《食通信》，做出「眞鶴版食通信」，但眞鶴其實離東京僅有車程一小時左右的距離，與其把眞鶴物產寄送給讀者，不如「創造讓讀者來眞鶴的契機」，因而有了干物兌換券的發想。

兌換券的點子讓手冊出版後，吸引了約兩百名讀者實際造訪眞鶴憑券兌換，因此有干物店老闆大呼這本手冊是「干物救世主」。

㊦《優美之干物》吸引了約兩百人親訪真鶴使用手冊內的兌換券。

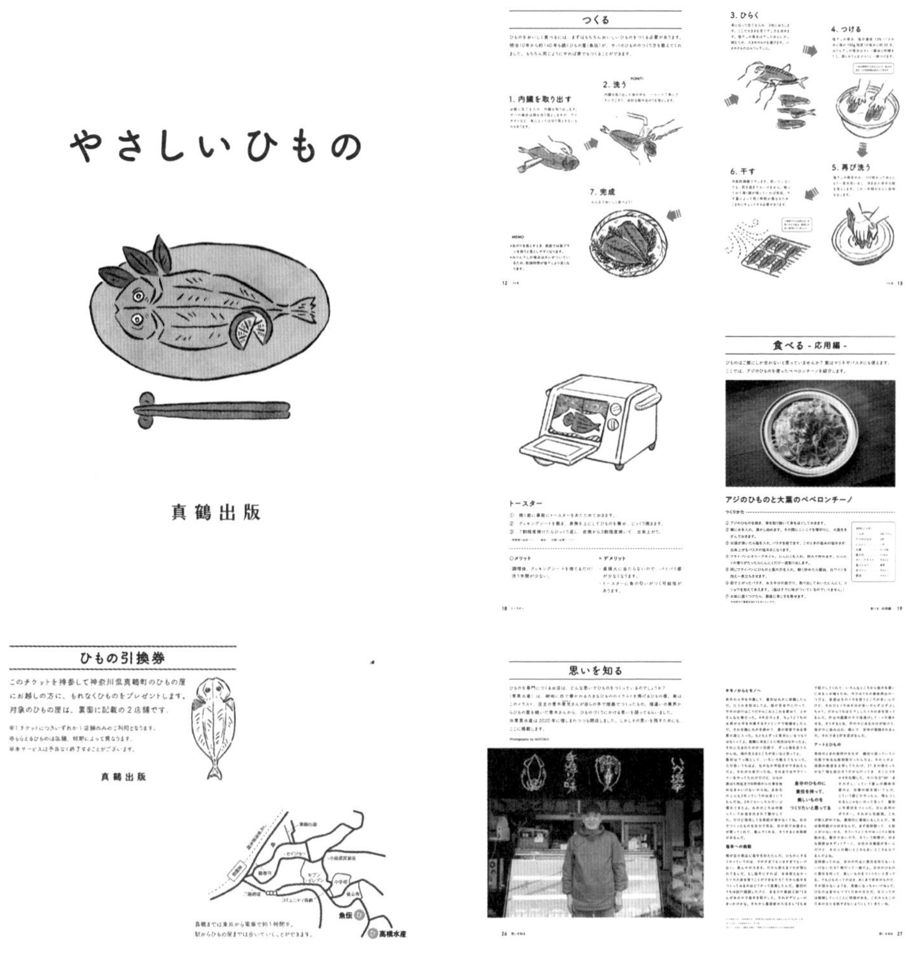

《優美之干物》(やさしいひもの)

- 性質：以地方產業為題之獨立出版品
- 創刊：二〇一六年
- 規格：A5尺寸，三十頁
- 發行量：一千本
- 發行區域：日本各地獨立書店
- 價格：七〇〇日圓(約台幣一六〇元)
- 編輯部組成：二名(川口編輯長、平面設計師)
- 經費來源：真鶴町地場產業活性化補助金
- 刊物預算：五十～一百萬日圓(約台幣十一～二十三萬元)

嬉野推廣手冊	對外	對內	網羅性	TA	顏色	頁數	形式
方案A《嬉野生活觀光》	△	◎	○	旅館、觀光從業者、嬉野觀光客	4色	少	照片＋文字
方案B《嬉野人》	△	◎	○	嬉野住民	1色	多	文字為主
方案C《嬉野茶》	◎	○	△	資訊敏感度高的外部讀者	2~3色	少	插圖為主

手冊之二—《愉快之茶》（嬉しいお茶）

駐鎮於眞鶴的編輯長川口經手的出版品多以眞鶴爲主要領地，但《愉快之茶》是受託來到佐賀的嬉野，協助配合未來新幹線開通進行的地方推廣，製作一本嬉野主題的手冊。

最初的出版提案有三：A以旅行爲主題的《嬉野生活觀光》，B以地方人爲主軸的《嬉野人》，以及C以地方茶爲主題的《嬉野茶》。出版目標是希望能夠跨出九州範圍，觸及東京都內的潛在讀者，因此先進行三方案的比較與整理（如上表）：

方案A《嬉野生活觀光》

由於嬉野並非全國知名的觀光勝地，因此若以此爲主標題，讀者可能會受限於曾經造訪嬉野的觀光客，以及相關的從業人員。

方案B《嬉野人》

主題有趣且高意義性，但讀者可能更限縮於嬉野當地居民，作爲吸引旅人造訪嬉野的契機稍嫌薄弱。

方案C《嬉野茶》

以嬉野茶爲主題，較能跳脫「免費的地方介紹宣傳品」之命運，而成爲可以販售的出版品，再者因爲是商品，能鎖定敏感度較高的族群。

基於上述的考量，團隊最後決定朝方案C的《嬉野茶》發展。不過爲了打開更寬廣的讀者群，手冊名稱不是直白使用帶著地名的「嬉野茶」，而是借用日文諧音命名爲《愉快之茶》（嬉しいお茶）。

模糊主題分類來呈現地方

川口說，《愉快之茶》背後最大的功臣非嬉野溫泉旅館主人北川健太（參見本書第十九章）莫屬，因爲有這位在地關鍵人物的引薦，因而能夠在行前探勘以及後續四天三夜的採訪之旅中，讓編輯團隊（川口編輯長、文字編輯、外部協力的攝影師和插畫家）一行人順利踏訪十個採訪地點與人物。而除了既定的行程之外，編輯團隊也格外珍視旅行中的意外偶遇，因此最後的內頁呈現了一些原本不在計畫內的意外採訪。

⊙《愉快之茶》透過旅行嬉野的敘事主軸帶出茶的主題。

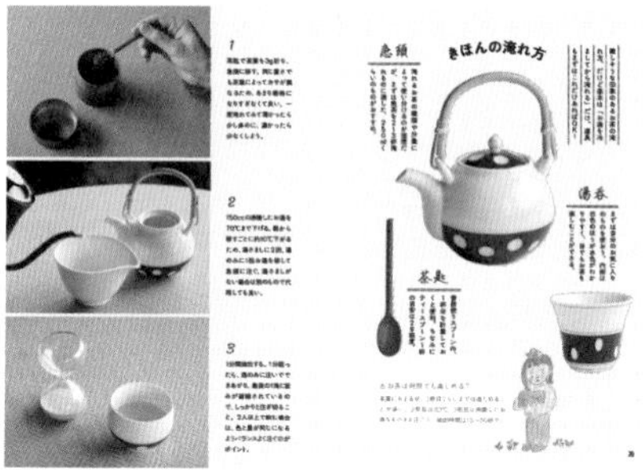

《愉快之茶》（嬉しいお茶）

- 性質：以地方產業為題之獨立出版品
- 創刊：二〇二二年
- 規格：A5尺寸，三十六頁
- 發行量：一千本
- 發行區域：日本各地獨立書店
- 價格：一一〇〇日圓（約台幣二五〇元）
- 編輯部組成：四名（川口編輯長、文字編輯、攝影師、插畫家）
- 經費來源：嬉野旅館組合
- 刊物預算：一百～一百五十萬日圓（約台幣二十三～三十四萬元）

在川口心中，《愉快之茶》是《優美之干物》的進階作。後者在製作時，因爲專注於干物主題，缺少對於眞鶴當地的介紹，一直都讓川口覺得可惜。因此，《愉快之茶》除了著墨於「茶」主題，還加入了許多嬉野當地的介紹。最初的設定雖然是以「茶主題篇」、「旅行篇」兩大篇幅呈現，不過最後川口刻意打破這樣制式的分類，以旅行的主線呈現地方風情，再順勢帶出茶的主題，透過編輯團隊的在地旅遊紀實，呈現出嬉野的立體之貌。

案例特點

由《愉快之茶》的ABC三方案，可以發現同一地點但不同主題、不同面向的呈現，會吸引到完全不同的讀者，而地點的「知名度」，更是在選擇路數時的重要關鍵，因此以第三者的中立眼光來遙望地方、試想非在地人的想法，是進行地方編輯不可或缺的換位思考。

代表作 3

《眞鶴手帖》——九大主題地方之書，以留存三十年爲目標｜二〇二二

《眞鶴手帖》一書的開端，其實是眞鶴町公所開設的「摺頁製作」徵件專案，原本只是「摺頁」規模的預想成果，卻意外在編輯長川口手中，進化成一本超過百頁、如「眞鶴大全」般的地方之書。

川口說，最初眞鶴町公所開設了一個三百萬日圓（約台幣六十九萬元）預算規模的徵件專案，當時地方政府的想像是，希望能夠製作一份地圖摺頁，並且邀請網紅等KOL造訪眞鶴，進行社群媒體的行銷。川口對於這樣單發如煙火般的行銷策略不以爲然，他心想若是難得有高達三百萬的經費，不如製作更有時代意義、更能夠流傳於世的出版品，便自告奮勇向町公所提案，因而促成了《眞鶴手帖》的誕生。

駐鎮編輯家實踐傳世雄心

「做一本能留存三十年的書籍」，是川口構思《眞鶴手帖》時最大的目標。因此在內容選材上，川口都極力避免像是店家情報等在短期內有可能變動的資訊，而是以九大主題進行內容的取材與編輯——眞鶴的海、樹林、石頭、食物、生活、祭典、文化、歷史、《美之基準》。從選題與選材，都足見川口要製作出一本流傳於世的「眞鶴之書」野心。

問他這樣如史詩巨作般的大作是否費時年日，他笑著說從確定專案內容到實際結案只有短短不到三個月的時間，根本是超急件的緊急加速處理。

儘管有著極短的時間限制，但因爲川口與團隊都扎根於地方多年，對於眞鶴的特色、事物都有一

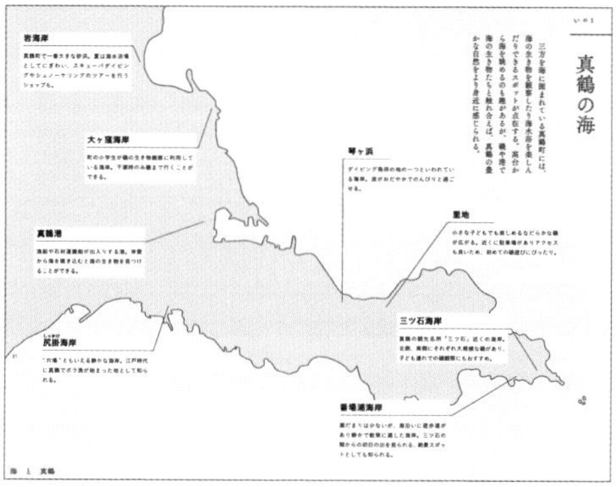

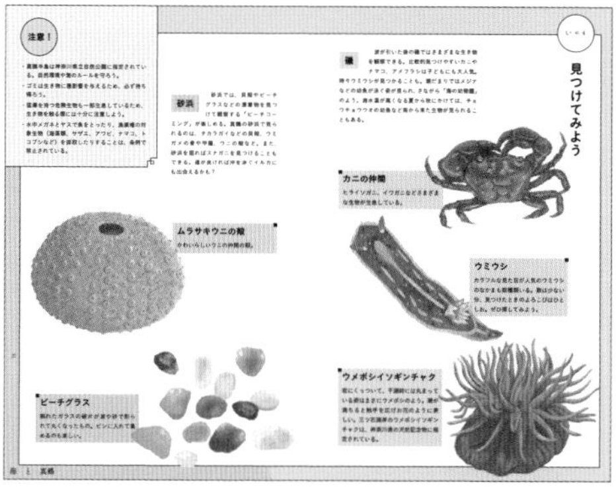

↑《真鶴手帖》是一本如「真鶴大全」般的地方之書。

《真鶴手帖》

- 性質：地方小鎮之書
- 創刊：二〇二二年
- 規格：特殊尺寸，一四二頁
- 發行量：一百本（增刷預定）
- 發行區域：真鶴町內
- 價格：（未定）
- 編輯部組成：四名
- 編輯製作期程：約二個月
- 經費來源：真鶴町（地方創生相關專案）
- 刊物預算：約三百萬日圓（約台幣六十九萬元）

定程度的掌握，因而有把急件燙手山芋化爲如史詩般巨作的功力。而這，正是鎮上有「駐鎮編輯家」的幸福之處。

案例特點

一本地方主題書籍的時效性是多長？半年、一年、兩年？還是十年、三十年？不同時效性時間軸的定位，會造就不同的選題脈絡、不同的內容取材方向，也造就完全不同的地方編輯呈現。

代表作 4

《日常》——介紹「町宿」的年刊，凸顯紙本出版的社群連結意義｜二〇二一

「日本町宿協會」（日本まちやど協会）是以「整個城鎮都是旅宿」（まちやど）爲宗旨來提升地方價值的旅宿協會組織，目前全日本有二十二家旅宿業者加入，眞鶴出版也參與其中。

二〇二一年，以「町宿」概念爲主題的協會年刊創刊號出版，由川口瞬擔任編輯長，號召協會夥伴一起共同編輯，內容詳盡說明「町宿」一詞之概念，並介紹多處會員旅店，更有問卷統計結果來呈現「町宿」各種樣貌。

儘管由町宿協會出版，內容也環繞核心的町宿主題，但其中也有許多地方行動者的專訪與介紹，因此對川口來說，這是一本集結地方行動者一起製作、且串連各地行動者社群共同創作的刊物。除了報導者、被報導者的集結，多達百家的合作寄售書店名單，也成爲另一個重要的社群連結網絡。川口認爲紙本媒體能增長社群連結功能，而製作這份年刊的行動與結果正呼應了他的想法，也是川口認爲《日常》一刊的意義所在。

案例特點

當一本刊物能成為一個次文化或一個社群中人人知曉、人人擁有、人人閱讀的經典，甚至成為如「社群標章」般的收藏，那麼它就是非常成功的刊物，而《日常》正是如此，雖然社群母體不算大，但它已經成為了社群中如「共通語言」般的存在。

《日常》創刊號

- ●性質：一般社団法人日本町宿協會（一般社団法人日本まちやど協会）的年刊
- ●編輯長：川口瞬
- ●創刊：二〇二一年
- ●規格：B6尺寸，一三二頁
- ●發行量：三千本
- ●發行區域：日本全國獨立書店約一百間
- ●價格：一八七〇日圓（約台幣四三〇元）
- ●編輯部組成：五名
- ●編輯製作期程：約半年
- ●經費來源：一般社團法人日本町宿協會
- ●刊物預算：約三百～三百五十萬日圓（約台幣六十九～八十萬元）

㊦ 以町宿為主題的《日常》創刊號強化了各地方行動者社群的連結。

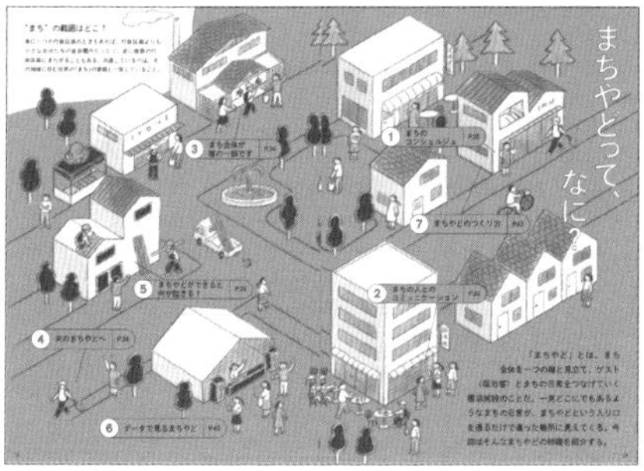

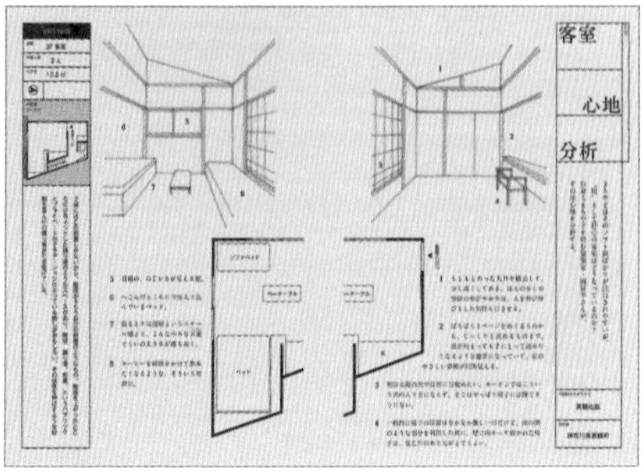

代表作

5

《岩道報紙》（いわみち新聞）——Local中的Local，聚焦地方一條街 二〇二〇～

從眞鶴車站下車之後往眞鶴出版社方向前進，隨即會轉入一條通往岩海岸的緩坡。雖然只是眞鶴町內一條不太起眼的道路，但沿路卻有許多吸引人的小店，風格迷人的麵包店和咖啡店之外，還有在地生活感十足的肉鋪、美容院等，而《岩道報紙》即是眞鶴出版自主製作，以這條小道爲舞台的「超深入」地方小報，希望藉此和在地居民一同進行地方的再發現、再認識。

問起川口以岩道爲主題、開始製作《岩道報紙》的契機，他說一直以來都想要嘗試製作報紙，不過如果叫做「眞鶴報紙」的話，似乎太過平凡，因此他以「Local中的Local之地」爲發想，聚焦眞鶴町上陸續出現五間新店鋪、有著新活力的街道。

「不會擔心一下子就把街上的店鋪都報導完嗎？」面對好奇的詢問，川口笑著說，目前的出版進度大約兩年出刊一期，五間店鋪大約會費時十年，到時候應該就會有新店鋪出現了。

順帶一提，地方小報的插畫與設計，是由原本只是來眞鶴出版社住一晚、卻被眞鶴魔力迷倒的「前房客」山本Hikaru擔綱。另外，雖然小報有實體販賣版本，不過爲了讓遠方的朋友也能夠有機會更認識眞鶴的街道，《岩道報紙》也有雲端列印版，讓大家可以在自家或是便利商店列印。

案例特點

一份地方報的「地方」究竟要多大，才撐得起出刊需求的內容？是不是要越大的範圍，才有夠多的題材？《岩道報紙》打破習以為常的想法，聚焦一條只有五間店鋪的小緩坡，用極端的題材，做出極端深入的地方報導。

㊧《岩道報紙》以真鶴町內的一條小道為報導對象。

《岩道報紙》(いわみち新聞)

- 性質:真鶴出版自主製作之地方小報
- 創刊:二〇二〇年
- 出刊頻率:約兩年一期
- 尺寸:B4,一頁兩面
- 價格:實體版三三〇日圓,雲端列印版一二〇日圓(各約合台幣七十六元、二十八元)
- 編輯部組成:二名(川口編輯長、社內設計師)
- 刊物預算:印刷費約五萬日圓(約台幣一萬一千元)

中西拓郎
Takurou Nakanishi

- 單位：一般社團法人dot道東（一般社 法人ドット道東）
- 成立：二〇一九年
- 駐地：北海道道東
- 代表：中西拓郎
- 事業規模：七名夥伴與多位外部協力夥伴
- 主要事業：企劃運營、地方品牌經營、內容製作
- 理念：打造能夠實踐理想的道東
- 委託費用：單件案件約一百～三百萬日圓（約台幣二十三～六十九萬元）
- 網址：dotdoto.com

本篇圖片提供｜「一般社團法人dot道東」中西拓郎

CHAPTER 7

解放編輯常規的行動者，用出版黏住關係人口

Takurou Nakanishi
中西拓郎

| dot 道東

#關係人口 #地方品牌 #地域營造 #關係性之編輯 #地方刊物 #群眾募資 #共感 #素人共創 #社群標籤 #社群行銷

說到北海道，不管是日本國內或國外的觀光客，旅遊的足跡大多停留在北海道的西部，像是札幌、函館等地，對北海道的東部多半印象模糊。不過，「道東」——即北海道東部四個區域（十勝、釧路、鄂霍次克、根室）的泛稱——近年來逐漸爲人認識，道東出身的人也開始自稱「道東人」。究竟是什麼造成了道東對外的知名度提高，對內又讓在地居民增加了區域自我意識呢？

要理解這番令人稱奇的改變，必須追溯到二〇二〇年一本匯集五十多位共同編輯者心血、道東的非官方旅遊指南《.doto》之出版，以及核心推動者中西拓郎的起心動念。

一九八八年出生於道東的他，畢業之後便加入國家公務員的行列；三一一關東日本大地震後他決定回到家鄉，自辦地方一人刊物《Magazine1988》，轉捩點由此展開。

←《Magazine1988》是中西拓郎一人自辦的雜誌。

公務員變身編輯

二〇一一年，三一一東日本大地震發生，當時在自衛隊基地工作的中西拓郎（以下簡稱中西）覺得這正是國家有難、該獻力的時候，他開始深刻思考什麼是只有自己才能做到的事、自己又想要做什麼。同時也意識到自己的根是在北海道，想要回到道東的想法因而萌生。

捨公務員飯碗返鄉轉行

只是，當他想要搜尋有關道東的資訊時，發現自己遇上了大問題，因爲除了餐廳食記之外，其餘有利返鄉的情報幾乎是零，但他轉念一想，覺得這樣的資訊缺口是個地方課題，也是值得切入的一大機會。

二〇一二年，三一一地震的隔年，中西選擇放下公務員的飯碗，回到道東，透過朋友的介紹，進入當地的免費小報製作公司，負責跑業務的工作。

中西說當時的他甚至連軟體Adobe都不認識，是透過看著社內設計師使用Photoshop、Illustrator，才知道原來刊物是這樣製作出來的。

經歷幾年的從旁學習，二〇一四年他決定辭職，開始自辦一人刊物《Magazine1988》，一圓當初回北海道的目的，把自己過去想要知道的資訊、當地遇到的有趣的人之故事集合起來，製作成雜誌。

從一人刊物開始的蹲馬步修練

《Magazine1988》是中西一個人的創作，從取材、拍攝、設計、跑業務、甚至配送、結算款項，全都自己一手包辦。當時更莫名堅持要每月出刊，因此每個月都得咬緊牙關生出一冊八十頁的雜誌，隨心所欲訂了三百五十日圓（約合台幣八十元）的定價。當時的他心想，這麼便宜、至少受訪對象或是身邊朋友總會購買吧。只是事情並沒有如預想中那般順利，嘔心瀝血的結晶，銷路卻慘慘澹澹。

儘管反應不如預期，中西說刊物的採訪工作，爲他奠定了與地方建立關係的基礎，成爲現今許多工作開展的原點。他表示：「採訪不是帶著賣東西、推銷的意圖，所以更容易建立起關係。」透過採訪，讓他與當地許多店家、許多關鍵的地方人物結識。

除此之外，他更深刻體會到「實體刊物」的魅力與不可取代性：因為有「物」，所以多了曝光，意外牽起更多人接觸與認識的機會。

地域品牌營造由內而外

對比於台灣面積三萬六千多平方公里，道東地區的面積約是三萬一千多平方公里，但人口僅有約九十一萬人，著著實實是地廣人稀之地。

把道東的點連成線、串成面

在這樣的遼闊之地，雖然不乏熱愛當地、進行著各種創意在地行動的年輕人，但因為四散在道東各區域，因此大家都是點狀的在不同地方各自努力。中西也是其中一人，而且是意識到這種狀況進而採取行動，希望能夠進行點與點串連的第一人。

想要打破如此的點狀現況，需要一個邀請大家一起動員的契機。而因為JIMOKORO編輯長德谷柿次郎想要拜訪北海道的一篇貼文，意外成了串連大家的開場。中西說，當時大家都只是知道彼此都在道東做有趣的事，互不認識，但為了迎接多位地方界的重量級編輯家等創意人到訪，他發現單靠自己一人的力量不太夠，因此邀請了原本素未謀面的道東朋友們，一起進行腦力激盪。

而事情發展就如同滾雪球般。眾人先是合力啟動了群眾募資專案「道東誘致大作戰」，在募資案與編輯長們的道東之旅順利結束之後，大夥決議要在二〇一九年成立社團法人團體「dot道東」，結為更緊密的盟友，隨後又順勢合力以募資專案為開端，啟動了道東非官方旅遊指南《.doto》(1)的製作。

出版不是目的而是過程

雖然《.doto》是一本道東旅遊指南，但對籌備的

註(1) 繁體中文版《到道東：北海道東部地區魅力指南》已於二〇二三年出版。

↓ 社團法人團體「dot道東」是一群心繫地方的緊密盟友。

團體dot道東來說，出版並非目的而是過程，更是一個大型的地方擾動之作。這本指南出自道東四個區域加上北海道道外超過五十位共同編輯者的心血，把原本四散在道東與道外的「道東人們」串連起來，一起打造了屬於道東的共同體，以及道東的在地品牌。

而《.doto》的目標讀者鎖定「道東自己人」，不管是道內道外，現在居不居於道東，只要是和道東有淵源之人，都是《.doto》預想的讀者群。

正因爲這樣的出版策略與態度，召喚了許多道東遊子、道東關係人口的出現，讓大家將此視爲「自己之事」，因此在募資成果、後續銷售及社群媒體話題上，都創造出許多驚人的迴響，「道東」這個原本只在天氣預報上會出現的區域名稱，開始有了新輪廓、新形象。

對內的地域品牌營造

問起中西爲什麼會浮現「道東」意識，他說自己出生於北海道的北見市，每當自己被問起是哪裡人，若是回答北見，大家肯定不知道是何處。在過大、過

道東地域營造：從點到面的編輯力實踐

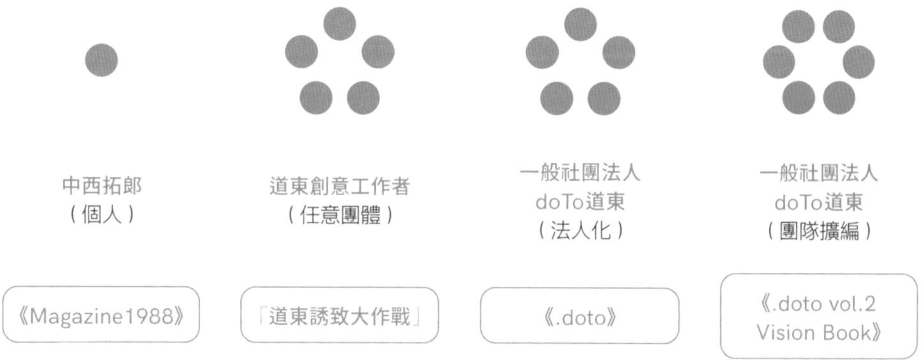

↑ 出版物《.doto》設定為一部大型的地方擾動之作。

於籠統的「北海道」，過小、過於默默無名的「北見」之間，中西想著規模在這兩者之間的「道東」，或許是另一種可能。而這樣的心境，意外獲得許多道東人的同感，《.doto》也順勢成了凝聚道東意識以及道東形象創造的序幕。難怪中西會說「《.doto》是對內的地域品牌營造（Inner Branding）」。

儘管是「對內的營造」，但就中西的觀察，因爲《.doto》的出現，由道東人帶起的道東知名度上揚，除了建立起道東特別的話題性之外，更連帶形塑了道東的形象與個性。中西說，雖然《.doto》一開始沒有鎖定外地讀者，像是「自己人小圈圈的自嗨」（內輪ノリ），但因爲創造了熱鬧有趣的氛圍，因而從對內小範圍的影響力，逐漸延展成擴及外部的影響力，從對內的營造走向了對外的品牌營造。

地方編輯術×中西拓郎

“對於編輯地方，「知道」這件事非常重要，像是知道大家想要做些什麼事，自己本身要保持著一種開放的姿態，以及想要傾聽、親近大家的態度。”

代表作 1

道東誘致大作戰——創造關係性的群眾募資案，把地方行動由點串成線——二〇一八

中西回到道東的家鄉多年後，認識了多位駐地其他區域也發行地方刊物的朋友，他發現大家都在道東，年紀也相仿，卻一直沒有機會合作，點狀的連結沒能被串接，讓他一直惦記在心中。而打破這樣局面、把點狀化爲線狀連結的，是JIMOKORO的德谷柿次郎編輯長（參見本書第四章）。

柿次郎網路貼文一句「想在冬天的時候去北海道看流冰」，甚至在臉書上呼朋引伴，號召了Re:S的編輯長藤本智士（參見本書第五章）等五位日本地方圈的重量級編輯長和創意人一同前往，這一個意外開展讓身爲在地人的中西既開心又慌張。「該怎麼好好招待這五位重量級大師呢？」他左思右想之後，決定吆喝四散在道東各地的四名地方工作者。

透過群眾募資擾動地方

在沒有經費、沒有預算的情況下，五名道東的夥伴決定挑戰當時還未普及的群眾募資，籌措這場

《Non-biri》（のんびりNONびり）

- 性質：擾動地方的群眾募資專案
- 時間：二〇一八年
- 經費來源：群眾募資（（約台幣十九萬元）

【道東誘致大作戦】北海道の東側は試されてるだけの大地じゃない～2018冬～
道東誘致大作戦
846,000JPY
98人
終了

如祭典般的地方盛會。只是，要如何說服大眾支持這項活動呢？「如果只是自己人的話是沒辦法辦起來的，為了要獲得更多人的支持，就得要花許多工夫思考怎麼引起大家的興趣、動力。」為此，中西在群眾募資的操作、策動上費盡心機。

①在贊助的套餐選項下功夫：地方大師會依照各地的贊助金高低排定行程，因此贊助者可以選擇贊助特定地點，讓地方大師前去造訪。

②藉地方代表之力拉高活動聲量：與道東四個地點的意見領袖合作，請他們表態支持活動，以及公開為當地拉票，創造話題與贊助效應。像是釧路市市長的露面，就帶動了當地的贊助風潮

群眾募資的贊助選項成了投票與拉票的關鍵，讓道東四區域的在地居民能夠一起參與到活動之中，並為了讓大師們來到自家的區域，而有了贊助活動的誘因。中西說：「如果是有好處的事大家就會自動靠過來，但一般的事要讓大家也會覺得有趣，甚至當成自己的事、想要一起完成，就必須要多費一點工夫。」

活絡道東地域營造後續開展

經過重重的心機設定，原本六十萬日圓（約台幣十四萬元）目標的活動，最後獲得九十八人贊助，以八十四萬（約台幣十九萬元）募資金額達標。而這個活動，也成了道東的轉捩點，不僅讓五位重量級大師有了認識道東、促成許多後續開展的起點，而以中西為首的五名道東地方工作者，從過往的點狀進而形成了線狀連結，在道東誘致大作戰之後，決定正式成立法人團體「dot道東」。

案例特點

就像是出版本身不是目的，這個活動本身也不是目的，重點是如何透過活動把各地的人串連起來。

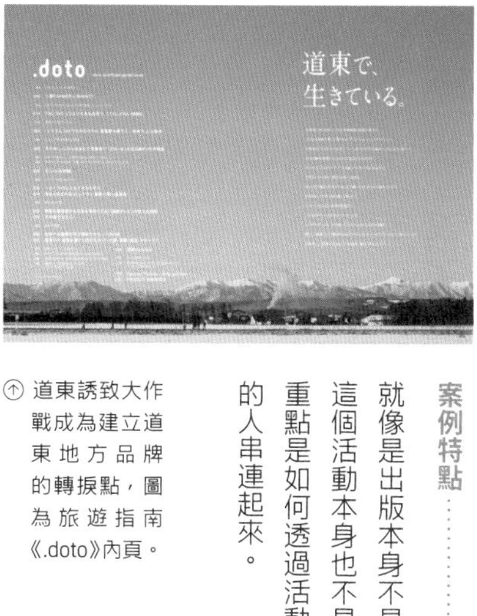
.doto
道東で、
生きている。

↑道東誘致大作戰成為建立道東地方品牌的轉捩點，圖為旅遊指南《.doto》內頁。

代表作 2

《.doto》——非官方道東旅遊指南，捲動關係人口參與「自己之事」——二〇二〇

延續二〇一八年道東誘致大作戰、而在二〇一九年決定創立法人團體dot道東之後，五人團隊開始思考要如何做出如同名片般的「代表作」。再加上想要將點狀分散在道東各地資源進行梳理、統整的心願，團隊決定製作一本非官方的道東導覽手冊《.doto》。

突破地方刊物共同困境

由於夥伴們都有製作過地方刊物的經驗，當大家在回顧發行經驗時，共同遭遇的困境都是「我們一心想要介紹地方，但是受眾可能對此不以爲意」，即資訊傳遞面臨傳遞者和接收者的溫度差。這樣的共同經驗，讓他們在規劃《.doto》時視之爲挑戰課題，思考著要如何突破這樣的落差。

《.doto》編輯團隊決定不能只是「單方面」的進行訊息報導與提供，而是鎖定和道東有緣之人，不管是道東出身、道東在住之人，要讓大家能夠將道東、將《.doto》視爲「自己之事」。

爲了將道東的關係人口捲入，一起創造《.doto》，編輯團隊在群眾募資的贊助選項中，設定了一個定價五千日圓（約台幣一千二百元）的「請讓我幫忙」回饋禮。團隊原本沒有自信，不曉得這樣既要付錢贊助還要出力幫忙的回饋禮究竟能否被接受，沒想到最後有高達四十八個「想出錢、不想要贈禮、只想要幫忙」的奇人。

開放素人編輯大隊合力創作

既有的編輯群，再加上這四十八人的編輯支援

軍團，超過五十人的編輯大隊就這麼出現。中西一看這樣的「超級團隊」，便放棄想「統治」編輯團隊的念頭，轉而決定在內容大方向的制定、基本的頁數分配確定之後，便交由各個小組長來領導，由組員們盡情揮灑。

中西說，過往製作刊物時，總會將刊物視為自己的作品，有自己美的意識、有排版設計的堅持，但由於《.doto》的目標不在於刊物出版，更重要的是把大家捲入，創造更多參與的夥伴，因此《.doto》解放了許多刊物製作上的規則與堅持，刻意留下眾多讓大家發揮的餘白空間。有趣的是，分組後的編輯大軍還出現了良性的競爭心理，「不想輸」的好勝心使然，讓各組紛紛使出渾身解術，決意交出最棒的作品。

除此之外，編輯團隊也善用推特的#hashtag功能，透過「#道東discover」，舉辦道東照片徵集活動：只要是使用「#道東discover」標籤投稿的照片，都有機會被刊載在刊物中，甚至是成為一種類的封面。如此一來，總共收到了兩千多張照片，更讓《.doto》在編輯階段，就有了第一波的前哨宣傳。

讀後感分享助長話題熱潮

歷經半年多的編輯作業，《.doto》於二〇二〇年六月出版，首刷五千本在一個月內售罄，第二刷追加五千本印製。為什麼能創造這樣的廣大效應呢？中西說在推特上的「#讀了dotdoto」（#dotdotoを読んで）標籤，起了一定的作用。官方帳號在《.doto》出版之後，發起了「#讀了dotdoto」標籤，並且邀請大家以此作分享讀後感，而這些讀後感

↑《.doto》運用社群投稿的照片巧心設計出不同的封面版本。

⊕ 五十人的編輯大隊讓《.doto》的成書與銷售都加深了地方共感。

方便搜尋，官方帳號也會一同轉發，更會分享到五十人的編輯社群。

因爲「#讀了dotdoto」，編輯團隊與未知的讀者開始有了連結，團隊透過《.doto》傳遞資訊與熱能，而讀者則是透過讀後感言與標籤將熱能回傳給編輯團隊，在熱能傳遞的過程中，又漸漸壯大、升溫了熱能本身。

工作媒合事業因應返鄉者需求

由於「#讀了dotdoto」的標籤效應，編輯團隊收到了許多「想要回道東工作」、「想要回道東生活」的回饋，甚至出現了實際U-turn、I-turn的行動派讀者，像是原本是電視台的年輕主播，拋下光鮮亮麗的工作，跑回道東擔任起地域振興協力隊的隊員。一連串預想外的事件，讓編輯團隊發現，原來潛藏著這麼多想要返回道東的需求，於是玩票性的拋出了「想知道更多道東工作情報的請登錄資料」的行動，中西說就是一個非常簡陋的google表單，結果有超過一百人登錄。

這樣的開展讓中西看到：一邊是地方上苦無人力尋覓人才的企業，一邊是熱切想要返鄉、想要移居道東的人們，因而浮現了「想要橋接這兩邊」的想法。於是團隊發起「#在道東工作」（#道東ではたらく）的標籤系列，並開始接下地方企業、地方政府的求職資訊委託，啟動職缺人才的媒合工作。

在介紹工作之外，團隊還希望能介紹當地的生活，看一看網站（doto-job.com）上的介紹文就知道，迥異於一般求職網站只介紹工作內容、薪資等任務型數字化的資訊，而是以生活照搭配落落長的抒情介紹文來帶出不同的工作職缺。

中西說，目前的工作媒合資訊僅在部落格上刊載，未來規劃要創立專屬的平台，並且在一次性的工作媒合之外，更加強「媒合後照顧」的後續追蹤，讓移住到當地的工作者能有更全面的地方夥伴網絡，「或許因爲地方上是小公司，所以沒有同時一起進公司的同期同事，但我們可以有『地方上的同期同事』，大家可以經驗交流、辦辦讀書會。」

案例特點

地方編輯，絕非只是內容上的文字編輯，編輯長中西透過《.doto》做了非常漂亮的示範：從募資計畫的運籌帷幄、計畫性編輯大隊的招募、出版前後的社群媒體 # hashtag 行銷策略，這些看似「非關編輯」的程序計畫，都是將《.doto》推向地方編輯經典的重要細節。

《.doto》

- ●性質：地方旅遊指南 ●發行：二〇二〇年
- ●規格：A4尺寸，一二二頁 ●發行量：一萬冊
- ●發行區域：北海道道東為主，擴及日本全國之獨立書店
- ●價格：一六五〇日圓（約台幣三八〇元）
- ●經費來源：群眾募資，共三百九十八人贊助，募集約三百三十萬日圓（約台幣七十六萬元）
- ●刊物預算：約二百九十萬日圓（約台幣六十七萬元，含印刷費、募資平台手續費、差旅費、郵寄費等總支出）

《.doto vol.2: Doto Unofficial Vision Book》的出版是編輯團隊與道東關係人口面向未來的一場共創之旅。

代表作 3

《.doto vol.2: Doto Unofficial Vision Book》——道東的願景之書，顯化千人共創的理想未來｜二〇二二

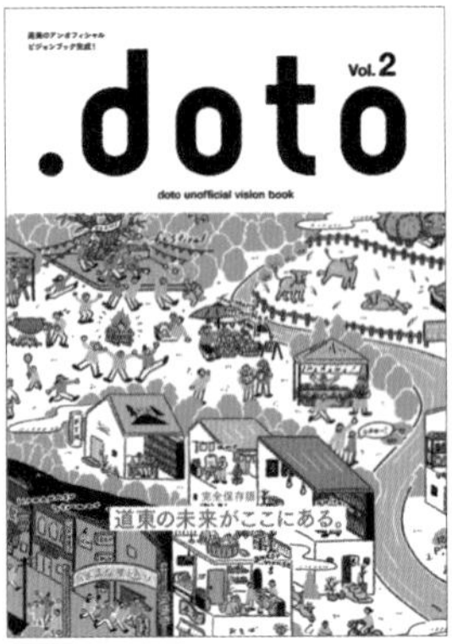

二〇二〇年《.doto》出版之後，中西不時就會被詢問「什麼時候再出續集」，但他總想，如果是同樣旅遊指南的主題，十年後出更新版或許合理，若是近期再出版相同主題的續集，不免有些許的違和感。

在思索第二本出版品主題時，中西偶然得知，北海道的棒球隊「日本火腿Fighters」為了興建新的棒球場，在二〇一九年製作了一本《HBP願景書》（HBP Vision Book）。這本書透過民眾的工作坊活動，集結了大眾對「理想球場」的想像，以藍圖、園區介紹等方式描繪了未來的球場。中西說他在翻閱這本願景之書時，感受到強烈的悸動，而這樣的共感，成了道東版「Vision Book」的靈感來源。

呈現能實現的理想道東

第二本書的主題，團隊決定定調為《Doto Unofficial Vision Book》（道東非官方願景書）。

在製作首發作品《.doto》時，編輯團隊的目標之一是希望能夠「呈現道東現有的『點』」，而第二本出版品「Vision Book」的目標，則是「呈現道東未來的『點』、連結道東未來的『點』」。

延續一直以來和讀者、和道東人「共創」的編輯路線，團隊冀望「Vision Book」不是強勢提出「理想道東」的方向或願景，而是要創造一個「讓大家都

能夠實踐理想的道東」。換言之，不是由上而下加諸「理想道東」的圖像，而是顯化每一個道東人的理想，並且培養一個大家能夠互相認識理解、相互合作、並一起實踐理想的環境，而這樣的共創過程，才是編輯團隊所認為的「理想道東」。

承接千位讀者對地方的想望

為了達到共創理想道東的目標，編輯團隊決定以群眾募資方式，搜集一千人對道東的理想、在道東想要做的事。聽起來數量龐大，決非易事，但編輯團隊透過群眾募資的回禮設定，就蒐集到超過八百份的道東理想訊息，此外更透過各種線上線下方式，竭盡所能要觸及一千位道東關係人口，以蒐集到一千份道東理想。

中西說，透過群眾募資，這本願景書在出版之前，就已經有超過千本的預定，且先收到了近千份的道東理想，換言之，在出版之前就已經確定了讀者是誰，且先收到了來自讀者的訊息。對編輯團隊來說，這不僅是共創的過程，更像是書信來往般的回禮。也因此中西說，這本願景書的出版，是承接了讀者們的理想，而回給讀者們的「手紙」(信)。

案例特點

「羅列一千人的道東理想」聽起來熱血又浪漫，但如何讓道東以外的讀者們閱讀起來不會覺得事不關己，又要帶有趣味性，其實是非常大的挑戰。而編輯團隊善用各種視覺化的效果、不同主題與層次的專訪等手法，完成了這樣困難的任務。

《.doto vol.2: doto Unofficial Vision Book》

- ●性質：地方願景之書
- ●發行：二〇二二年
- ●規格：約A4尺寸，一五六頁
- ●發行量：初版八千本
- ●發行區域：北海道道東為主，擴及日本全國之獨立書店
- ●價格：二七五〇日圓(約台幣六四〇元)
- ●經費來源：群眾募資，共六百一十八人贊助，募集約六百五十萬日圓(約台幣一百五十一萬元)

【.doto第二弾】1000人の道東の理想を載せた、ビジョンブックを出版したい！
250万円達成!
1,000人を目指します!!
.doto vol.2
道東のアンオフィシャルビジョンブック
最終日!
227
6,500,841JPY
618人
終了

CHAPTER 8

棄公職轉身自由編輯者，將委託人的想法可視化

Kami Yasutoshi
上泰壽

｜Temae

#自由編輯者 #地域營造 #地方人物 #關係性之編輯 #網路媒體 #採訪及行商 #鹿兒島 #企業伴走

鹿兒島縣出生、鹿兒島成長求學的上泰壽，大學畢業後考上當地市政府公職，開啟了社會福利相關工作的公務員生涯。只是，乍聽順遂、和編輯工作沒有緣分的人生故事，在二〇二〇年有了意外的開展。

回憶起十年間的公職生涯，上泰壽說其實有許多身心面的辛勞，像是因爲社會福利的工作總是看到社會陰影的那一面，因此心情上時常較爲灰暗，被派調到東京中央單位的兩年間，更是異常忙碌，常常加班到凌晨三、四點。不過，在身心勞累的東京任職期間，卻因爲一次造訪山梨縣甲府市的旅程，開啟了在假日搭乘夜間高速巴士到日本許多地方的志工之旅，對他來說，每個週末的旅行，就是當時工作中的救贖。他因此締結了與許多人、許多地方的緣分，發揮「聆聽」與「記錄」的特長，從此跨進了多元化的編輯世界。

上泰壽 Kami Yasutaka

- 自由編輯者、「大家的鹿兒島案內」行商發起人
- 地方編輯生涯起點：二〇二〇年
- 駐地：鹿兒島縣阿久根市
- 主要事業：文章採訪與編輯、企業伴走工作
- 委託費用：單篇文章約十五～二十萬日圓（約台幣三萬三千～四萬四千元）

想要改變的大覺悟

那是初來乍到東京的頭一個假日，上泰壽因爲想要造訪日劇的拍攝景點，到了山梨縣甲府市。沒想到因爲當時意外參加了青年旅宿的活動，結識了許多來自日本各地的朋友，因而開展了與許多人、許多地方的緣分，也開啟他每到假日就到日本不同地方縣旅行的興趣。過往公務員的交友圈僅限於職場，這次旅行是他首次感覺視野大開、世界遼闊的經驗。

不過，越認識這些在日本地方上努力的人，上泰壽越感到和大家的差距，「大家每天都拚命的、努力的解決地方上和生活上的問題，而自己呢？」如果自己只是在工作的閒暇之餘來蘸醬油般的幫幫小忙，這樣的差距令他覺得難受。他理解到，若是希望能夠如大家一般過著踏實的人生，那麼就需要更大的覺悟來改變現狀。

活用工作經驗成爲網媒編輯

擔任地方志工的經驗，讓他看到與自己年齡相近的地方工作者們的熱情、努力，同時也在大家小酌之後追憶過往時，讓他看到每個人人生的轉機與轉折。聽了許多故事後，他也開始思考該如何踏出改變的一步。

離開市政府、離開公務員的身分，或許是一個方向，但是離職之後要做什麼才好呢？他想起一直以來，自己工作的內容就是傾聽地方市民和地方工作者們的需求與狀況、撰寫報告書紀錄，以及進行資源媒合與轉介，因此他想，或許能善用這樣「聆聽」與「記錄」的特長與經驗。但如果只有聆聽與書寫應該還不夠，於是他決定一轉過往的傾聽爲「採訪」、將記錄轉爲「寫作」，成爲文字編輯、開設網路媒體的想法油然而生。

但如果只是任性離職、有勇無謀是不行的，因此在離職前的一年半，上泰壽便開始構思網路媒體的建立計畫，並持續與家人、職場上司溝通，期待以有計畫性的採訪與網站架設規劃，獲得家人與職場的認同與支持。

↓擔任公職時帶著鹿兒島物產到淡路島定期擺攤的經驗成為上泰壽從事地方編輯的才能之一。（來源：上泰壽）

建立temae網站報導地方人物

二〇二〇年三月，經歷了一年半的準備，上泰壽正式離職；六月以自由編輯的新身分，開始開著一台小汽車在全日本進行爲期一年的採訪之旅。

一年的日本地方採訪之旅

同年九月，由上泰壽一人主導的地方人物故事報導「temae」（てまえ）網站拉起序幕，用獨特的第一人稱文體，帶出登場人物的背景、轉機、人生轉折，有職人、香料研究家、NPO組織代表、牧場經營者等多樣的地方人物。

上泰壽沒有特別區分領域，也不希望以「地域營造」來匡列地方人物。在他看來，當今的「地域營造」常常偏頗於特定主題，像是觀光、空間改造等，但他相信地域營造不只是這些較爲光鮮的領域，其他較少人注目的醫療、教育、社會福利等也是同等重要。換言之，他寄望temae的人物故事，能夠打破

⊕ temae以第一人稱文體呈現多樣的地方人物故事，老年照護、農牧也都是關注的領域。（來源：上泰壽）

領域劃分、打破世代劃分。

在內容的呈現上，上泰壽除了展露受訪者精彩的一面，也同樣看重受訪者經歷失敗、面對弱點的那一面。「如果都只是成功那一面的話，那麼文章就變成是他人之事了。」他更希望閱讀文章的人能夠感受到，即使是成功之人，也有「平凡」的一面，這樣貼近於一般人的經驗，或許更能夠鼓舞讀者。

五個採訪心法贏取受訪者認同

從一個沒有實際採訪經驗的公務員，變身人物專訪網站的編輯，這一年間的採訪之旅，要如何說服受訪者好讓採訪得以順利展開呢？上泰壽綜合出以下五個採訪心法。

①充足的準備與說明，以時間換取信任

由於沒有實際採訪實績，媒體網站也默默無名，甚至還未上線，上泰壽透過「以時間換取信任」的策略，在實際採訪前一年半就開始策劃採訪路線，以及邀約受訪者，除了詳述採訪的理由之外，

更進行詳細自我介紹簡報來建立信任。在temae網站上，約四成的受訪者是上泰壽原本認識的友人，另外六成就是透過長時間建立的信任基礎得以成功約訪的對象。

②盡最大努力配合受訪者時間

爲了展現最大的誠意，上泰壽會在每一個受訪者所在地區停留一週，以盡全力配合受訪者的時間，同時讓對方在最沒有負擔的情況下受訪。舉例來說，若受訪者因爲工作型態或是家庭有特殊需求，難以撥出完整的時間空檔，像是在建設工地工作的木工職人，上泰壽便把採訪拆成一週間的午餐時間，和受訪者一邊吃便當、一邊進行訪談。

③一個禮拜的停留

一個禮拜的停留，不僅能夠對受訪者展現最大的配合誠意，更因爲時間夠充裕，因而能不時被受訪者或是在地的新朋友帶著認識地方。在觀光景點之外，能更認識在地小店或地方上有趣的人，是創造和地方更深遠關係的祕訣。

④感謝的傳達

不是有名的記者，也不是知名的媒體曝光網站，對受訪者來說亦沒有太大的利益產生，在這樣的前提下，依舊願意接受採訪的受訪者，上泰壽對他們總是抱著感激的心情。「不把受訪者的時間視爲理所當然」，是最基本的禮貌。

⑤展現誠意的伴手禮

由於採訪之旅也搭配鹿兒島物產的行商活動，因此上泰壽總是帶著許多鹿兒島物產在身上，而每次上工採訪時，更會把鹿兒島物產組合爲特產禮盒（約二千至三千日圓價值，約合台幣四百五十至六百七十元），並在盒內附上介紹鹿兒島的免費刊物、地方店卡等，除了向受訪者致謝，也成爲帶有自我介紹意味的交流之禮。

邊採訪邊行銷鹿兒島

在日本各地採訪的同時，上泰壽也以「大家的鹿兒島案內」爲題，開始了鹿兒島商品的行商計畫。

跟著上泰壽上山下海到日本各地採訪的小汽

⊕ 精心組合的鹿兒島特產禮盒是上泰壽採訪時的伴手禮。

車，載滿了十到十五項嚴選的鹿兒島特產，以及各式鹿兒島的地圖、店卡等文宣品，而這些來自鹿兒島的特產與資訊，便跟著他到不同的採訪地點進行開設期間限定販售會。

上泰壽說，這個行商的計畫，除了希望能夠向鹿兒島「報恩」之外，更希望能夠摸索出鹿兒島和其他地方的新關係，也是他一直思考的「關係性之編輯」。尤其這是在新冠疫情期間、眾人還極少跨縣移動時開始的計畫，「大家的鹿兒島案內」成了這段時期為許多地方捎來鹿兒島氣息的特殊存在。

一頭是線上的網路媒體，另一頭是線下的鹿兒島行商活動，線上線下雙管齊下，上泰壽摸索著一人編輯室的各種可能性。

開展多元化編輯工作

承接私人委託爬梳故事

經歷了一年的採訪之旅，temae的採訪書寫計畫

↓ 伴隨採訪之旅進行的行商計畫是上泰壽對「關係性之編輯」的探索。（來源：上泰壽）

暫時告一段落。不過上泰壽並沒有暫停採訪與書寫，因爲陸續有讀者看了temae的文章之後，開始委託他進行私人的記錄工作，像是「請幫忙整理、書寫家族長輩的故事」，或是即將步入禮堂的情侶請託「能不能幫忙梳理我們交往的故事」，更多的則是企業爲了要製作網站或手冊，需要一份創立歷史與理念的整理資料。不管受訪對象是個人、夫妻、家族或是企業，他都以一篇十五至二十萬日圓（約台幣三萬三千至四萬四千元）的預算承接，協助整理書寫。

成爲「伴走者的編輯」

除此之外，上泰壽更多的是以「伴走者」的角色，開始參與許多小型企業或是一級產業的事業展開。以每個月一次會議的頻率，和總是繁忙、沒有時間整理規劃的事業主開會，聆聽大家一個月間的進展與困擾，並提供意見、進行to-do list羅列等回饋工作。他將此類工作稱爲「伴走者的編輯」，或許不是典型的編輯工作，但是在「抽取內容精髓」與「資訊整理」上，與編輯做的是一樣的工作。目前每個月約有十件來自企業或地方政府的「伴走者編輯」工作之委託。

而這樣多元化的「編輯」工作，正好也呼應了上泰壽對於編輯的定義：「不是只是紙媒體，而是將委託人的想法進行挖掘，並進行『可視化』的過程，即把想法塑形的過程。」他更說，「編輯的工作，就像是舞台劇中幫忙搬設道具的『黑子』角色」，過去當公務員時也是如同黑子般，未來他仍持續以黑子爲目標，希望以多元的編輯工作，伴走日本各地的有趣事業。

地方編輯術×上泰壽

“編輯是將委託人的想法進行挖掘，並進行『可視化』的過程，即把想法塑形的過程。”

代表作 1

temae —— 地方人物故事網站，轉職編輯初試啼聲｜二〇二〇

temae是上泰壽所創立的媒體網站之名，但比起網站，它更像是一個爲期一年的採訪之旅計畫，而網站則是這一路上採訪的成果錦集。

以最大餘裕配合受訪者

在決心要從市政府離職之後，上泰壽就開始構思temae的計畫，更在實際出發前一年半，就開始安排這一年間的採訪行程。聽到這樣超前部署的採訪計畫令人不禁追問：「實際採訪一年前就開始約受訪者？」他解釋：「因爲當時沒有任何的媒體經驗或是實績，因此希望以更多的時間建立關係，並且說明採訪的起心動念。」更不可思議的是，他接著

⇐ 上泰壽總是以最大的餘裕配合各地方、各行業的受訪者並建立關係。（來源：上泰壽）

說：「每到一個採訪地，我都會停留一週。」這又更令人驚奇了，鄰近的採訪當天來回是常態，遠方的採訪頂多兩天一夜，上泰壽採訪竟然長達一週，眞的太特例了！「在當地停留一週，也是希望能對受訪者展現最大的誠意。」換言之，他寄望創造的是，不是受訪者配合採訪人，而是採訪人以最大的餘裕來配合受訪者。

或許大家都好奇，這樣一年當中在日本各地進行「以週爲單位」的採訪之旅，究竟要多少花費？

上泰壽說扣除個人稅金等額外支出，最後花費不到四百萬日圓（約台幣九十萬元），控制在既有的預算之內，甚至比最初預估的支出低，日本採訪之旅結束回到鹿兒島之後，還剩了百萬日圓左右。

順帶一提，temae的網站是網站設計師提案要以專長交換，即上泰壽以鹿兒島的導覽來交換，因此網站架設方面，只在LOGO設計上花了約十五萬日圓（約台幣三萬四千元）委託新潟的設計師製作。

案例特點

就網路媒體而言，temae或許不是一個多麼知名、擁有高度PV數的媒體，但它成功的意義，是成為了上泰壽職涯轉身的重要代表作，奠定他身為編輯兼作者的重要實績，並成為後續相關委託工作來訪的重要節點。

temae網站

- 性質：日本各地人物專訪媒體
- 創始：二〇二〇年
- 預算規模：網站製作約十五萬日圓，一年的日本採訪之旅約花費四百萬日圓

代表作 2

大家的鹿兒島案內——鹿兒島物產行商計畫，巡迴採訪兼擺攤｜二〇二〇

在temae的採訪旅程中，上泰壽啟動了有趣的「行商」計畫，即帶著鹿兒島物產到日本各個停留地巡迴擺攤，開設期間限定的pop-up商店。

在公務員時期，上泰壽就有因公帶著鹿兒島的物產到淡路島定期擺攤的經驗，不過這並不是讓他決定開始行商的理由，反倒是因爲受訪地的邀請，而順道開啟了行商的計畫。

突破疫情限制創造三好

當時，採訪之旅的第一站是富山縣冰見市，當地投宿的青年旅社老闆爲上泰壽友人，曾耳聞他到淡路島擺攤的經驗，因此提出希望上泰壽能移植這樣的做法到冰見市。上泰壽一問鹿兒島的業者，大家都說因爲疫情通路銷售受阻，當下他便決定要促成這樣的「三好」行商計畫。

爲什麼是「三好」呢？上泰壽解釋說，對當地的旅宿來說，鹿兒島的物產快閃商店能吸引到新的顧客；對鹿兒島業者來說，開闢了疫情期間銷售的新通路與新曝光機會；對上泰壽來說，這是報答採訪地與故鄉鹿兒島的機會，更是創造與地方連結的一大契機。於是，以三好爲目標的行商計畫就這麼展開，冰見市的首場活動舉辦完之後，後續有更多地方也提出邀約。

除了販售物產的快閃商店，有的地方還聯合當地的料理家一同開發物產合作的食譜、便當，也有地方會順勢提出介紹鹿兒島的講座邀請。鹿兒島的物產就這麼隨著上泰壽的腳步，以多元的方式和日本許多地方有了意外的接觸。

問起行商的利潤如何，上泰壽說是些微黑字的

大家的鹿兒島案內
（みんなの鹿兒島案內）

●性質：日本各地巡迴擺攤、演講
●創始：二〇二〇年

↑「大家的鹿兒島案內」快閃店展示鹿兒島特產及文宣。（來源：上泰壽）

↑以精美文宣說明販售的鹿兒島物產特色與料理方式。（來源：上泰壽）

↑除了開設快閃店，有些地方也邀請上泰壽同步進行鹿兒島相關講座。（來源：上泰壽）

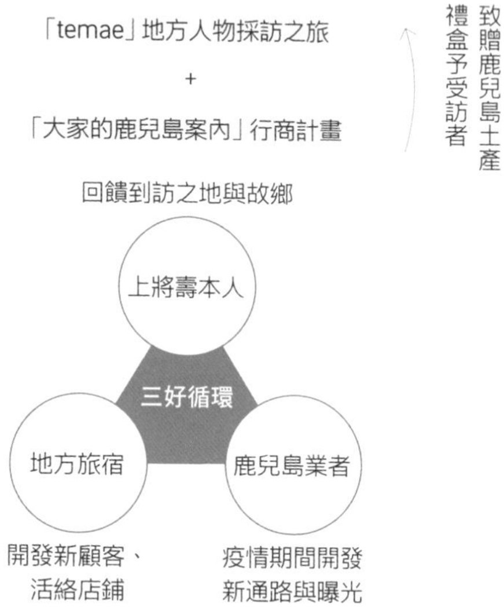

temae採訪之旅結合「大家的鹿兒島案內」創造三好

狀況，沒有赤字虧錢，但也不是有多大的利益。比起利潤，他相信這更是一個「關係創造」的機會，像是因爲和鹿兒島的業者有更多的接觸互動，因而在採訪之旅結束後開啟了許多事業主的「伴走」委託。

案例特點

和網路媒體temae一樣，「大家的鹿兒島案內」就商業利益而言，並非一個成功的模式，但是藉由這樣的活動計畫，而能有更多認識鹿兒島在地業者、或是認識外地朋友的機會，成為帶來後續其他工作委託的重要契機。

CHAPTER 9

地方銀行發起編輯團體，以創意力煥發在地產業前景

Machino Henshusha
小鎮編輯社

#編輯團體 #地域營造 #地方人物 #企業社會責任 #網路媒體 #青年返鄉 #設計力

小鎮編輯社（まちの編集社）Machino Henshusha

- 性質：地方信用金庫加上地方創意團隊的編輯團體
- 成立：二〇一八年
- 駐地：群馬縣
- 負責人：東雲信用金庫（しののめ信用金庫）
- 主要事業：群馬地方網路媒體Tsuguhi（つぐひ）營運等地方創意行動
- 夥伴組成：約五名（含信用金庫成員、外部協力編輯與設計師）
- 編輯長：荻原貴男、佐藤正幸

↘ 由左至右：小鎮編輯社公關部武井仁美、編輯長佐藤正幸、編輯長荻原貴男、信用金庫窗口負責人永田啓介。

二〇一八年，位於群馬縣的東雲信用金庫（しののめ信用金庫）發起「小鎮編輯社」計畫。由信用金庫的理事長爲首，號召群馬在地編輯長荻原貴男（後文簡稱荻原）與佐藤正幸坐鎮，並找來在地活躍的設計師、創意工作者，借助日本財團的補助金（わがまち基金），成立了以金融爲背景、再加上創意與設計專業者的地方編輯室，期許透過創意力加持地方產業發展。

與地方產業共榮發展

金融機構開設地方編輯社？乍聽令人詫異不解，但東雲信用金庫過往即是由地方的有志之士共同發起的地方型金融機構，與地方的關係既深又遠；再加上近年金融機構的營運開始朝向多角經營發展，因此在既有的營利事業項目之外，東雲信用金庫也希望可以展開多方的嘗試。另外還有一個重要原因是信用金庫發現，地方雖然有大量的資源、優質的事業體，卻因爲缺乏精準又精彩的傳達，而未能有效發揮。

爲此，東雲便由企業社會責任一環出發，鎖定設計力量、創意觀點、編輯視角，希望未來對於地方事業，除了進行融資上的襄助，還能擴及「創意力」的專業協助，以促成金融機構與地方產業的活性化共榮發展。

擔任小鎮的創意力支援

換言之，小鎮編輯社並非只是東雲信用金庫的地方公益活動，而是肩負拓展信用金庫事業、創造更長遠價值的使命。「畢竟地方貢獻如果沒能回饋到企業本業的話，是無法永續的。」編輯長荻原下了簡單明瞭的註解。

因爲以「地方爲本」，編輯室名稱便命名爲直白的「小鎮編輯社」，共有五名核心成員，大家各有本業，採任務性質的聚集與行動。此外，還備有二十多人的群馬縣創意人資料庫，依據不同的計畫與任務，組成不同的工作團隊。

目前除了開設網路媒體Tsuguhi之外，小鎮編輯社也協助地方事業媒合合適的設計師與創意工作者。

更在二〇二〇年協助群馬縣政府經營網路媒體「湯煙廣場」（湯けむりフォーラム），在與新冠疫情共存期間，將縣內各個討論未來的講座、論壇，以線上公開方式呈現，企圖擴大與縣民的連結性，從既有的「小鎮」走向更大範圍的地方貢獻。

因地方愛而聚集行動

U-Turn 遇見意氣相投夥伴

小鎮編輯社的夥伴們雖然各有不同本業，但都是滿懷地方愛的在地要角，其中編輯長荻原便是代表。

一九七九年出生、成長於群馬縣高崎市的荻原，因爲升大學而赴東京，爾後進入桑澤設計專門學校學習產品設計，隨後因工作派調而到靜岡縣的濱松市工作。在此之前，荻原一向對於地方無感，對家鄉群馬沒有任何興趣，但因爲意外來到濱松，讓他在自行發現地方趣事之間體會到了潛藏的魅力，開始對地方改觀，不僅自行製作地方zine（小誌）《遠州圖》，更種下了U-Turn(1)返鄉群馬的契機。

二〇〇九年回到群馬之後，荻原成爲獨立接案的設計師，並在二〇一六年開設了地方小書店REBEL BOOKS。個人工作之外，他也加入地方自發性發起的學習型團體「上毛大學」（ジョウモウ大

金融機構與地方產業活性化與共榮

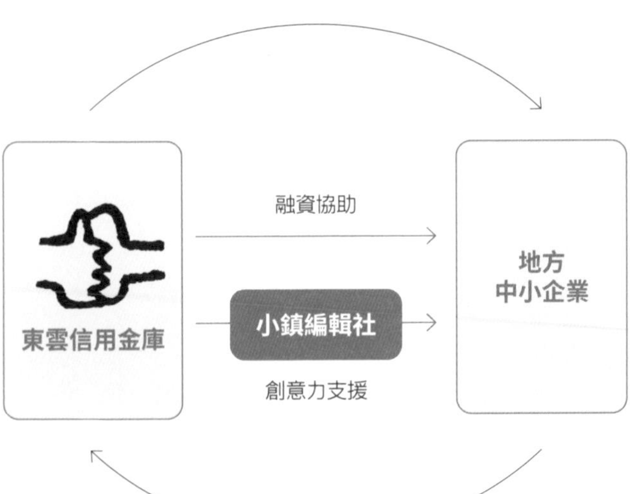

註(1) 參見「關鍵字小辭典」。

→ 東雲信用金庫透過金融本業與創意力支援來促成地方共榮發展。

← U-Turn後的荻原活躍於群馬的創意圈，圖為小鎮編輯社為上信電鐵高崎站設計的形象海報。

学），結識了一群愛群馬的夥伴，而這群夥伴後來則成了小鎮編輯社創立的重要成員。

編輯術奠基於「問題解決」思維

在擔任小鎮編輯社的編輯長之前，荻原雖然身爲設計師，但因爲有著過往製作zine的經驗，因此總是偏愛跟編輯相關的工作，經常經手小型刊物製作等設計加編輯的委託。

或許是因爲由設計師橫跨編輯領域，荻原對於編輯的想法非常開闊，他說連書店REBEL BOOKS的經營也都有著編輯視點，每個月一到二次的演講活動，要邀請誰、要講什麼內容、活動標題怎麼下、活動要如何回應書店宗旨「激發更多的好奇心」，這些都貫徹了編輯的概念。問他在經營面的編輯心法爲何，他說過往學習產品設計時，「問題解決」一直都是重要的中心目標，而這樣的思維亦持續至今，因此進行活動的編輯時，他也會以「發問」爲始，並嘗試透過活動提供「回答」。

「東雲外帶指南」網站（しののめテイクアウト&デリバリーガイド，www.save-our-place.com）的設立，也是基於「問題解決」思維。新冠疫情爆發後，地方飲食店的外帶需求高增，但小鎮編輯社所在的富岡市，多是家族經營或是小規模的食堂，無法即時提出相應需求的情報或服務，爲業者和消費者雙方帶來難題。爲此，小鎮編輯社緊急在二〇二〇年建置該網站，提供當地店家的外帶料理資訊。當疫情趨緩後，仍以「傳遞地方飲食魅力」爲主軸持續經營。

因爲小鎮編輯社較近似於「群馬的創意人才庫」，會因應不同委託與計畫來組隊出擊，因此荻原編輯長在社內的編輯工作，更近似於團隊成員的組織整合。可見，不管是書店的活動編輯、還是小鎮編輯社的團隊編輯，荻原的編輯力展現，共通之處都是靈活的「編排組合」。

地方編輯術×小鎮編輯社

“找到與企業合作、回饋企業本業的接點，是小鎮編輯室朝向永續經營的關鍵。”

代表作 1

Tsuguhi（つぐひ）——「介紹群馬日常魅力」的網路媒體，為地方創造質的變化 二〇一九～

網路媒體Tsuguhi是二〇一九年開站，由東雲信用金庫挹注經費的群馬縣地方媒體，也是小鎮編輯社最主要、最富代表性的編輯工作。編輯團隊因為有感於群馬人較傾向一窩蜂參加單日的活動與慶典，較為忽略存於日常的店鋪或是風景，因此定位Tsuguhi是個「介紹群馬日常魅力」的網路媒體，而網站的讀者設定也以群馬縣內為主。

由於Tsuguhi是東雲信用金庫的合作網站，因此在該銀行的網站上，也以大幅banner介紹Tsuguhi，不僅加強了Tsuguhi的曝光，無形中也加深信用金庫在地化與企業社會責任的優質形象。

網路媒體總是不免在意PV數等網站流量、瀏覽數，被問到東雲信用金庫會不會在意，荻原說比起網站瀏覽量，大家更在意的是Tsuguhi能夠創造多少外部的效益，例如被Tsuguhi介紹的店家後續有了什麼改變、網站的攝影師與寫手是否接到了新的工作委託、小鎮編輯社是否被更多人認識等等。這幾年來，有不少被報導的店家後續都接到了電視媒體的採訪邀約，甚至出現了指名小鎮編輯社的工作委託，像是獲得了群馬縣府的注意，接下了縣府網路媒體「湯煙廣場」的運營。追求高流量、高瀏覽數的量化指標之外，Tsuguhi更在乎的是質的變化。

案例特點

Tsuguhi是個地方企業與地方創意工作者聯手合作的案例。地方企業並非以「慈善事業」角度進行資源挹注，而是希望透過借助地方創意工作者之力，創造企業與地方中小型企業的共榮發展，並實質回饋企業本身主業，創造共好雙贏的永續經營之可能。

Tsuguhi（つぐひ）

- ●性質：群馬縣地方網路媒體
- ●開站：二〇一九年
- ●發行週期：一個月一篇報導
- ●報導內容區域：群馬縣
- ●編輯部組成：五名
- ●經費來源：東雲信用金庫
- ●刊物預算：一百五十～二百萬日圓／年（約台幣三十四～四十六萬元）
- ●網址：www.tsuguhi.jp

つぐひ

tsuguhi,

いつもの群馬を、
見つける。
伝える。

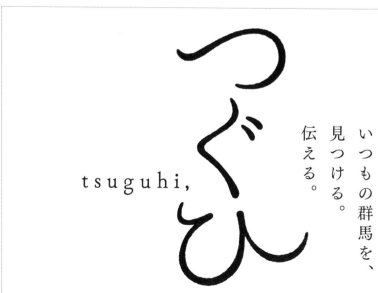

代表作 2

上信電鐵「成爲小旅行的日常」——
地方車站推廣專案，用新視角喚出日常意象｜二〇二二

上信電鐵，是群馬縣高崎市一帶的地方電車。

二〇一九年，小鎮編輯社的內部出現了「想要爲上信電鐵的二十一站進行重新設計」的想法，當這個想法開始醞釀之後，透過東雲信用金庫的支持，因而獲得了直接向上信電鐵提案的機會，並得到應允。

於是，小鎮編輯社開始進行上信電鐵二十一站的海報設計，以及車站旅行手冊的編輯。透過攝影師、設計師、編輯的團隊合作，選出每一站代表性的圖像，進行二十一站的車站形象再設計。

荻原說，製作的目標與選材的標準，是希望能夠找出連在地人都不甚知道或是容易忽略的一面，因此有別於大眾已經熟知的沿線地標，如蒟蒻名產、世界遺產景點，編輯團隊選出的當地意象圖片都是在地人習以爲常，卻多不以爲意的地方之日常，像是洪水來臨時會被淹沒的佐野橋等。而透過海報一站一站的重新審視，希望讓地方內外能夠藉此以新的眼光重新發現地方。

案例特點

有別於受到委託而開啟的專案，這個上信電鐵案子是由小鎮編輯社自行發想、並主動尋求提案機會。時時保有對地方事物的創意發想，並在發想之外實際付諸行動，創造實踐機會，或許也是地方編輯家的重要能力！

上信電鐵「成為小旅行的日常」
（日々がちいさな旅になる）
YOUR ORDINARY DAY
TURNS INTO A SMALL TRIP

- 性質：地方車站推廣（海報設計、車站旅行手冊編輯）
- 發行：二〇二二年
- 規格：海報B1尺寸共二十二款、手冊A5尺寸共二十八頁
- 發行量：海報每一款二百張（共四千四百張）、手冊九千本
- 專案預算：二百萬日圓（約台幣四十四萬元，內含群馬縣地域振興調整費補助金一百萬日圓）

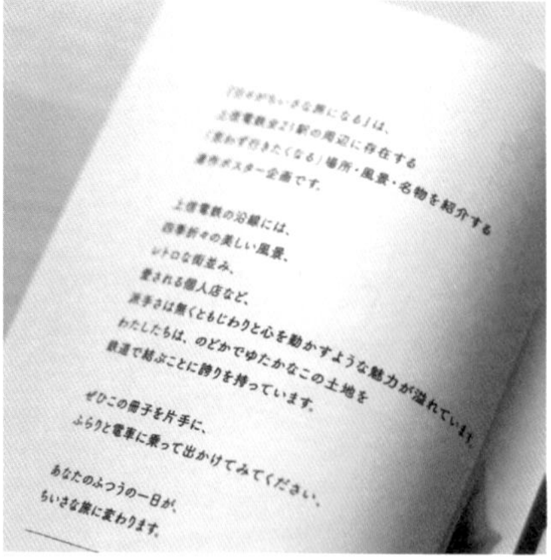

↑ 透過上信電鐵各站的海報設計及車站旅行手冊編輯，小鎮編輯社為在地人和一般大眾提出親近地方的新視角。

CHAPTER 10

品牌刊物合體地方，不談商品只傳達生活之美

Louie Miura
三浦類

｜有根生活編輯室

品牌刊物 # 公關宣傳 # 地方刊物 # 企業理念 # 移住 # 地方生活文化

← 石見銀山所在地的大森町是群言堂的發祥地。

三浦類 Louie Miura

- 單位：有根生活編輯室（根のある暮らし編集室）
- 成立：二〇一四年
- 駐地：島根縣大森町
- 負責人：三浦類
- 主要事業：生活風格服飾品牌「群言堂」之出版品《三浦編集室》（前身《三浦編集長》）之出版
- 夥伴組成：二～四名

→ 編輯長三浦一人包辦《三浦編集長》的攝影、撰稿、編輯。

島根縣的世界遺產石見銀山所在地的大森町，是個只有四百人的小村落，也是以「復古創新」爲目標創立的生活風格服飾品牌群言堂的發祥地。由松場大吉、松場登美夫婦所創立的群言堂，不僅有著和一般流行服飾品牌迥異的理念，更深入當地生活，以當地的生活文化爲傲，找尋「衣、食、住、美」四大領域的未來可能性。這樣獨樹一格的企業文化，誕生了一份以編輯長姓氏命名的品牌刊物——《三浦編集長》。

二〇一四年，名古屋出身、從東京移住、進入群言堂第四年的公關部職員三浦類（後文簡稱三浦），突然被會長松場大吉召喚：「你差不多已經熟悉這裡的工作和生活了吧，要不要試著用自己的角度來做一份傳達生活的報紙？」學生時代曾經有運動雜誌記者經驗的三浦又驚又喜，一來自己一直以成爲記者爲目標，但另一方面沒有編輯經驗的他又感到忐忑。就在邊摸索邊實作中，半年後《三浦編集長》創刊，從攝影到撰寫都由三浦一人包辦。

期與地方共好的品牌刊物

成爲傳遞大森魅力的窗口

如果是品牌群言堂所創立的刊物，那麼刊名圍繞著「群言堂」發想就十分合理，但實際上卻以被指派編輯長職務的三浦類之姓氏來命名。三浦編輯長說這是會長在指派他創辦刊物時就構思好的刊名，「會長大概是看我入社三年，還找不太到工作能夠發揮的領域，因此特別準備了這個舞台。」他懷抱感謝的表示，接著補充道：「會長也是感受到大森的魅力還沒有被好好的介紹，因此希望我以移住者的角色介紹大森。」

⊕ 群言堂創辦品牌刊物是為了對外介紹大森町的魅力，右圖為品牌本店入口。

儘管是以群言堂的品牌刊物爲出發點，但會長卻訂下了不介紹商品、不介紹事業體的方針。在改版之前的《三浦編集長》前期，裡頭的內容都是三浦編輯長自己記錄的大森町生活點滴，因此這本非典型的品牌刊物，逐漸以大森町的「Local Free Paper」角色受到大眾認識，成爲只有四百人口的大森町對外發聲的重要窗口。

刊物是「理念的公關宣傳」

怎麼會作爲一份品牌刊物，呈現的形式卻是如同大森町的地方刊物一般呢？三浦編輯長說，群言堂雖然是一個企業，但它和所在的大森町是相依相存的，大森町的存續即是公司的存續。此外，因爲群言堂的理念是「傳遞日本的生活文化」，儘管販售服飾等商品，但是商品只是傳遞理念的手段而非目的。換言之，對群言堂來說，最需要宣揚與傳遞的不是實質的商品物件，而是理念，因此三浦編輯長將刊物定位爲「理念的公關宣傳」。

但他也表示，總是不能讓社內的同事認爲編輯部都在玩樂，因此編輯上也聚焦群言堂品牌目前「顧客偏高齡化」的課題，希望能藉由刊物來觸及更多不

← 刊物《三浦編集室》的製作是為了傳達品牌理念，為地方向外創造更多接觸。

↘ 群言堂在大森町也經營旅宿空間。

同的年齡層，以回饋品牌的實際運營，「當然，也希望有更多人來到群言堂在大森町的本店、旅宿空間。」三浦編輯長補充。

對外創造更多的接觸

商業與理念平衡依存

身爲扎根於島根縣大森町的品牌，群言堂的展店版圖卻沒有受限於任何一處，而是擴及全日本自北海道到九州，約有三十間的專櫃與店鋪。問三浦編輯長在都市與地方之間，群言堂是如何看待與拿捏平衡，他說他相信地方和都市並沒有優劣，而是有著不同的角色、又相依相存的關係，他自己也不討厭都市，而是因爲喜歡大森町所以才移住。

對群言堂來說，到都會展店、販售商品，就像是賺取「外匯」一般的心情，雖然重要，但不曾忽略對品牌本質的思考，像是工藝、職人的價值、地方的存續問題、生活的文化與智慧要如何傳遞給下一代，這些都是品牌一直在思考且實踐的主題。由於群言堂是以這些主題的思考爲核心，對外的溝通就益發重要，不管是展店，或是刊物的製作，都是希望能夠創造更多的接觸、引發更多的認識。

從一人編輯走向團隊

《三浦編集室》自二〇一四至二〇一九年共發行二十二刊，之後進行改版，同年五月以《三浦編集室》名稱回歸。過去都是一人作業的三浦編輯長，在改版之後召集了區域內外的夥伴，除了希望朝向更穩定出刊並擴增內容，更重要的是透過團隊更多元的視角，更豐富地描繪大森町的生活。

地方編輯術×三浦類

“地方企業和地方，是相依相存的。
地方的存續即是地方企業的存續。”

代表作 1

《三浦編集室》——享譽「日本第一的企業公關刊物」，不談商品只談地方——二〇一四～

由服飾品牌群言堂發刊，卻完全沒有任何商品資訊的《三浦編集室》，被地方編輯家藤本智士稱為「日本第一的企業公關刊物」，內容雖然不大張旗鼓提到群言堂，但卻是十分有群言堂氣質的媒體，從最初松場會長交付編輯長一職給毫無經驗的三浦、並將刊物命名為《三浦編集長》時，就體現了群言堂企業的文化與風格，是個由內而外、不言自名的群言堂之作。

《三浦編集室》
（前身為《三浦編集長》）

- 創刊：二〇一四年
- 發行週期：季刊
- 規格：B4尺寸，共八頁（《三浦編集長》時期四頁）
- 發行量：自創刊之初的三千份成長至今約二萬五千份
- 發行區域：全日本（群言堂的專櫃與店鋪）
- 價格：免費
- 編輯部組成：二～四名
- 經費來源：母體企業
- 刊物預算：一年約一百二十～一百五十萬日圓（約台幣二十八～三十四萬元），一期約二十五～三十萬日圓（約台幣六～七萬元，含外部稿費、設計、印刷等）

《三浦編集室》第十一期的編輯架構

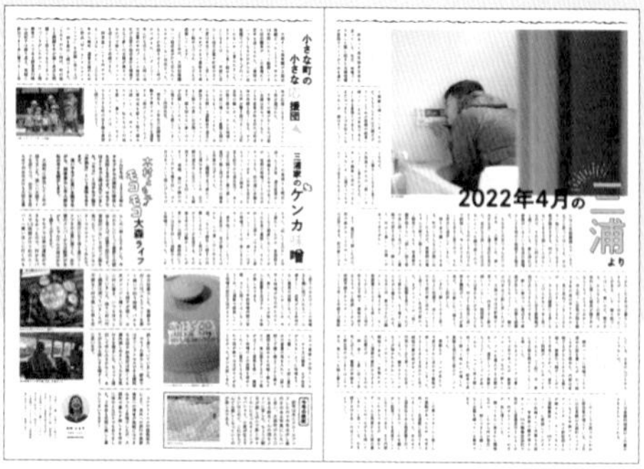

㊤ 三浦編輯長的大森町生活散記，自創刊以來，讀者跟著他的記錄一同經歷了結婚、生子、愛犬逝世的大森生活。左下區塊為東京出身、移住大森的木村的移住生活記錄。

㊧ 每一期的封面皆是滿版的大森町風景，仔細看會發現三浦編輯長有時會藏於風景之中。封面照片都由他一人拍攝，關鍵就是要在倒數十秒之間跑到定點然後匆忙不亂的入鏡。

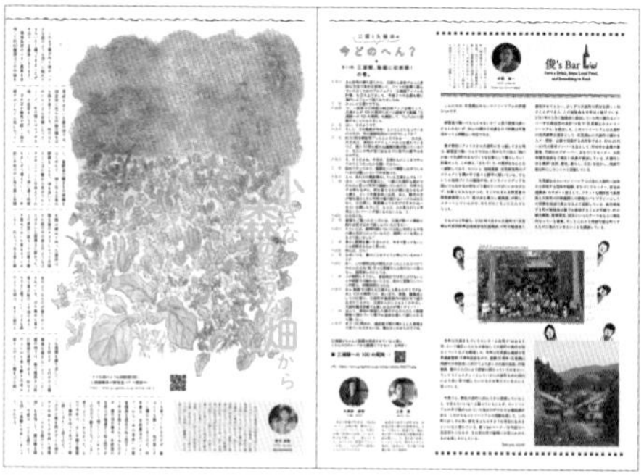

㊤ 右：專欄「俊's Bar」｜由美國出身、移住到大森的伊藤主筆，介紹各種美式文化與大森相互激盪的文化非日常。
左：專欄「小巧、如森林般的田園」｜由群言堂的前員工、現任大森町農夫的鈴木寫下的田園農業記錄。

㊤ 右：「職場放浪記」｜介紹大森町內深藏不露之人的職場放浪故事，用人物故事傳達大森町文化，群言堂的員工也會不時以大森町的一員登場。
左：客座專欄｜每期向大森町內外、島根縣內外的客座作者邀稿。

㊧ 三浦母傳：最後頁的小專欄，是由編輯長三浦的母親主筆，妻子的文章也會不時出現，著實是透過「三浦一家人」來認識大森町的既私人又地方的獨特刊物。

案例特點

《三浦編輯室》是品牌刊物的異類。看不到商品資訊，而是以品牌本社所在地大森町為出發點，甚至從刊名到內容專欄都以編輯長三浦類為要角。乍看過於地方化、個人化，但卻能傳達出品牌最核心的地方價值，更透過編輯長的帶領呈現出品牌「人性」的一面。

註(1) 參見「關鍵字小辭典」。

CHAPTER 11

在日美國人結緣地方，以外來之眼編寫村野

Eric James Matarrese

｜ anaguma 文庫

#個人編輯 #個人出版 #地方消滅 #移住 #地方生活文化

Ⓘ Eric以其獨特的外來者之眼記錄、書寫地方。

Ⓘ 地處深山的川上村生活樣貌吸引了Eric移居。（來源：Eric）

奈良縣川上村人口僅千人，位於沒有電車直達的深山地區，曾經名列消滅可能性都市的危急排行榜。但這裡卻曾有一位美國人移居於此，開設編輯室，並進行各種採訪、書寫、記錄。

Eric James Matarrese

- 個人編輯者。
- 二〇一六年成立anaguma文庫，駐地於奈良縣川上村，二〇二一年移至奈良縣天理市。

村上春樹迷的Eric出生於有許多日本人居住的美國洛杉磯，高中時因反抗期開始學起父母都不懂的日文，畢業後進入聖塔克魯茲加利福尼亞大學的日文系，亦曾到日本同志大學短期留學。大學畢業後，Eric輾轉申請了外語教育的JET計畫，來到岐阜縣擔任英語教師助手，之後更到京都的半導體公司工作。沒想到因爲造訪朋友位於奈良縣川上村的新家，開啟了和川上村的五年之緣。

對比於過於商業化的京都，Eric在川上發現了貼近鈴木大拙所撰述《禪》的理想生活樣貌，因而萌生了移居的念頭。之後，Eric申請了川上村的地域振興協力隊[1]招募，以協力隊隊員的身分開始了當地的地方工作。

英日雙語編採記錄地方

Eric的工作任務是以自身獨特的視角，挖掘川上村的魅力，自發性進行採訪，並以英日文撰寫成報導，編輯成每個月發刊的《oide新聞》，發送到村內的每一家戶。二〇一六年，Eric以自宅的書齋爲據點開設anaguma文庫，開始發行英日文並記的各種小型刊物：《上游的日子》一刊與二刊、《動物和人類》、《說說關於木的事》等。出刊的工作在二〇一九年爲期三年的協力隊工作告一段落之後也沒有停歇，即便轉任奈良縣的地域支援員，Eric仍持續以川上村爲題進行出版。

二〇二一年，Eric轉職至同縣的天理市市公所，爲該市的自媒體Megumimegurutenri（めぐみめぐるてんり）撰寫日文文章。儘管從山上搬到山下，從anaguma文庫轉換爲天理市的內部寫手，但Eric的筆仍持續不綴，以獨特的視角記錄、編採地方。

地方編輯術×Eric

“相較於過於觀光化的都市，
地方保有更多本質與純粹。”

《上游的日子》
（上流の日々　Upstream Days）
Issue #1、#2

●發行：二〇一七年六月（#1）、二〇一八年一月（#2）
●尺寸：B6 / 黑白印刷 / 三十頁（#1）、
B6 / 黑白印刷 / 十八頁（#2）
●定價：五〇〇日圓（約台幣一一五元）

《上游的日子》第一刊是二〇一七年Eric剛搬到川上村的四個月間，在「外來之眼」最清澈之時，以照片、日文與英文並記所集結成的十二篇短文。

《在川上村釣魚、找水井》（川上村のアマゴ釣り、と井戸探し Amago Fishing in Kawakami, and Looking for a Well）

●發行：二〇二一年二月
●尺寸：B6 / 彩色印刷 / 三十六頁
●插畫：OGAWA COCORO
●定價：七〇〇日圓（約台幣一六〇元）

新冠疫情期間，事事被迫暫停，生活有了大片空白，三位男子的午餐之約突然出現了「不如一起來做一本刊物吧」的靈感。於是，集結各自專長：釣魚高手、插畫藝術家、編寫專業的Eric，大家合力以「釣魚」為主題，一人出點子與故事情節、一人負責插畫、一人撰寫原稿，完成這本三人合作之作。

說說關於木的事》（木について語る Talk On Wood）

●發行：二〇一九年二月
●尺寸：B6 / 彩色印刷 / 二十八頁
●定價：六四八日圓（約台幣一四九元）

位於深山中的川上村，自五百多年前就以吉野林聞名，對於成長於美國洛杉磯都會的Eric來說，林業是個極度陌生的產業。為了更認識川上村的林業，Eric開始拜訪植樹人、製材者等林業相關職人，還有以木材進行創作的人等，最後集結成這本小書。

《動物和人類》（動物と人間 Animals and Humans）

●發行：二〇一八年八月
●尺寸：B6 / 黑白印刷 / 二十四頁
●插畫：OGAWA COCORO
●定價：五〇〇日圓（約台幣一一五元）

川上村的村民人數越來越少，但村子內外的野生動物一點也沒有減少，而且越來越常出現於村內的住宅區，這便是記錄這一些小動物的故事集。

註(1) 參見「關鍵字小辭典」。

CHAPTER 12

半農半設計編輯家，樂在地方探索與傳承

Toshimitsu Yoshino
吉野敏充

｜吉野敏充設計事務所

#青年返鄉 #地域營造 #地方文史 #農夫市集 #地方刊物 #設計 #閒置空間再利用 #歷史建築活化

從東京U-turn[1]回到家鄉山形縣的設計師吉野敏充（以下簡稱吉野），是個乍看聚集許多衝突與違和，但又有著透徹信念的設計師。

在大學到東京就讀設計專門學校之前，吉野一直都住在家鄉山形縣新庄市。小時候是個害羞的男孩，只有在畫畫上最有成就感，也最會受到鼓舞，高中時夢想成爲設計師，並在畢業之後選擇到東京的設計專門學校就讀。當時，正好是設計從紙上作業進入到電腦作業的轉換期，在學校學好機上作業的吉野，一畢業就在老師的推薦下順利到知名的影視製作公司擔任社內設計師，之後更在公司拓展版圖時被拔擢爲子公司的社長。一路看似飛黃騰達的人生步調，卻因爲一次路過農夫市集的契機，而有了劇烈的轉變。

吉野敏充
Toshimitsu Yoshino

- ●公司：吉野敏充設計事務所
- ●成立：二〇一〇年
- ●駐地：山形縣最上町
- ●負責人：吉野敏充
- ●事業規模：四名成員
- ●主要事業：設計委託、刊物《季刊Nya》出版、市集Kitokito MARCHE舉辦等地方創意行動
- ●委託費用：依據不同委託形式而變動

↑ 東京農夫市集「農家子弟」攤區打動了吉野想返鄉的心。
← 創辦Kitokito MARCHE農夫市集無形之間為吉野連結了地方網絡。

農夫市集喚醒 U-turn 衝動

原本只是去表參道逛街的吉野，意外路過了由黑崎輝男策劃的農夫市集（參見第一章），赫然被其中一區年輕農友的標語「不好意思我們沒有繼承家業」（継がなくてごめんね）深擊，這是一群家鄉在地方府縣的年輕農家二、三代，在東京工作之餘幫忙家裡銷售農產的「農家子弟」計畫。吉野當下立刻決定要加入陣容，隔週就開始請父親寄送農產品並出攤。考量到農夫市集如果只是賣菜沒有解說，消費者並不會買單，因此吉野也開始請教父親相關的農法知識，並開始大量蒐集家鄉的資料。

就在這樣的詢問、請教、蒐集資料當中，U-turn的想法逐漸萌芽，又因爲太太也是山形出身，兩人都對於未來要在東京養育下一代感到甚是違和，總覺得有一天會離開東京。而這一天，就在吉野三十歲的二〇二〇年成眞。

半農半設計挖掘地方的好

剛回到新庄市的吉野，一邊幫忙家族的農事，一邊開設事務所做設計工作。期間因爲參加了當地的廢校相關活動，認識了市公所職員，對方一句「我們新庄市沒有一本介紹當地情報的刊物欸！」，促成了他於二〇一六年創辦《季刊Nya》。

吉野還在當地舉辦Kitokito MARCHE農夫市集，也以設計師身分參與多個有關地方的設計、編輯、傳承工作，他認爲這是U-turn設計師的要務。對他來說，比起向東京宣傳最上地區有多好、多有魅力，不如由內而外，先讓當地人發現在地的好，就會自然成爲一個散發魅力的地方。就算地方人口下降，還是會有許多地域外的人被吸引而來。

非營利事業擴展地方連結

從十八歲上京到U-turn，吉野說他有整整十一年不在家鄉，因此剛回鄉時，他想著得做些什麼來

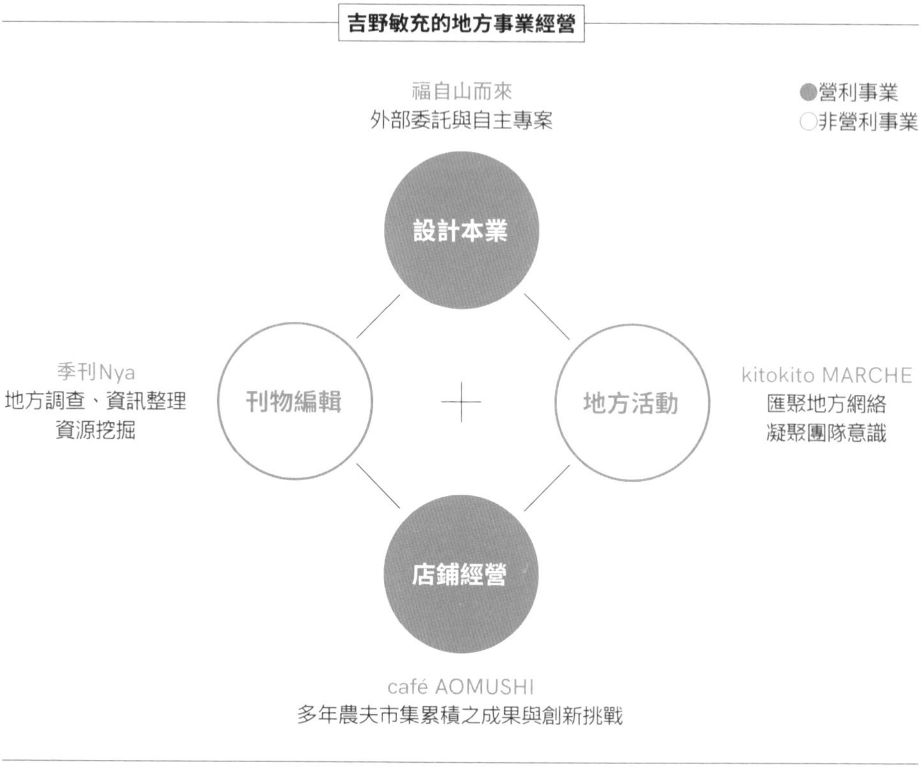

補強這十多年的缺席。

雖然吉野沒有特別規劃，但返鄉之後有各種緣分發生。現在回頭想想，農夫市集、《季刊Nya》，都不是營利事業，但這些打基礎般的工作，成了他連結地方網絡、增加對於地方認識的特殊管道；除此之外，這兩者也成為開展設計主業工作，以及後續開設咖啡館事業的基石。許多設計委託的業主都是因為《季刊Nya》而認識吉野，進而提出設計工作的委託；而咖啡館的開張，更是因為有農夫市集的十年經驗，最後集結市集核心夥伴水到渠成的事業。

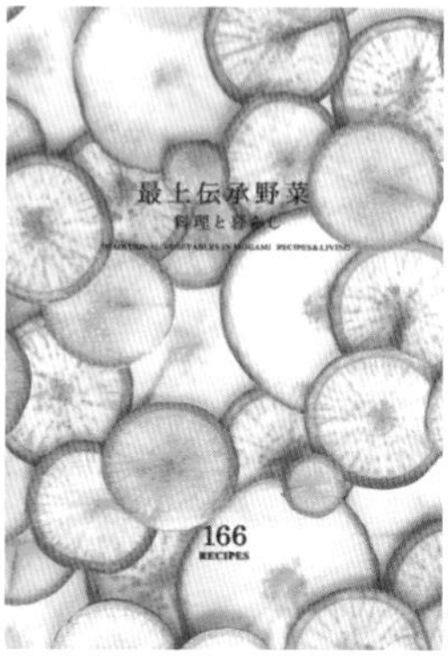

↑《季刊Nya》探索連在地人都不知道的情報內容，圖為第二號「鯨餅故事」特輯。

↗ 吉野設計製作的當地保種蔬果食譜寫真集《最上傳承蔬菜》為地方政府委託案。

㊧ 右上&右下：《季刊Nya》創刊號爬梳最上名物「雞內臟拉麵」如何蔚為風潮的故事。
左上&左下：傳承地方高齡文化實踐者的生命故事和行動是Nya創刊的使命之一，圖為第四號特輯「最上地區的偉人」。

地方編輯術×吉野敏充

“由內而外，讓當地人發現在地的好，這裡就會自然成為一個散發魅力的地方。”

代表作 1

《季刊Nya》（季刊にゃー）——最上地區免費地方刊物，探索待發掘的在地情報 —二〇一六～

以「在地人都不知道」的情報爲目標

《季刊Nya》（以下簡稱Nya）是以山形縣最上地區爲田野，每期設定不同主題進行報導的免費地方刊物。吉野說，地方上總是有不少人會嘆氣說著「這裡什麼都沒有」，也有人就算一直在地方上，也不一定眞的了解地方，因此希望透過Nya編輯團隊在不同主題上的探索，能帶來一些刺激，更甚者能激發縣民認同。基於這樣的編輯方針，吉野說目標就是要製作出「連在地人都不知道」的內容，絕對不能像普通的免費刊物一樣，刊登一些「網路上隨手就能找到」或者只是像廣告傳單般的資訊。

像是大家都知道最上地區的名物是「雞內臟拉麵」，但爲什麼會出現這樣的料理、元祖店到底是哪一家，大家都說不出來，而Nya就是要挖掘出這些眾人視爲理所當然、卻又不知所以然的「爲什麼」。創刊號的Nya，就直白的以雞內臟拉麵爲題，整理出元祖店鋪的由來，以及後來蔚爲風潮的故事，詳

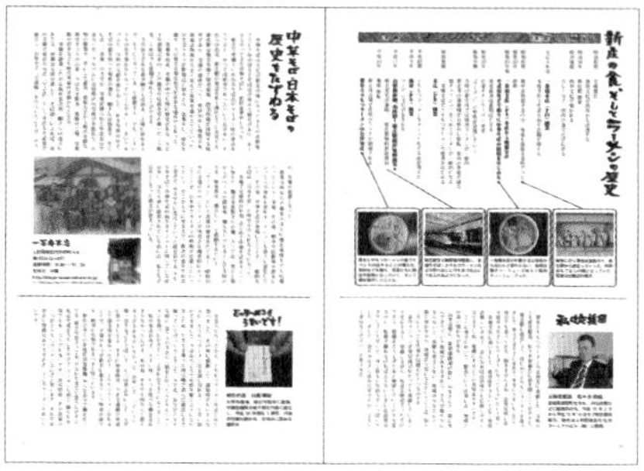

實爬梳在地名物不爲人知的身世之謎。吉野說，元祖老店一直以來都是拒絕採訪的姿態，但後來經過第三人的協調與湊合，終於讓鮮少接受媒體採訪的老店老闆娘破例點頭，而這也成了Nya不時會採用的約訪小技巧。

回應高齡村落文化傳承之急迫性

刊名的「Nya」一詞，來自新庄市當地方言的特殊句尾，有著「是這樣耶」、「就是如此」之意，命名的來由即是希望以新庄市爲中心的「最上地區」之人事物能夠更被大家認識。吉野曾說，看到當地的文化實踐者多已高齡，興起要把這些文化傳承給年輕一代的使命感，因而創辦《季刊Nya》。

在「最上地區的偉人」一期中，Nya採訪了地方長者大友義助先生。過去大友先生一直是以幕後的角色致力於保存在地歷史，而這一次Nya將聚光燈打在默默付出的大友先生身上，進行人物專訪。沒想到的是，在採訪過後三個月，傳來大友先生過世的消息，這也讓吉野意識到，許多保存與紀錄現在不進行的話，未來可能就遁形消失，因此除了主題的有趣性之外，吉野也十分重視議題的時間性與迫切性。

尋求地方刊物的可持續性發展

Nya創刊之初，因獲得市公所與觀光協會等地方組織的支持，獲得兩百萬日圓（約台幣四十六萬元）的補助金，進行了兩刊的發行，而第三刊開始，則是自立發展，目前地方企業的廣告贊助和訂閱收入分別爲主要及次要收入來源。

吉野身爲編輯長，還要兼職業務拉企業贊助，每一期的出刊都使出了渾身解數。鑒於工作量實在驚人，因此過往原本預計以季刊發行，後來調整爲一年三刊的發刊頻率。

雜誌結合展覽探問「普通」

問吉野每一次的Nya主題都如何訂定，他說興趣是最重要的，所以出現過「最上有點恐怖的故事」、「最上的燒鳥店」這樣的主題，接下來就會和編輯團隊討論，大家互相提出點子，也進行修正與擴充。

舉「最上之普通」那一期爲例，當時吉野在連續幾期的內容都訪問了「有頭有臉」的受訪者之後，突發奇想，想要在路上突擊「看起

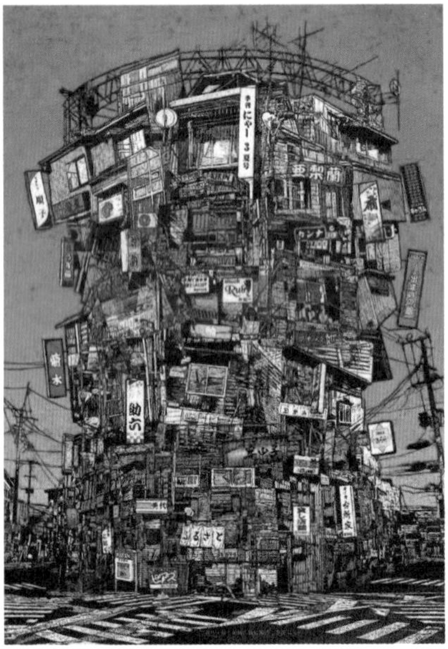

⊕ 以人物故事來展現主題，還會加上時代與個人的年表，是《季刊Nya》的特色之一。圖為第三號「昭和群像」特輯。

⊕ Nya主題的訂定以編輯團隊感興趣最重要，上圖為第七號「跨海而來的最上人」特輯，下圖為第九號「最上有點恐怖的故事」特輯。

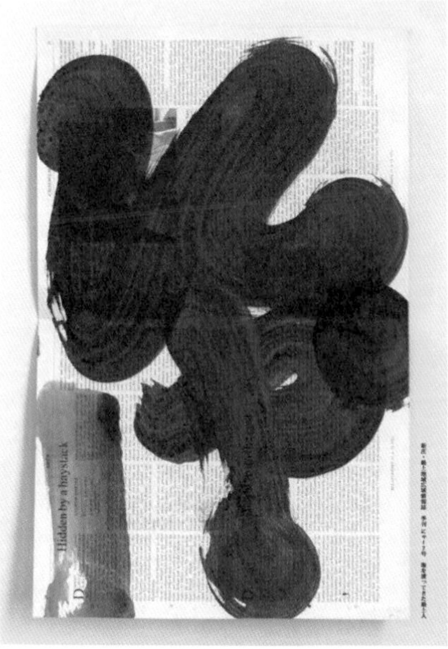

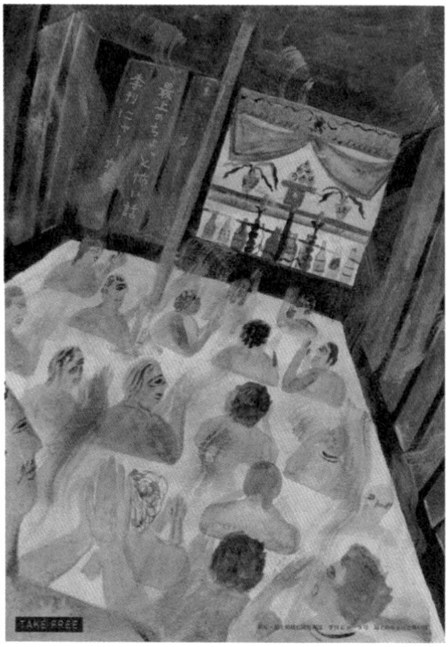

來普通的路人」來進行採訪。

與夥伴們討論之後，擔任寫手的沼野先生提案「不如就把主題訂爲『普通』吧」，探討什麼是最上的「普通」。爲此，他們找了許多當地政府的調查統計，以年齡、收入、支出、教育、出生死亡、家庭成員等各面向，把過往分散在政府部會的統計資料集合起來，並加上和全國的比較，來描繪最上的「普通」輪廓。編輯團隊還進行了一百人的問卷調查，針對統計資料蒐集不到的問題進行個別詢問。有了量化的統計資料之後，他們就針對平均的職種、年收、年齡等要素，挑選了三位「普通代表」的受訪者，以訪談方式描繪最上人的「普通一生」，成爲《季刊Nya》第十號的主題「從統計和取材而看見的最上之普通」。

重新解讀普通

除了雜誌之外，他們更連結另一個展覽的機會，展出「最上普通人所擁有的普通物品」。這是個以日本民俗學者今和次郎爲主題的展覽，編輯團隊模仿今和次郎提倡的「考現學」概念，挑選了一位最

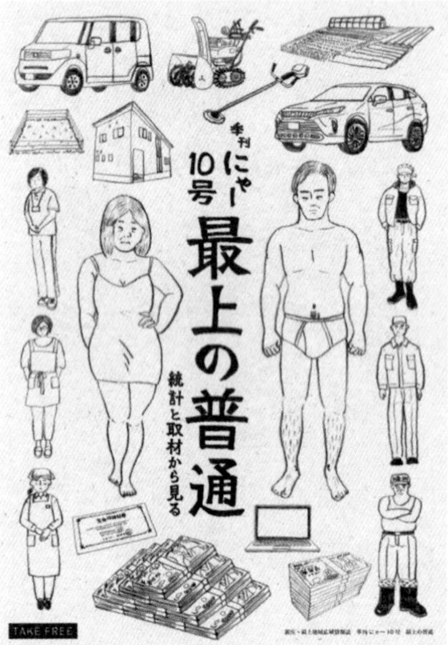

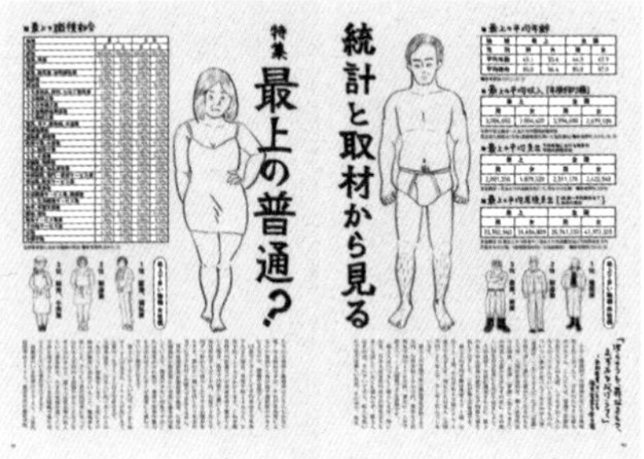

↑ Nya「最上之普通」特輯從各種調查統計來探討什麼是最上的「普通」。

↓ 以考現學概念策畫的「最上之普通」展覽，連結以日本民俗學者今和次郎為主題的文化展。

《季刊Nya》（季刊にゃー）

- ●創刊：二〇一六年
- ●編輯部成員：四名
- ●發行週期：一年約三刊
- ●規格：B5尺寸，約二十四頁
- ●發行量：五千份
- ●發行區域：以山形為主，擴及東北地區的宮城與秋田境內，以及少數都會地區的天線商店
- ●價格：免費
- ●經費來源：創刊初始由地方政府經費挹注，第三刊起仰賴企業廣告贊助。近期開始贊助型的訂閱方案。
- ●刊物預算：六十～一百萬日圓／期（約台幣十四～二十三萬元）

上當地「普通」男性作爲採訪對象，以繪畫方式記錄這位普通男性所擁有的物品，並在展場一角展示普通人所擁有的普通物品，於是服裝、手機、刮鬍刀等都搬上了展台，成了被重新解讀「普通」的展品。

透過Nya和「最上之普通」展覽，開啟了大眾對於「普通」的全新認識：當地人認爲的普通，或許不是外地人所認爲的普通；就算是吻合「普通一生」要素的人生，仔細挖掘，最後會發現其實一點也不普通。換言之，在進行了「普通」的解析之後，會發現乍看普通的普通，其實一點也不普通。

案例特點

最初的二百萬補助金，是《季刊Nya》創刊的契機，後續的營運則是藉由吉野自行籌措經費，自負盈虧運作。吉野不諱言，Nya並非能盈利的事業，但它就像是他們的地方關係建立網，也像設計事業的代表作，總能以各種形式回饋於設計事務所的本業。

代表作 2

Kitokito MARCHE——集地方之力共造的農夫市集，規劃各種有趣的相遇｜二〇一一～

吉野U-turn返鄉的契機之一，是參與了東京的農夫市集。在市集上，他遇到了許多跟他一樣農家出身的年輕人，也改變了許多想法、和故鄉的關係。

回山形之後，朋友介紹許多山形的有趣農友、創作者給吉野，讓他大嘆「這些不能只有我認識」，希望能把這些農友介紹給在地的人認識。但日本的農產流通制度，卻讓在地物產多要先送到東京，再轉往地方，造成在產地卻買不到在地農產的奇特窘境。爲了打破這樣的現象，也讓地方上的農友有機會被認識，吉野便在二〇一一年催生了農夫市集Kitokito MARCHE，算是他在地方上出道的處女作。

在地人「共同創作」的市集

Kitokito MARCHE的誕生，其中一個要因是吉野的學長、同時也是市公所職員加藤先生的支持，讓過往作爲養蠶試驗所的閒置空間有了活用的可能。除此之外，還有許多地方上的熱心人士，像是木工達人樋口先生，在沒有經費購買桌椅時，帶領大家一起動手製作桌椅，甚至一起完成了讓孩子們玩耍的鞦韆，而插畫家朋友，則是當天協助幫忙繪製看板招牌。「大家不是活動開始之後才來，而是這是『我們大家一起舉辦』的活動。」吉野說。因爲所有人都是志工，沒有誰是爲了利益而來，反而成就了大家有力出力、有專長出專長的「共同創作」之市集。

市集亦是編輯之作

歷經三年的累積，在農夫市集逐漸被認識、也逐漸上軌道之後，吉野開始進行一些有趣的嘗試，

⊕ Kitokito MARCHE每月的舉辦是地方上的大事，
創造了各種有趣的相遇。

像是除了農友之外，也爲每次市集訂定不同主題，邀請相關的攤友加入，例如工藝、咖哩、藝術、音樂等。吉野說經營市集、邀請不同主題性的攤友，就像是編輯工作一般，而目標是要規劃各種「有趣的相遇」。

目前每個月市集來場人數約在二千人左右，或許和東京等都會地區的市集比起來根本小巫見大巫，但在人口只有三萬多人的新庄市已是地方上的大事件，且是持續至今超過十年的長壽活動。

案例特點

「沒有經費」、「經費不足」，不是活動無法舉辦的理由，在Kitokito MARCHE反而成了讓參與者「內發性參與」的動力。不將目光放在「沒有什麼」，而是「有什麼」，有木工專長、有繪畫專長、有共同合作的時間等，大家一起完成不可能的任務，共創一個屬於大家的市集。

Kitokito MARCHE

●性質：農夫市集
●創始：二〇一一年
●頻率：除去雪季的每年五～十一月，每月一次（每月第三週週末），不論刮風下雨甚至下雪都照常舉辦
●規模：來場人數約二千人／次
●團隊：核心夥伴五名，其他外部夥伴約二十～三十名（偶有服務學習課程的高中生志工加入）

野菜café AOMUSHI
（おやさい café AOMUSHI）

●性質：地方蔬菜料理的餐飲事業
●創始：二〇二〇年

代表作 3

野菜café AOMUSHI（おやさい café AOMUSHI）——活化歷史建築的咖啡館，激盪新的地方想像——二〇二〇～

當第一次來到舉辦農夫市集的場地，吉野就被這片曾經是養蠶試驗所的園區所吸引，即使被當地人戲稱像鬼屋，但吉野當時就開始構思農夫市集的舉辦圖像，以及用咖啡館來活化建築物的想像。前者在二〇一一年成形，而咖啡館的藍圖打造，要等到二〇二〇年才實現。

以建物被登錄爲歷史建築爲契機，因而爭取到整修空間的經費，以及耐震補強的補助，再加上有餐飲背景的地域振興協力隊隊員移住到當地，擁有開發食譜的專才，地利天時人和，吉野心裡描繪許久的咖啡館終於落成，以農夫市集的夥伴爲核心經營團隊。

一個月一次的農夫市集如同非日常的節慶活動，而咖啡館則是平日常態營業，以在地古來種野菜爲食材的比薩爲招牌料理，歡迎旅人造訪，品嘗最上的風土滋味。

↑ 咖啡館為地方上荒廢的空間注入新元氣。

福自山而來
（山から福がおりでくる）

●性質：工藝品再設計、品牌行銷
●創始：二〇一八年
●規模：目前約有二十種品項

代表作 4

福自山而來（山から福がおりでくる）——工藝品再設計計畫，契合現代生活風格——二〇一八年～

最初這是山形縣政府的工藝品通路推廣計畫，接下委託的東京設計公司style Y2 international希望找在地設計師合作，因此找上吉野幫忙協助工藝品的再設計與推廣。由於是縣府四年一期的計畫，四年之後就得結束，但吉野不希望因此停擺，因此目前持續與Y2合作，並以自力的「福自山而來」計畫繼續運作。

不管是工藝品還是食品的再設計委託，都是為了因應現代人生活方式與習慣改變，需要進行設計上的調整。不過，縱使調整是必要的，吉野的理念都是「盡可能不設計」，像是只改變視點、調整擺放場景，以攝影來傳遞不同的用途或是可能性，或是因應社會的風潮來嘗試開發產品的不同用途，再來就是微調尺寸、增加些許設計美感等。

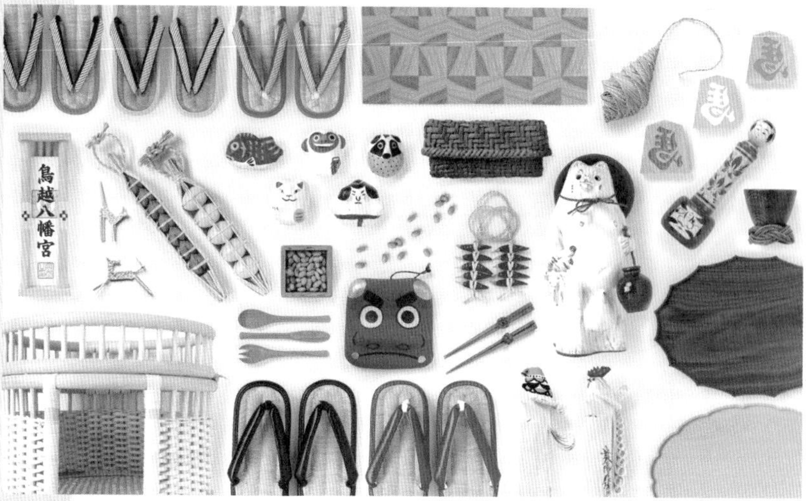

↑「福自山而來」計畫為地方工藝品進行設計上的調整來融入現代生活。

松村美乃里
Minori Matsumura

●公司：Tsunaguba家守（つなぐば家守）
●成立：二〇一八年
●駐地：埼玉縣草加市
●負責人：松村美乃里、小嶋直
●主要事業：建築設計、空間經營、刊物編輯
●事業規模：四名成員

Tsunaguba家守舍負責人松村美乃里（右）、小嶋直（左）

CHAPTER 13

臥房城市的地方編輯，設計人媽媽催化創意聚落

Minori Matsumura
松村美乃里

| Tsunaguba 家守舍

#設計 #地域營造 #共同工作空間 #老屋再生 #閒置空間再利用 #地方刊物 #女性創業 #地方連結

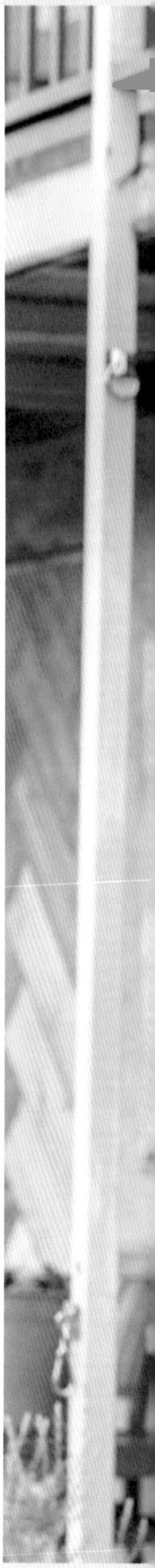

靜岡縣出身、大學時開始東京生活與工作的松村美乃里（以下簡稱松村），因爲結婚的契機來到了埼玉縣的草加市。在大家的印象中，埼玉縣就像是個臥房城市，大家白天前往鄰近的東京工作上學，只有晚上回到埼玉休息睡覺。松村說在生小孩之前，她也一直認爲埼玉縣、草加市就是這樣的地方，一點也不有趣，不過因爲女兒的出生，她不希望把相同的想法與感受灌輸到孩子身上，於是她開始想，是否有可能創造什麼有趣的事物，讓孩子能夠帶著對於地方的驕傲成長呢？過往的設計專業背景，是否有可能爲地方帶來什麼助益呢？

在這些想法出現之後，松村參加了草加市舉辦的第一屆「月三萬元事業」（月3万円ビジネス，三萬日圓約合台幣六千七百元）的女性創業計畫，成了開啟後續故事的起點。

一切從「月三萬元事業」開始

因爲參加了草加市「月三萬元事業」的女性創業計畫，松村因而展開了場域營造的構想。身爲獨立接案設計師、總是一個人埋首工作的她，開始發想著如果有一個大家能一起交流的共同工作室，而這個工作室也能成爲育兒職業母親的支柱的話，那麼就太完美了。

這個願望沒有立刻實現。不過在「月三萬元事業」六次的課程之後，她又參加了草加市另一個活化地方空間的課程「Renovation 地域營造」（リノベーションまちづくり），在課程分組時，松村認識了建築家小嶋直，一起組隊提出了「帶著孩子也能工作的共享工作室」提案，爾後又透過市公所的轉介，認識了正爲老公寓活用而發愁的房東中村美雪，因而促成了「ShareAtelier-Tsunaguba」（シェアアトリエつなぐば）於二〇一八年的誕生。

Ⓣ ShareAtelier-Tsunaguba是個連結親子、工作、地方的多元空間。

ShareAtelier-Tsunaguba成為草加市培育創業的實驗場

具「連結」精神的空間經營

ShareAtelier-Tsunaguba的主要概念有三，都以「Tsunagu」（日文「連結」之意）開展：和工作連結、和母親連結、和地方連結；此外，更以「Do it ourself」爲核心理念，希望能夠在這個場域邀請大家一同創造理想的生活。

在這裡，有親子友善的咖啡店，有讓育兒家長能夠發展事業的工作室租借，還有以木育爲主題的遊戲場，以及舉辦多種親子活動的工作坊空間。由於松村自身的育兒經驗、再加上臥房城市育兒家庭比例較高的背景，ShareAtelier-Tsunaguba便成了育兒家庭家長交流的空間，甚至是進行各種嘗試與挑戰的支持系統。

「不過，ShareAtelier-Tsunaguba也對所有人開放，不管是不是有小孩、是不是家長。」松村補充。在這裡，除了親子成員之外，也有個人工作者的攝影師、文字編輯、廚師，因爲進駐者背景多元，連帶創造出多元發展的ShareAtelier-Tsunaguba，出現了任務型子團體的寫眞室、喫茶室、編輯室。

和地方政府的雙贏合作

由於松村是「月三萬元事業」計畫的一期生，ShareAtelier-Tsunaguba順勢成了後輩們自該計畫畢業之後的試驗場。

像是一個善的循環，一期生的學姊松村打造了ShareAtelier-Tsunaguba，讓後輩們有機會帶著各種「月三萬元」的創新計畫來此，不管是商品寄售合作、租賃空間舉辦活動、成爲值日生主廚夥伴、進駐空間變成空間夥伴等，這個場域都提供了從學習到實際獨立運營之間的支持陪伴。

而對草加市而言，雖然不在預期中，但催生的ShareAtelier-Tsunaguba，讓政府的培育計畫有了更長期的影響與效果，「比起許多以創業爲名的政府計畫，草加市的這幾個計畫孕育出的起業例子出奇地高。」松村驕傲的說。

地方編輯術×松村美乃里

“是否能在地方創造有趣的事物，讓孩子能夠帶著地方的驕傲成長呢？”

つなぐば家守舎

代表作 1

ShareAtelier-Tsunaguba（シェアアトリエつなぐば）——扎根社區的多元工作空間，打破同溫層觸發創新｜二〇一八～

由於松村自身是獨立接案的設計師，多是一人工作，但希望有一個能夠和更多人接觸、相遇的工作空間，因此有了「共同工作室」的發想，而這也成爲創立ShareAtelier-Tsunaguba的初衷。

不過，如果只是單純的共同工作室，就只有既定的會員來，但松村的理想是工作室也能和地方連結，更扎根社區。爲了打破門檻，於是她決定在一樓開設咖啡店，讓一般大眾都可以前來用餐，因爲她相信食物能化解各種無形的距離。

← 在一樓開設咖啡店是希望用食物來拉近工作室與大眾之間的距離。

↓ 不管在室內或戶外綠地，ShareAtelier-Tsunaguba都刻意觸發多元活動。

空間巧思創造有趣的碰撞

松村還希望爲一次的來店創造更多的連結，因此刻意在老房子修繕時，加入許多心機般的巧思。例如咖啡店和另一個活動空間之間使用可透視的門窗，因此在店內喝咖啡的人，就能不時看到有瑜伽課、韻律課等活動在另一個空間發生。另外，咖啡店裡的桌椅也能夠隨機應變成爲工作坊的配置，因此有時候店內一角正常營運，而另一角則正進行著工作坊。刻意模糊的空間界線，爲這個場域保留複數可能性的碰撞和觸發。

松村更補充說，過往即使想盡辦法要降低市民走進ShareAtelier-Tsunaguba的門檻，但畢竟空間的界線還是無形存在，沒想到新冠疫情卻意外成了消弭界線的契機。原來疫情期間咖啡店停止內用，改爲製作外帶便當，開始在戶外販售餐點，過往因爲懼於走入建築空間的地方居民，因爲路過而順便購買餐點，戶外的便當小攤位因而成爲了接觸地方民眾的接點，與ShareAtelier-Tsunaguba拉近了距離。

把房東捲入一起挑戰創新

ShareAtelier-Tsunaguba的誕生，以草家市爲中心改變了許多在地人的生活。其中有一個人的人生有了巨大的轉變——ShareAtelier-Tsunaguba的房東中村美雪女士。

當時，爲了老公寓活用而苦惱的中村太太到市公所尋求意見。因爲缺乏整修資金，她想著要不乾脆把老舊公寓拆除，讓公寓能夠和前方父親捐贈的公園合而爲一，擴大父親貢獻地方的遺志。但因爲市公所職員的轉介，認識了設計師松村、建築師小鳩，中村太太聽了兩人的計畫深受感動，決定租借空間，催生了ShareAtelier-Tsunaguba。

在建物整修、落成之後，中村太太爲了介紹ShareAtelier-Tsunaguba給當地社區，讓空間能夠被在地接受，不遺餘力的向大家宣傳，更自己印製宣傳物在地方發放。爾後，更在大家的慫恿之下，參加了草加市公所舉辦的「月三萬元事業」計畫，從加油的旁觀者成爲實踐的主事者，以隔壁的另一棟老公寓活用爲題，開展出「銀髮版ShareAtelier-Tsunaguba」的計畫。已經步入五十歲後半、即將退休的中村太太笑著說：「松村桑是第一屆的學姊，我是第十屆的後輩。」

二〇二二年，在ShareAtelier-Tsunaguba四週年的時節，創辦人松村與建築師小鳩發起了私設圖書館「槐戶文庫」（さいかちどブンコ）的興建計畫，這個計畫也特別把房東中村太太捲入，邀請建物主人的她擔任圖書館館長。

さいかちどブンコ
saikachido-bunko

↑ 房東中村美雪女士（左）後來也開展出自己的「月三萬元」創新計畫。

ShareAtelier-Tsunaguba
(シェアアトリエつなぐば)

●性質：進駐型共享工作室空間＋輪班主廚型咖啡店
●創立：二〇一八

案例特點

年過半百的中村太太不僅是大力支持ShareAtelier-Tsunaguba的推手，更親身參與創業育成計畫，甚至在結業之後努力進行實踐，成為ShareAtelier-Tsunaguba的夥伴，令人佩服她的活力，也讓人佩服ShareAtelier-Tsunaguba成功創造了一個跨齡學習、互相支持的友善空間。

↑ 私設圖書館槐戶文庫成為連結社區情感的另一處空間。

代表作 2

《ittenn》（イッテン）——臥房城市的免費刊物，開展地方編輯的未來性｜二〇二〇～

因應新冠肺炎疫情對於地方業者的影響，ShareAtelier-Tsunaguba希望能做些什麼來協助地方度過難關，因而發想了在工作室之下組成「Tsunaguba編輯室」，製作一本小刊物。剛好，地方政府也因爲疫情多了一筆補助金，就順勢成爲免費刊物《ittenn》的製作經費。松村說，過去地方市公所多是以從旁鼓勵的角度支持ShareAtelier-Tsunaguba，從未有補助金的協助，這次是四年多來的頭一遭。

爬梳地方手作人物故事

當時，松村和夥伴們思考著要怎麼介紹草加、新田這個區域，眼望所及，這一帶是以住宅區爲主的臥房城市，過往沒有特別輝煌的歷史，車站前的商店街也正在消逝，正愁不知道要以什麼角度進行梳理之時，他們回到ShareAtelier-Tsunaguba共享工作室的原點，也就是Atelier（畫室、工作室）的核心，決定要以手作爲主軸，介紹當地眾多的手作（ものづくり）工作者，像是木工作家、藝術家，甚至是咖啡烘焙師等。

《ittenn》目標讀者鎖定市內、縣內民眾，爲了能夠拓展閱讀群，避免限縮在只對手工藝有興趣的女性讀者，因此同一刊的內容，特別設計了兩款封面，一款主攻既存讀者，另一款開拓潛在讀者。

由於《ittenn》是補助金贊助之下的出版品，不禁令人擔心會不會如單發煙火般曇花一現，松村說未來將轉往網路媒體的方向發展，希望能持續採訪、整理當地的人物故事。她也補充說，因爲《ittenn》的出現，讓鄰近的商店街也提出了手冊製作的委託，換言之，儘管不是以《ittenn》呈現，但Tsunaguba編輯室的夥伴還是會透過各種面貌，持續進行地方故事的整理與編輯。

㊧《ittenn》以報導在地手作工作者故事為主軸，還特別設計兩款封面來開發讀者群。

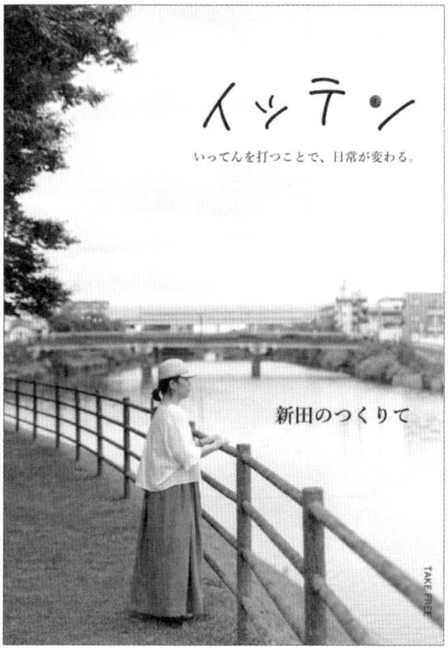

《ittenn》（イッテン）

- ●性質：創意聚落ShareAtelier-Tsunaguba之下的Tsunaguba編輯室所發行的刊物，透過報導地方上的手工藝工作者，來增加與地方的聯繫與連帶
- ●創刊：二〇二〇年
- ●發行週期：單次，未來轉以網路媒體發展
- ●規格：B5尺寸，約八頁
- ●發行區域：群馬縣以草加市為中心的縣內區域
- ●價格：免費
- ●經費來源：市公所

CHAPTER 14

翻轉限界聚落編輯術，地景建築師造夢家鄉

Yoshihiro Yabe
矢部佳宏

｜一般社團法人 BOOT

#地景設計 #地域營造 #關係人口 #社群經營 #限界聚落 #青年返鄉 #閒置空間再利用 #廢校再生 #老屋活化 #移住 #藝術村

在初春還留有殘雪的東北之境，安靜的福島縣西會津鎮上，有許多活力正在隱隱作動，而爲這個小鎮重新點燃活力的，是當地出生長大的矢部佳宏（以下簡稱矢部）。

矢部是一名地景建築師，一九七八年於福島縣西會津出生、成長，大學到新潟縣長岡造形大學上山良子老師門下學習地景設計，碩士畢業之後負笈加拿大求學、工作。

矢部說，在遇到上山老師之前，他就像一般往外流動的遊子一般，對於西會津、對於家鄉的集落，沒有特別的情感，只把眼光放在城市，只想要做都市規劃的環境設計。但是，因爲上山老師的提點「農村這麼棒，去做農村吧」，他才在老師的帶領下，用新的視角看待曾經被拋諸腦後的家鄉。

大學的畢業製作，就是以自家三百多年的古民家爲主題進行改修。還寫了一本厚厚的論文，針對設計進行了環境面向的調查。那時的他認爲，比起只靠「美感」進行設計，他更想要去理解、分析，讓設計作品能說服自己、打動他人。

矢部佳宏 Yoshihiro Yabe

- 單位：一般社團法人BOOT（一般社 法人BOOT）
- 成立：二〇一七年
- 駐地：福島縣西會津町
- 代表：矢部佳宏
- 主要事業：地景設計、空間社群經營、旅宿經營
- 理念：在人口減少與高齡化持續進行的最小聚落中，探求未來的風景

矢部因撰寫學位論文爬梳出對西會津的理解和可持續性發展之策略。

實踐型論文活用於家鄉

厚實的地方資料梳理與詮釋

入學至同校的碩士班之後，矢部深化大學畢業製作的主題，以「可持續性聚落的再構築之指標」爲題，試圖找尋當地的可持續性發展之策略。在提出規劃之前，他針對奧川地區進行了深度的調查與研究，包含挖掘歷史資料、文獻資料，翻閱厚重的《會津之書》，以了解昔日的各種歷史變遷、產業演變，更透過村民訪談，親自採集第一手資料。

接下來最重要、也最困難的，莫過於資料的整理，包括架構的編排、推演的理論等，而背景是環境設計的矢部，便依山上老師，以及山上老師的老師、美國環境設計師哈普林（Lawrence Halprin）的手法，還有美國地景建築師英・瑪哈（Ian L. McHarg）在《道法自然》（Design with Nature）提出的生態建築學理論，透過時間的排序及地貌上的層層解析，來整理出矢部自己對於西會津的理解與詮釋。

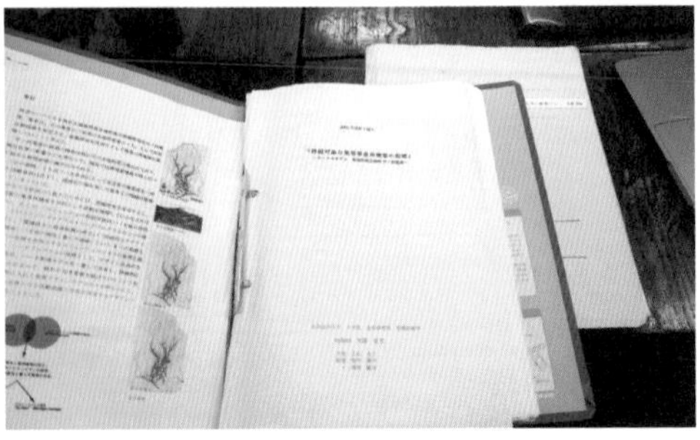

論文爲地方工作打好地基

現在遙望這兩本厚實的學士及碩士論文，矢部說在文獻整理、質性訪談的過程中，越了解會津這片土地，就越加深自己對於家鄉的認同，感到自豪。而這些紮實的研究基礎帶來對當地的深厚認識，都成爲他目前地方工作的基礎。

此外，當時碩士班的他，更運用環境設計的

↑ 三一一大地震促使矢部提前返鄉繼承家業的土地。

概念，爲當地進行了各種長遠規劃。換句話說，碩士論文不僅是對於地方背景脈絡的爬梳，更是一份地方活化事業計畫書，而那些過往論文裡的紙上談兵，像是當時所規劃之「綠色旅遊」（Green Tourism），現在正一一被矢部拿來試驗、落實。矢部說：「上山老師就強調寫論文一定要有『活用』的意識。」

從編輯環境到編輯城鎮

三一一引動人生快轉契機

雖然寫了一本實踐型的論文，但按照矢部的規劃，要先去加拿大念地景雙碩士、在海外累積地景設計工作經驗之後，五十歲左右才要返鄉。他回憶說，因爲是家裡的長孫，小時候祖母就不斷跟他說：「你是矢部家的第十九代，這裡一眼望過去的稻田、山林都是你的。」要他總有一天得回來接手這片矢部家的土地。

⊕ 國際藝術村是活絡西會津未來發展的創意據點。

原本是五十歲才要返鄉的計畫，提早到三十多歲就來臨，轉折點是日本三一一的地震與海嘯。當時在加拿大工作的矢部，剛好因爲出差，在三一一當天人在東京，地震過後交通大亂，他回不了福島的家，只能被迫搭乘既定的班機回加拿大。那幾天看著海嘯來襲、捲走平房的重災影片，他形容自己進入了一個「非正常的狀態」，除了持續於加拿大進行募款活動，更讓他開始擔心「如果現在不做點什麼，故鄉是不是可能就要消失了」。他開始思索自己還能做什麼、什麼是只有自己能做的，最後腦海中浮現的是「回家繼承家業的土地」。

最後，因緣際會在市公所發現了當地國際藝術村的約聘人員招聘資訊，他沒有多想便應徵了。

頂著日本與加拿大的雙碩士，再加上加拿大、上海等亮眼的工作經驗，但返鄉之後能找到的僅是約聘人員工作，起薪甚至比大都市裡的社會新鮮人還要低。儘管如此，矢部並沒有被家鄉這樣的殘酷現實嚇跑，相反的，他不被這個職位的工作內容與薪水所限制，甚至「擅自爲國際藝術村規劃了十年的願景」，還列了三十個不花費預算、靠著自己雙手就能做到的行動項目，像是打掃整理環境、DIY改造空間、社群媒體經營等。矢部自豪的說，現在這三十個行動，以及當時所想的十年願景，都已經達標。

當造夢者對於未來的藍圖越來越清晰、越來越擴大，便需要一艘新的舟船來開拓新的航道。因此二〇一七年矢部成立了法人組織BOOT，並在二〇一八年順勢成爲藝術村的指定管理團體，擁有更多

一般社團法人BOOT之地方擾動策略

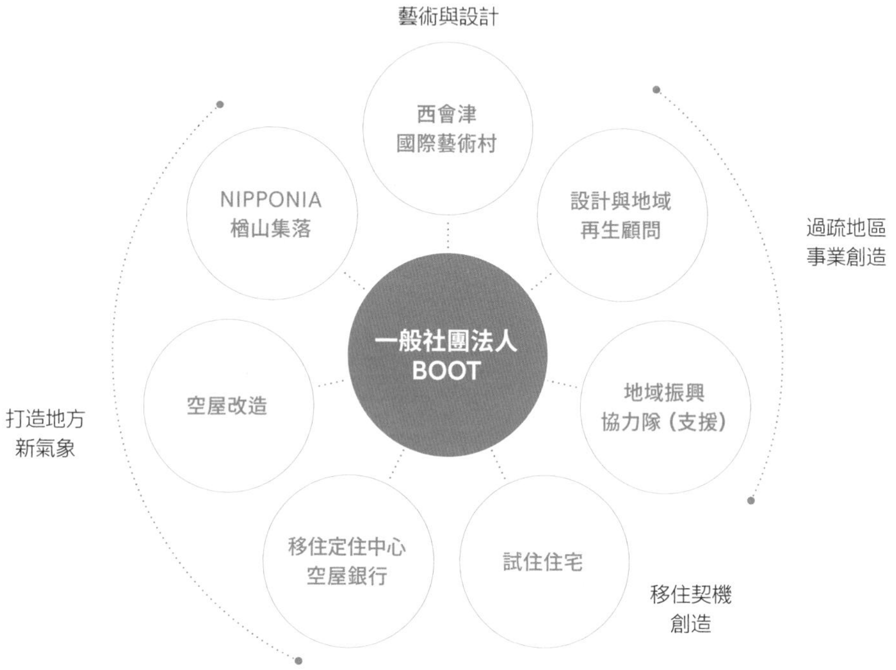

的發揮空間。問他BOOT的宗旨是什麼，他說是讓西會津成爲一個「可持續性發展、有未來的過疏地區」，而藝術村即是要達到這個目標的創意據點。

綜覽全局的編輯者

過去，許多人會問矢部「地景建築師」是什麼，矢部總解釋是「風景建築家」，不做建築設計、不做室內裝修、也不建造公園，而是以更俯視的角度、整體的眼光，檢視建築與庭院與公園的關係，廣義來說，近似於看待都市建物與自然之間的關係，如何協調出和諧的平衡、宜居宜人的狀態。

聊到風景建築家，以及後來回鄉的職涯轉換，矢部說過去的風景建築家之角色，以及現在在西會津所做的事業，其實都類似於編輯者，都是以綜覽全局的眼光看待環境、看待城鎮，把環境中、城鎮中的一切進行調配與梳理，「完成的作品樣貌可能不太一樣，但本質上或許是一樣的。」矢部如此表示。

㊧ 西會津國際藝術村肩負地域活化之功能。
㊧ 「自己來咖啡館」希望有助於吸引地方住民輕鬆走進藝術村。

地方編輯術×矢部佳宏

“讓西會津成為一個「可持續性發展、有未來」的過疏地區。”

代表作 1

西會津國際藝術村——以藝術生成關係的場域，建立配套策略活化地方

爲了活化二〇〇四年成爲廢校的新鄉中學，西會津當地議員提案設立國際藝術村，每年招募不同國家的藝術家前來駐村，進行藝術創作活動。只是荒郊突然冒出一個藝術村，若沒有其他相關的配套措施，也難以發揮地域活化之功能，據說當時駐村的藝術家也有許多生活上的難言之隱。二〇一三年，矢部應聘爲藝術村的臨時職員，負責日常營運，藝術村因而開始了有別以往的發展。

讓住民都能輕鬆走進

第一個目標，就是將過去以藝術家爲主軸的藝術村空間打開，成爲一個地方住民也能夠輕鬆走進、參與的空間。在開放參觀的展覽空間之外，特別打造了一處「自己來咖啡館」（じぶんカフェ），採無人商店經營模式，進來的人自己沖咖啡、自己選點心，然後自己投錢到撲滿裡。這樣如「免費休息區」（無料休憩所）般的空間，目的就是要把進入的

門檻拉到最低，打造一個沒有隔閡的場域。

四個創造：場域、事件、物品、人流

除了「場域創造」（場づくり）之外，藝術村的新目標還有「事件創造」（コトづくり）、「物品創造」（モノづくり）、「人流創造」（ヒトづくり），因此有許多活動、工作坊的規劃，也成立了木工工坊、料理廚房，還設置了「移住定住相談中心」，希望增加人口移住率。

過去，這裡只邀請海外藝術家駐村，自此有了大轉向，也招募日本國內藝術家，再加上有更多當地及鄰近居民走進交流，共同翻轉了鎮內鎮外大家對於西會津的印象。

以藝術爲切入點共創未來

在矢部的藍圖裡，藝術，是大家認識西會津的切入點。來到藝術村看完展覽，並非結束，接著還

有工作坊、小旅行的活動讓大家「玩」，再更進一步就是吸引大家來打工度假，增加深度體驗移住，若能再升級成爲西會津的重度關係人口，便能進到兩據點生活或移住定居的階段，最後變成如當地一員般，和在地人們一起學習地方文化與智慧，更一起創造未來。

這個和西會津關係由淺到深的藍圖，由「認識」開始，接著是「玩耍」、「關係生成」，進而變成當地一員的「生活」、「學習」與「共創未來」。藍圖的實踐，更結合法人組織BOOT承接的地方定住移住支援計畫，至今已創造超過三十人的移住實績。

案例特點

在西會津國際藝術村，藝術不是目的，而是進入地方、成為關係人口的入口。也因此，藝術並不是只是唐突的矗立在地方上，而是以此為媒介，真實擔任起連結在地與外界的橋樑。

西會津國際藝術村

- 性質：由BOOT於二〇一八年起承接設施運營
- 概念：場域創造、事件創造、物品創造、人流創造

→ 透過場域、事件、物品、人流的創造，藝術村成為西會津關係人口經營的切入點。

西會津國際藝術村之地域振興策略

和西會津的關係程度（淺→深）		
認識		網站與社群媒體資訊呈現
遊樂		工作坊、藝術展覽等活動企劃與舉辦
參與 **生活**	二次造訪 第二故鄉	移住定住相談中心、木工坊經營、「自已來咖啡館」
學習		學習型工作坊（地方文化傳承）
共創未來		過疏地區事業創造

代表作 2

NIPPONIA 楢山集落——古民家改建生活旅宿，探求聚落之未來

二〇一九～

二〇一九年九月開幕的古民家旅宿NIPPONIA楢山集落，是與日本老屋修建團體NIPPONIA合作，將矢部自家傳承百餘年的釀造品倉庫（藏）、農小屋，改造成能夠接待客人的三幢住宿空間。

傳遞聚落有機體之美

楢山集落座落處，前方是矢部家代代傳承的梯田，後方有一窪水池，以及一片如里山般的小山丘。

穿著防雪的長靴，走過還未融化的雪地，後山的小山丘裡有著山神的祭祀之物，而前院梯田間則有著矢部家歷代先祖墓碑，「如果山神代表生，祖先的墓碑代表死，可以看到的是過去先祖們從出生到過世都在這個聚落裡完成。」矢部悠悠的說，而這樣的理解，更延伸成楢山集落的概念：「聚落，就像

㊧ 矢部家傳老屋改建的楢山集落，邀請旅人體驗聚落特有的生活風景。

是一顆行星般」（集落が、一つの惑星のようだ）。

從大學開始叩問聚落之美、聚落有機體的循環祕密，同時也探求聚落之未來的矢部，楢山集落是他對於自己、對於先祖的一個回答之作。

復活聚落特有的生活風景

為了復刻過往有機循環的聚落生活，矢部更透過各種細節的安排，讓留宿的旅人能夠實際用身體感受與這片聚落最直接的連結。

像是室內水龍頭打開流出的熱水，是如過往一般，使用後院山林柴薪所燒成的，矢部說明，和加熱的自來水不同，由柴火燒製的熱水更能夠將熱能傳到身體的中心。又或者，將前院桂樹葉子碾為粉末狀，再把桂葉粉排成連續的圖案，最後點上柴火使之綿延燃燒，作為日常的香道。「過去家家戶戶都這麼做，但現在這個習慣漸漸消失，幾乎沒有人再這麼做了。」矢部遺憾的說，於是他便把這樣的生活風景轉化為留宿客人的體驗活動，讓即將消失的風物習俗有了新的文化傳承，甚至復活成新的生活風格。

物件設計汲取在地元素

設計背景的矢部，也加入室內裝修的工作，共同製作了許多特有的單品，例如把過去製作鹽滷的木製容器改造成洗手台，把以前盛裝穀物的木箱拆解改造成桌子。修建團隊更和藝術村駐村的和紙藝

NIPPONIA楢山集落

- ●性質：古民家改建的包棟旅宿
- ●成立：二〇一九年
- ●概念：「聚落，就像是一顆行星般」
- ●價格：一棟約四萬五千日圓／晚（約台幣一萬元）

術家合作，以後院的池塘為手抄紙的大水槽，製作與當地自然交揉的手抄紙，用來作為和紙拉門及裝置藝術。手抄紙的紙面除了池塘裡的水草、浮游植物之外，還加入矢部家曾經擔任教職之曾祖父的老舊藏書部分紙頁，滲入了世代交替的傳承感。

對矢部而言，這些巧思的創作都是具有「當地絕對價值」之物，用當地的素材製作，並且存於當地被使用。矢部說，以前做設計時，地景設計的老師就不斷跟他強調：「一定要好好對待、珍視當地獨有的獨特之土地個性。」恩師這一席話他一直銘記在心裡，轉化為旅宿中的「當地絕對價值」之設計。

案例特點

在當地特殊的氣候、里山環境、帶有在地元素的旅宿裡，能夠清晰感受到的聚落與自然的宇宙觀、山林農家的價值觀、矢部家代代相傳的人生觀。因此NIPPONIA楢山集落絕非只是單純的住宿空間，而是透過多重編輯，讓旅人進行不同宇宙觀、價值觀、人生觀的抽換體驗。

⊕ 以桂葉粉焚香、改製的木洗手台、手抄紙拉門、風土料理等，都是楢山集落展現「當地絕對價值」的設計。

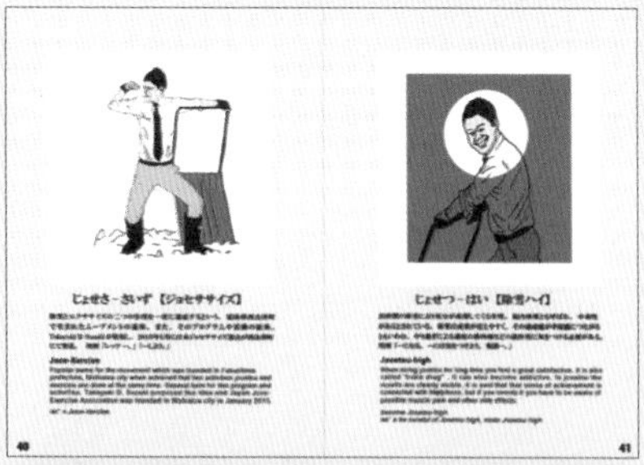

← 除雪運動手冊引起媒體和雪國居民的興趣。

代表作 3

除雪Exercise（ジョセササイズ）——推廣除雪運動，為雪國居民增添勞動樂趣

「除雪Exercise」是個公私部門合作的計畫，甚至還一同創立日本除雪協會，結下深厚緣分。

位於豪雪地帶的西會津，一到冬天就積雪深厚，當地居民要日復一日的剷雪，因此大家一想到除雪的工作，多是非常頭痛而無奈。當地鎮公所的公務員鈴木孝之便發想，有沒有可能讓剷雪變成一個有趣的「運動」呢？於是，他找來矢部討論，矢部一聽，腦袋裡就冒出一系列的點子，越想覺得越有趣、越有信心，便著手將腦袋的想法一一化為行動。

鈴木與矢部分頭進行，由鈴木找了遠房的健身教練親戚設計除雪的暖身操，矢部則找了藝術村的駐村藝術家繪製除雪動作的插畫。第一階段先做了除雪運動官方手冊、開設網站，網站一開張，就吸引了媒體前來採訪，引起了超越地理界線的雪國居民之興趣與討論。於是「除雪Exercise」趁勝追擊，推出除雪用衣等周邊商品，而除雪運動的風潮，更是跨越縣界吹到了其他雪國之地，例如同縣的會津若松、新潟縣的南魚沼市、岩手縣等地。

案例特點

煩人的例行公事，也能透過有趣的視覺化、娛樂化、時尚化，並添加新的元素，來一轉既有印象，成為在地驕傲，甚至成為向外推廣的在地特色。

除雪Exercise（ジョセササイズ）

- 性質：除雪運動推廣計畫
- 團體：日本Joce-Xercise協會（日本ジョセササイズ協会）
- 推出商品：除雪運動官方手冊、除雪裝備等

CHAPTER 15

建築師守護工藝小鎮，旅宿結合職人體驗玩出傳承

Tomotsugu Yamakawa
山川智嗣

｜CORARE ARTISANS JAPAN INC.

#建築設計　#地域營造　#關係人口　# J-turn 返鄉　#傳統工藝　#閒置空間再利用　#老屋活化
#移住　#特色旅宿　#木廢料再利用

↘ 建築師山川夫婦（前排中、第二排著黑衣者）與工作團隊致力於復興傳統工藝之美。

山川智嗣 Tomotsugu Yamakawa

- 公司：CORARE ARTISANS JAPAN INC.（株式会社コラレアルチザンジャパン）
- 成立：二〇一七年
- 駐地：富山縣南砺市（另有位於上海的亞洲辦公室）
- 代表：山川智嗣
- 夥伴組成：七名夥伴與多位合作工藝職人
- 主要事業：企劃與設計（旅宿空間、飲食空間、店鋪）、傳統工藝商品開發
- 理念：復興日本傳統工藝之美

富山縣南砺市井波地區，是北陸淨土眞宗的重要據點，以有著六百多年歷史的瑞泉寺聞名，寺院前的街區熱鬧非凡。江戶時代中期，因爲瑞泉寺的重建，京都本願寺的御用雕刻家被派遣到當地，教授在地木藝家雕刻技法，因而讓井波成爲了「雕刻之城」，爾後更發展爲「井波雕刻」工藝，是有著日本遺產認定的當地之傲。只是近年因參拜的訪客減少，工坊也有逐漸縮減的趨勢。

不過，從二〇一六年起，井波出現了「能向職人拜師的旅宿」，因而開始吸引許多旅人前來拜師學藝。而爲井波開創出不一樣氣息的，是建築師山川夫妻。

富山縣富山市出身的山川智嗣先生，明治大學建築系畢業後，在東京建築事務所就職時，認識了山川太太。兩人隨後一同前往上海，更在二〇一一年於上海獨立創業。二〇一五年返回日本之後，依舊持續著東京與上海兩邊的工作。

不過，對於要繼續留在東京、住在東京，夫妻倆有了些猶豫。相比於在上海或其他地方，東京是個極大的消費之地，生產者和消費者的距離過於遙遠。在建築產業的世界裡，除了紙上的繪圖之外，更重要的是現場的互動和交流，這也讓山川夫婦冀望，不管是工作或是生活，理想上都能夠和生產者有更近的距離。因此，山川先生小時候經常爲了拜訪親戚而去的南砺市井波地區，就成了移住的選項之一。

工藝小鎮魅力非凡

在山川先生的孩提印象中，井波地區的街坊巷弄總有許多木藝工坊、木藝職人。近年雖然有減少趨勢，不過現今當地八千二百人之中，依舊有高達二百位木雕職人，換言之每四十人中就有一人是雕刻師。

這些職人更是各個都有著深藏不露的高超技術，因爲這裡並非分業制，而是採個人一條龍模式，每個職人都自己發想、設計、製作，甚至也自行販售，形成井波雕刻的特殊之處。

除此之外，木工藝產業周邊的漆器工藝職人、陶藝家等也聚集此地，共同醞釀出井波地區深厚的工藝基底與魅力，因此山川夫婦最後便決定於二〇一五年J-turn(1)到井波地區。

改造閒置空間爲工藝體驗旅宿

原本山川夫妻只是希望找個能和寵物一起生活的物件，沒想到最後意外購入了有著五十年歷史、原本即將被拆遷的建材店老屋。由於空間甚大，兩人開始構思二樓空間可以如何活用，最後以職人體驗爲主題的旅宿品牌Bed and Craft，便浮出腦海。

建築本業的山川夫妻，把自宅閒置空間改造爲藍圖中的旅宿，二〇一六年，主題是「能向職人拜師的旅宿」Bed and Craft（以下簡稱BnC）開幕，才一年就吸引了破千人來訪，其中約七成國外旅客來「入師工藝之門」，山川夫妻期待，BnC能以單次的工作坊作爲大家接觸工藝、體驗工藝契機，並帶動未來眞的向職人拜師的有心人。

除了創造耀眼的旅客成績，BnC更在隔年獲得Good Design Award的大獎。在各方肯定之下，BnC從最初的山川夫妻自宅，之後更活用當地多處閒置老屋，發展至目前六棟的旅宿規模。

井波因爲地利之便，與鄰近的工藝產地高岡、山中漆器、九谷燒等北陸交流方便，因此夫妻倆也設下新的藍圖，期待未來BnC在井波基地之外，能跨出到北陸、甚至日本其他各地。

註(1) 參見「關鍵字小辭典」。

⊙ BnC接待的旅客約七成是外國人來入師工藝之門。

⊙ 建築師山川夫妻活用井波地區閒置老屋獲各方肯定，圖為其事務所（上）以及兩棟BnC旅宿TATEGU-YA（中）、ta內部（下）。

地方編輯術×山川智嗣

"過去都是帶著工藝到都市進行展覽，
但現在有沒有可能是讓有興趣的人來到產地？"

代表作 1

Bed and Craft——能向職人拜師的旅宿，期孕育未來工藝傳人｜二〇一六～

有別於大眾熟悉的Bed and Breakfast，建築師山川夫妻則是發揮井波的地方特色，以「能向職人拜師的旅宿」為主題，創造讓旅人們住宿兼工藝體驗的BnC。

BnC一號店「TATEGU-YA」之名，來自過往是建材行的日文發音，這裡同時也是山川夫妻的自宅，由他們設計改造，拆去部分的天花板，把老建築改成挑高、明亮、具有開放感的現代空間。

⊝ BnC一號店TATEGU-YA被改造成挑高、明亮的現代空間，展示木雕家田中孝明的作品。

⊝ 每一棟BnC旅宿在規劃時就納入專屬職人主題，圖為與陶藝家Wato Maekawa合作的MITU（上、中）、與漆藝家田中早苗合作的ta （下）。

工藝家參與旅宿空間規劃

兩人更找來當地的工藝家，一同打造BnC獨一無二的旅宿設計。目前BnC一共有六棟，每一棟旅宿空間都以「One旅宿＋One職人」爲準則，邀請一位合作的職人共同設計規劃。

一般來說，建築工作順序多是由大到小，先完成大項目，最後才是小物件，但BnC翻轉了這樣的常態，不是等空間完成之後才考慮作品配置，而是在空間的整修設計階段，就先邀請與空間有類似氣質的職人或是創作者前來，一同想像空間的光影位置、牆面配色。接著在整修階段，再來挑選放置作品的空間與位置，並讓創作者能夠依循空間的性質來選擇或是製作作品。

以TATEGU-YA爲例，這裡是以雕刻家田中孝明爲題的空間，共設置了「水、光、種子」三座木雕作品。而能落實這樣的理想，還有一個重要的機制是「My Gallery制度」，展示的作品並非由旅宿買下，而是提取住宿費中部分比例作爲租借費用，而若作品被旅客購入，那麼費用就歸屬職人，作品也能夠有所流動。

職人親授的體驗工作坊為BnC旅客創造有溫度的工藝交流。

創造深交工藝的住宿體驗

而對留宿的旅客而言，入住BnC就如同一連串與工藝深交的過程。首先是在旅宿空間中獨享、並仔細欣賞作品，接著隔日參加工作坊，直接和職人們交流，像是木雕刻家田中孝明的木湯匙課、漆藝家田中早苗的漆筷課、佛具師石原良定的蓮花豆皿課等。從觀看到動手做，從想像職人到實際與職人交流，這樣富有層次感、循序漸進的觸點設計，讓旅人們對於工藝品的體驗更為深刻。

山川夫妻最初開始BnC事業時，心裡所想的是：「過去都是到都市進行展覽，但現在有沒有可能是讓有興趣的人前來？」以目前的高住房率，以及有超過五十%的旅客選擇進行工藝體驗，即可見BnC有能力吸引旅客以習藝為由直接來到產地。未來更期待這裡不僅只是提供單日的體驗，更能成為孕育未來工藝傳人的搖籃。

案例特點

建築專業的山川不僅在建築面向融入在地工藝脈絡，更透過「向職人拜師」之軟體周邊服務，成功打造Bed and Craft鮮明特點。

Bed and Craft

- 性質：工藝旅宿
- 概念：能向職人拜師的旅宿
- 創始：二〇一六年
- 住宿費用：約五萬八千日圓以上（約台幣一萬三千元）（雙人，一泊二食）
- 體驗工作坊：一萬日圓／人（約台幣二千二百元）

代表作 2

nomi——煙燻料理餐廳，活用木雕廢棄木屑添風味

山川夫妻的自宅，除了成爲BnC的旅宿一號店TATEGU-YA之外，近年更開設了煙燻料理餐廳nomi。

這裡特別的是，除了器皿、木筷、湯匙等餐具選用地方職人的作品，煙燻用的木屑更大有來由。由於當地是木藝小鎮，雕刻師在創作的同時也產生許多木屑，像是檜木、栗木、櫻花木等，而這些原本沒有特殊用途、只是廢棄物的木屑，現在成爲餐廳nomi製作煙燻料理的材料，不僅活化林木資源，更透過用不同樹種的木屑，創造多種風味與樂趣的煙燻料理。

在井波，旅人除了能有工藝藝廊般的住宿體驗、動手做的工藝實作體驗，現在更能透過味覺、嗅覺來體驗這個木藝小鎮特有的風味。

案例特點……
木藝小鎮，除了木藝產品、木藝體驗之外，更著眼木藝廢棄物之木屑，創造出木藝食體驗、木藝活用之最大值。

Nomi

- 性質：煙燻料理餐廳
- 概念：活用木藝雕刻師創作時所產生的木屑進行煙燻料理

↑ 木雕的各類廢棄木屑為料理帶來不同的煙燻風味。

CHAPTER 16

雜誌連動地方小旅行，爲九州編輯土地智慧

UNA Laboratories

地域文化 # 產地體驗 # 傳統工藝 # 實體刊物 # 小旅行

大家還記得《地方設計》裡介紹的日本地方設計師嗎？這裡要和大家再次介紹曾經在《地方設計》書中登場的設計師，近期經手的精彩「地方編輯」之作！

設計師白水高廣[1]在二〇一二年於福岡縣八女市創立了「鰻魚的睡窩」（うなぎの寝床），後來因為改良傳統久留米織品的作業服「Monpe」，踏上以設計來守護地方文化、傳統工藝的保衛之路。二〇一九年，白水更和志同道合的朋友田中夫婦，開設以旅行為主軸的公司UNA Laboratories（以下簡稱UNA Labs），藉由出版旅遊文化雜誌《TRAVEL UNA》、小旅行規劃、旅宿空間「Craft inn 手」經營等三個面向，希望在「物」之外，透過「體驗」來吸引都市消費者實際造訪地方，走進工藝現場。

以下訪談，邀請了白水，以及UNA Labs共同代表田村Aya，分享《TRAVEL UNA》背後的編輯點滴。

受訪者—白水高廣：
提供「資訊與體驗」來傳達地方文化

Q—設立UNA Labs的起心動念是？

因為觀察到人們是會因為有了特殊的「體驗」，而間接影響個人的「意識」與「行動」，而這是單單只有「購物」、「使用」這樣的行為難以企及的。鰻

白水高廣
Shiramizu Takahiro

- 設計背景出身，駐地於福岡，二〇一二年創辦天線商店鰻魚的睡窩，定位為地域文化商社，帶動土地、人、經濟的正向循環。
- 二〇一九年與友人田村大、田村Aye夫婦共同創立UNA Laboratories，透過旅遊雜誌《TRAVEL UNA》，以及在地旅行設計和旅宿空間「Craft inn 手」，提供體驗九州工藝產地的入口。

田村Aya
Aya Tamura

- 一九八〇年生於神奈川縣，影像專業出身，大學畢業後曾在日本知名廣告公司就職十五年，期間曾調派至福岡五年。二〇一四年自東京移住至福岡，現擔任《TRAVEL UNA》總編輯。

↘ UNA Laboratories成員合照。（Koichiro Fujimoto攝）

註(1) 相關介紹詳見作者《地方設計》第十一章〈鰻魚的睡窩／白水高廣：地域文化商社〉。

⊕《TRAVEL UNA》創刊號以「在地織品發現之旅」為主題，是小旅行遊程的基礎知識整備。

魚的睡窩是透過販售「物品」，來傳達地方文化的訊息；而UNA Labs則是希望能夠透過提供「資訊與體驗」，來進行更深層的地方文化傳達。

Q—怎麼會發行刊物呢？

UNA Labs的價值是資訊與情報，資訊部分的落實就是「出版品」，而體驗的實體是「遊程與旅館」。而出版品《TRAVEL UNA》的角色，其實是為了後續的遊程而進行的地方調查與整理，也就是遊程設計的基礎知識整備。

Q—白水先生個人的「地方編輯法」是？

我個人的地方編輯法和UNA Labs在做雜誌的邏輯滿不一樣的。我自己最一開始是被傳統作業服Monpe（山袴褲）這個「物」吸引，覺得很有趣，因而開始搜集Monpe的歷史，然後又重新接上福岡傳統工藝久留米織物的歷史。從單一的「物」出發，經過深掘之後，會漸漸接上的是更廣域的地方上的地理、歷史，甚至久留米還牽連到世界的織物歷史

㊦《TRAVEL UNA》第二刊以「九州的米世界」為主題，挖掘並記錄當地與米相關的地方文化、特色飲食及食器。

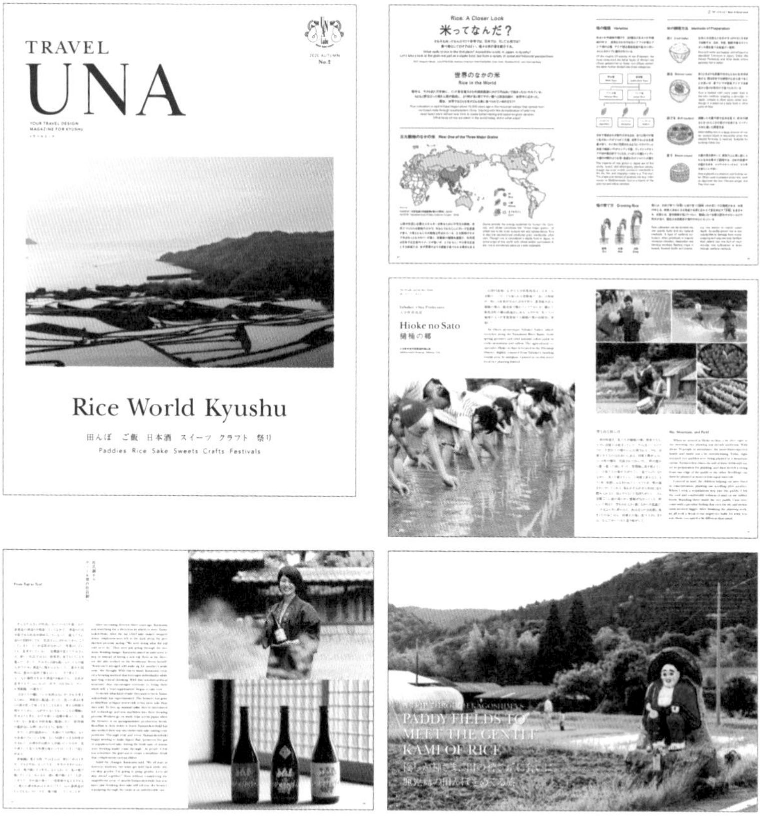

等。總結來說，就是從有興趣的物出發，主線漸漸擴大，也就是從微觀擴大爲鉅觀，像是我們對於地方的理解，可以參照這個趨向。

例如福岡縣八女地區有兩條重要的河流，北邊是筑後川，南邊是矢部川，因爲有河流，所以有了和紙工藝；而山上的木頭隨河順勢流下，因此出海口有了木工產業，八女的佛壇工藝便是因此而來。再來因爲有和紙工藝，又有山上的竹子，因而出現了燈籠工藝。這些對於地方的認識與論述，是我們在進行各種業務時的重要基礎。

受訪者—田村 Aya：雜誌內容連動小旅行設計

Q—《TRAVEL UNA》是一本怎樣的雜誌呢？

雜誌名稱的UNA是「United Native Acumen」之意，即「編輯土地智慧」之意。九州各地有著許多長年自土地孕育的「智慧」，但「智慧」難以簡單的三言兩語來說明，因此就孕育了想要藉由每期不同主題的雜誌來呈現。比起實踐型的旅遊指南，更希望成爲一個會讓大家想要來旅遊的契機。

Q—《TRAVEL UNA》和其他雜誌的不同之處？

我們的雜誌是和小旅行連動的。在製作第三刊「藝術與手工藝」時，因爲旅行商品已經漸漸齊全了，當時就決定要加深雜誌內容和旅行事業的連動性。因此最一開始的編輯方針，就訂了要採訪和我們一起合作的體驗活動，也就是旅行商品的內容。

不過也會擔心兩者完全連動，是不是會讓人太有「推銷」之感，因此要如何平衡、怎麼拿捏，也還在不斷地試驗當中。

Q—網路時代裡依舊選擇出版紙本刊物的理由是？

一開始就決定每一期要以一個主題，挖掘並記錄九州的地方文化，我想「記錄」或許是個重要的關鍵字。如果是網路媒體，就得每天不斷的更新以提供最即時的資訊，比起網路上眾多的報導，我們希望每一期針對一個主題，好好地花時間採訪記錄，以呈現有主題性的系列內容，因此就想這樣一冊一冊的形式似乎比較適合。

Q—《TRAVEL UNA》的一大特色是日文、英文並行，怎麼會有此安排呢？

地理上，九州位於日本的邊角，且鄰接西亞洲地區，自過往以來就有許多國家、文化的交流，九州的文化也因而有了多樣的發展，像是從朝鮮傳入到佐賀有田的陶瓷、被認爲是自西亞洲傳入的絣織品等。

在這樣的背景之下，我們希望能再次向海外傳遞九州的訊息，並期盼海外遊客能實際來九州，以開啟新的交流，再次激發新的「文化更新」。

另外，也因爲雜誌和旅行事業連動，因此也希望未來能透過雜誌，邀請更多世界各國、不同文化背景的人造訪九州，同時期待這些人能夠透過小旅行和當地的職人等在地人有深入的接觸，並帶給當地更多新的刺激。

地方編輯術×UNA Laboratories

“我的地方編輯法，是從有興趣的物出發，主線漸漸擴大，也就是從微觀擴大為鉅觀。”

《TRAVEL UNA》

- ●創刊：二〇二〇年
- ●發刊頻率：不定期，未來以一年兩刊為目標
- ●規格：十七．五×二十四公分，一百二十頁
- ●發行數量：三千份
- ●價格：實體刊物版一九八〇日圓，數位檔案版一七六〇日圓（各約台幣四五〇元、四〇〇元）

一本以九州為領地的文化旅行雜誌，英日雙語並行，由UNA Laboratories獨力出資、製作。每一期鎖定一個主題進行深入報導，像是創刊號的「在地織品」、二號刊的「米世界」、三號刊的「藝術與手工藝」。

CHAPTER 17

製造「發現」契機，傳送手工業產地的日常風景

TSUGI

#地方設計 #產地振興 #傳統工藝 #地方媒體 #移住 #產地觀光 #免費刊物

TSUGI

- 二〇一三年成軍的設計團隊，駐地於福井縣鯖江市河和田地區，由移住設計師新山直廣領軍。
- 以「打造創造性產地」為理念，進行自商品開發至通路開拓的設計工作。

福井縣「駐鎮設計師」新山直廣所領軍的設計團隊TSUGI(1)，自二〇一五年開始舉辦工藝產地的「打開工廠」（Open Factory）慶典活動——RENEW，每一年在十月串連地方上的工藝工坊對外開放。活動累積幾年之後，這些工坊開始接到「請讓我們在活動期間之外參觀、體驗」的要求，因此有約三十處新設的工坊常設體驗空間、店鋪、旅宿陸續於當地出現。

這樣的改變，讓TSUGI體悟到產地振興的階段，要從「期間限定的活動」，走向全年常設的「產地觀光」。因此，TSUGI便以「產地窗口」自居，二〇一九年在自家設計師事務所的同建物中設立觀光諮詢站Craft Invitation，又開了產地紀念品店鋪SAVA!STORE。在這樣的脈絡之下，TSUGI也開始編輯製作產地媒體《Craft Invitation》、《SAVA!STORE通信》，透過空間硬體和線上線下媒體，持續傳送來自福井工藝產地的消息。

以下訪談，邀請到負責Craft Invitation網站設計的TSUGI資深設計師室谷芳，和大家分享地方媒體背後的編輯大小事！

能遇見「發現」的地方媒體

Q——《Craft Invitation》是一個怎樣的媒體呢？

TSUGI開設的Craft Invitation空間，目標是要聯繫、串連、介紹福井的工坊與商店，以打造一個在RENEW活動期間之外，全年都能夠體驗工藝的產地。而《Craft Invitation》便是在這樣的脈絡之下誕生，概念是「製作小鎮福井，和『發現』相遇的地方媒體」。

然而其實最一開始，是覺得如果能夠提供來到這裡的旅客一份「逛當地的地圖」，應該很棒，最後就變成了製作《Craft Invitation》。

註(1)　相關介紹詳見作者《地方設計》第四章〈新山直廣 / TSUGI：全方面設計〉。

Q—是TSUGI的自發性製作嗎？

第一刊發行之時是TSUGI的自主製作，不過在二〇二二年，RENEW事業化成爲「一般社團法人SOE」，未來產地觀光相關的Craft Invitation空間、《Craft Invitation》媒體都會從TSUGI旗下移植到SOE之下。因此未來的《Craft Invitation》就是由SOE發行。

Q—《Craft Invitation》有紙本版與網站版，兩者是否有不同的目的呢？

新幹線的福井站預計在二〇二四年開通，爲了迎接這樣的變化，TSUGI也著手準備開設旅宿空間，以及更多高價格帶的產地體驗工作坊。《Craft Invitation》網站版，除了保有紙本的內容之外，會刊載更多相關的觀光資訊，像是住宿、工作坊活動等。

只是網站還是稍微有點限制，沒能點入網站就看不到內容，但紙本刊物可以放置在許多地方，或是在活動時發放，能夠較不經意的被看到、被發現，因此紙本的《Craft Invitation》有點像是「創造契機」的功能。

略過採訪階段進行編輯

Q—TSUGI設計師是如何製作出紙本《Craft Invitation》的呢？

由TSUGI的創意總監新山直廣訂下《Craft Invitation》的主軸概念，由美術總監寺田千夏發想內容走向，並決定各個內容的頁數、內頁的欄位（參考鄰頁手繪概念圖）。創刊的特輯主題是「物品製作」（ものづくり），因此內容便環繞這個主題發想，像是旅行、產地、職人、產品、歷史等，並在此發想之後鎖定其中幾項進行收束。

Q—內容有進行採訪嗎？

沒有耶。因爲我們就在這個小鎮，對於這個小鎮的事已經都了解了，這是我們的強項，因此就像是把已知道的事物進行編輯，最多就是打個電話確認問說是否能刊登。總共花了大約半年製作。

註(2) 參見本書第十六章內容，以及作者《地方設計》第十一章〈鰻魚的睡窩／白水高廣：地域文化商社〉內文。

← 右圖：《Craft Invitation》發想內容的手繪概念圖，是設定編輯走向的重要過程。左圖：熟知小鎮事物的TSUGI，在發想刊物主題時就可以對內容作初步的規劃編輯。

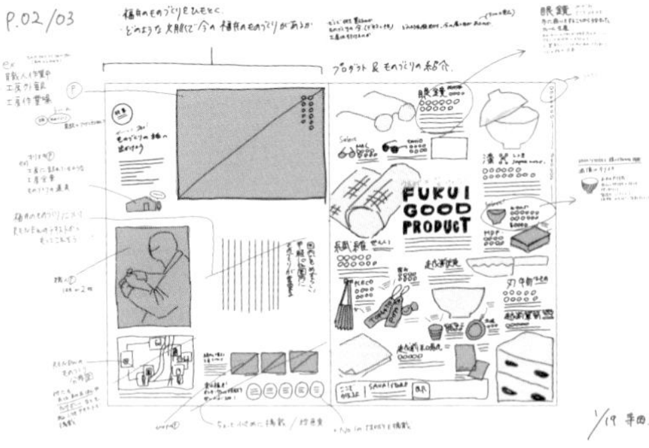

介紹在地的日常風景

Q—在製作《Craft Invitation》時，有什麼特殊的安排嗎？

福井鯖江沒有太「觀光」的觀光地，而《Craft Invitation》也不是想要介紹所謂的觀光地，而是想要介紹在地的日常風景，因此內頁就有一個跨頁的晨間車站照片，這是我們第一個私心的特殊安排。

第二個特殊安排是，我們一直以來都不斷宣傳「事務所半徑十公里內有七種工藝產地」，但始終都缺乏一個直接了當能夠介紹的東西，因此這就成了一個重要的課題。我們在內頁裡就設計了一張能夠讓大家一秒就了解的圖，也因爲有了這張圖，現在在介紹當地的時候變得非常簡單清楚。

第三個特殊安排是，我們注重「人的魅力」，希望大家看了之後能出現「想要去遇見、認識這些人」而來到福井。

Q—未來的《Craft Invitation》將會有什麼變化嗎？

不管是Craft Invitation空間或是《Craft Invitation》免費小報，過往都以這三點爲主軸：①連結地方的工坊與商店，②接待參訪視察團，③職人們的媒合。但延續剛剛提到TSUGI正在著手準備的住宿、工作坊，未來的Craft Invitation會以「全年的、常態的RENEW」爲概念，加入更多有關在地住宿、工作坊的資訊。坦白說，我們目標就是《TRAVEL UNA》[2]。

Q—TSUGI也推出《SAVA!STORE通信》，這是什麼樣的出版品？

SAVA!STORE是我們經營的福井選物商店，《SAVA!STORE通信》就是爲了這個商店所做。主要是因爲SAVA!STORE的營業額大多來自於網路商店，我們就想在網購的消費者，有許多人可能不太

↓ 晨間車站照片、工藝產地地圖、職人魅力呈現，是製作《Craft Invitation》的特殊安排。

知道福井、不知道商品從哪來，而是因爲商品很可愛就購買，但如果有介紹福井的宣傳品能夠跟著商品一起寄出，就可以讓大家更認識福井的脈絡，也可以更認識我們選物的價值。說不定就能創造讓大家下次來福井的理由，或是引起大家對於SAVA!STORE其他商品的興趣。

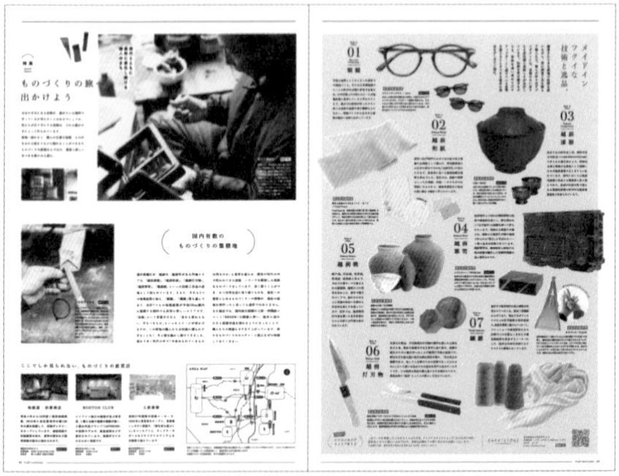

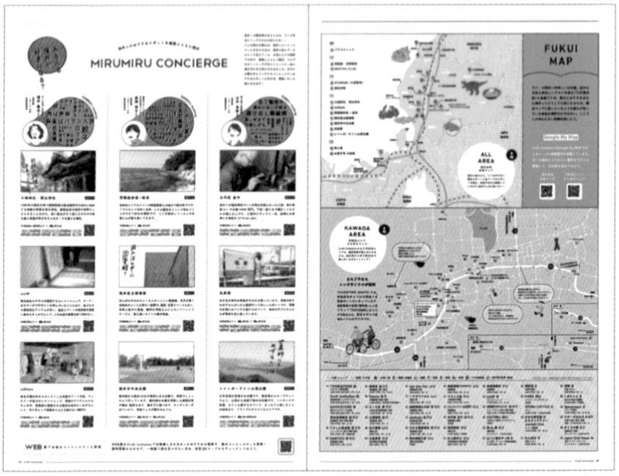

地方編輯術 × TSUGI

“一份在福井小鎮「發現」相遇的地方媒體。”

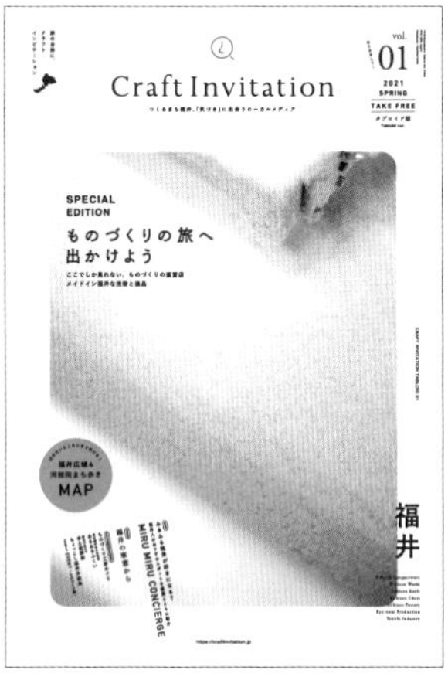

《SAVA!STORE通信》（サヴァ！ストア通信）

- ●創刊：二〇二〇年
- ●發刊頻率：不定期，約一年一刊
- ●規格：一頁
- ●價格：免費

為TSUGI經營的福井紀念品店SAVA!STORE所推出的一頁式印刷品，作為介紹福井、認識該店選物之內涵的宣傳品。出版預算來自SAVA!STORE，由兩名TSUGI設計師負責製作。

《Craft Invitation》

- ●創刊：二〇二一年
- ●發刊頻率：不定期，未來以一年兩刊為目標
- ●規格：八頁
- ●發行數量：一萬份
- ●價格：免費

產業觀光性質的免費小報，以福井的手工業為主題，目標是希望在打開工廠活動RENEW的活動期間之外，吸引更多旅人到訪，認識在地工藝。創刊號為TSUGI獨力製作，由五名設計師組成編輯團隊，紙本版與網站版預算共七十七萬日圓（約台幣十七萬五千元），現已轉給一般社團法人SOE負責。

日野昌暢 Masanobu Hino

- 一九七五年出生於福岡縣，二〇〇〇年進入廣告公司博報堂。二〇一四年以首席製作人身分加入博報堂Kettle，開始接下地方行銷專案，因而開啟與地方的緣分，與官民緊密合作，並有了「Local歐吉桑」之稱號，經手的專案屢屢獲獎。
- 日野亦是多個地方網路媒體之核心人物，持續以行動思索地方媒體之價值與可持續性營運之可能。
- 委託費用：依專案而異。例如，群馬縣高崎市「絕味」專案的初年度預算為五千萬日圓（內含一千二百萬委託費；各約合台幣一千一百五十萬、二百八十萬元）；宮崎Snack專案的事業預算為一千五百萬（內含二百萬委託費；各約合台幣三百五十萬、四十九萬元）。

CHAPTER 18

東京廣告人地方伴走，拉攏官民能量一起做

Masanobu Hino
日野昌暢

| 博報堂 Kettle

#廣告創意 #地域營造 #地方行銷 #地方網路媒體 #關係性之編輯 #地方伴走 #官民合作 #社群經營

日本數一數二、經手各種跨國大型廣告的博報堂本社，坐落於東京都心的商業大樓。以此處爲據點的日野昌暢，一年中有三分之二都在四十七都道府縣出差，其中九州就佔了大半，因爲他除了是博報堂Kettle的資深製作人，操刀日本許多地方縣市的知名品牌專案之外，更斜槓創立以九州爲據點的網路媒體QUALITIES，並身兼總編輯，是個結合廣告創意、編輯思維、地方視角的全方位創意製作人。

福岡縣福岡市出身，大學與碩士都在建築領域就學，期間因爲進入區域營造相關的老師門下，開始對社區、地域產生興趣。畢業之後，因緣際會進到日本知名廣告公司博報堂，後來調派至目前的博報堂Kettle。二〇〇五年時，曾因爲想要貢獻家鄉，主動請調九州分部，但沒能展現成果，三年後又回東京。等到二〇一四年進入博報堂Kettle，重啟與地方的緣分，並獲得「Local歐吉桑」（ローカルおじさん）的稱號，發揮身爲「外部人」的兩大優勢：挖掘只有「外來者的眼光」才看得到的地方魅力；站穩超然立場，不捲入地方的情感與利益漩渦。

透過編輯展現埋沒的價值

促成地方的魅力被活用

日野說接受地方的委託是因爲心裡的正義：「只要看到覺得好可惜的事出現，就會想要做些什麼。」也因此，當他發現「地方明明存在非常有價值的魅力，卻沒有被活用、被認識的可惜之處」，就決定要把過去被埋沒的價值，透過全新的組合、創新的視角來展現，「我深信只要經過『編輯』，就能把其中的價值展現出來。」他說。

一切的根本都是「取材」

日野名片的職稱寫著「首席製作人」（Chief Producer），對他來說，製作人的角色，和編輯家、設計師都是相近的概念，都是「把地方上的人和地方上的資產，透過和現存不同的排列組合、呈現方式，以『重新編輯價值』來『創造價值』」。

日野說：「所有的製作，都是由『取材』來開始。」日文的取材，即是訪談、採訪之意，換言之，日野在開始每一個專案時，都會花大量的時間進行訪談調查，要有強大的資料搜集、徹底的了解。

每一個地方一定都有努力著的行動者、對於地方有各種想法的住民，而透過田野的訪談，搜集這些聲音，就是重要的第一步。日野說「其實許多時候，地方的人都有各種點子」，只是礙於種種原因而沒有行動，而他的角色，就是在聽到不同人埋藏心中的想法時，慎重其事的回應「那就一起來做吧」（一緒にやりましょうよ）。

日野很擅長將大家的想法、能力重新組合，他說就像是七龍珠悟空所使出的攻擊絕招「元氣彈」，雙手舉高吸取所有生物的元氣，凝聚成一個巨大的能量球，成爲決勝的關鍵。

貢獻外部洞見汲取交集

地方爲行動主體

身爲「從東京來的廣告公司」之一員，日野心裡明白地方上對於這個標記的刻板觀感，一般廣告公司的煙火式行銷手法來到地方，「煙火放完了之後，就面臨沒有辦法持續的結果」。對此，日野以「地方才是主體」爲原則，地方的人，以及在地人所持有的資產，不管是當地漁產農產等，才是主角，他把自己視爲僅僅是計畫上軌道之前的「伴走」角色。

經驗告訴他，地方上如果有能內發運轉的活動團體成形，就算明星的外部專家離開，未來也能持續運行。他也強調，外部夥伴該貢獻的是非在地人視角的「外來者的眼光」，而非「上位者的眼光」。因爲身段柔軟、態度尊重，日野成了許多地方夥伴的「商談對象」，他說「不管是再怎麼小的詢問都會回應」。就算這些小事無法以公司、商業的身分處理，他也會以私人的方式參與。

關係的編輯

日野的地方工作要點以「取材」爲開端，接著就是藉由取材，一邊梳理地方上人和人、人和土地的關係。他表示這種「關係的編輯」，是地方編輯中極爲重要的一環。

首先，是梳理外地團隊和在地人的關係。日野明白，如果突然空降到地方的脈絡裡，還一味推展自己的計畫，通常無法被在地接受，也無法順利開展。因此，他認爲和地方「共有」的工作是非常重要的，不管是計畫的起心動念、對於地方的觀察與洞見、行動的策略與做法等。共有的另一個目的，就是希望能找到志同道合的地方夥伴，若是能夠獲得越多的贊同與加入，計畫推行的可能性、成功性、未來的延續性也會順勢提高。

再來，是梳理在地人們間的關係。地方上的行動者們，或許因爲立場、價值觀的不同，以及缺乏溝通的機會，因此疏於交流。而日野這樣的外來者，因爲不在既有的地方情感與利益糾葛中，能以超脫的立場來同理不同位置的行動者，因此能汲取大家的交集，以共同目標化解各種地方難題。

地方編輯術×日野昌暢

“我們是把地方上的人和地方上的資產，透過和現存不同的排列組合、呈現方式，以「重新編輯價值」來「創造價值」。”

← 絕味專案記錄並行銷高崎面臨存亡危機的食堂和店主故事。

代表作 1

絕味（絶メシ）——高崎將逝老店「可視化」計畫，帶動持續性效應 二〇一七～

絕味是日野經手過最具知名度的計畫。當日野團隊第一次到當地，隨意走進一家豬排丼飯食堂，飽餐一頓後跟老闆說「下次要再來」，卻得到衝擊性回覆：「都七十多歲，想退休了，下次來說不定就沒開了。」於是醞釀出「絕味」的提案。

以美食包裝提案的社會性

「絕味」（絶メシ，日語發音爲Zetsumeshi）是日野團隊新創的詞，從日語的滅絕一詞「絕滅」（Zetsumetsu）而來，說的就是「不趕快去吃的話，可能再也吃不到」的料理，因爲店主們的高齡化、後繼無人等課題，這些地方老店來有可能會消失。

對當地人來說，這些老店都是習以爲常、再普通不過的食堂，但在日野這樣的外來者眼中，卻是「東京沒有」的美味。他決定提出「絕味」計畫，開設專屬網站，把高崎裡每一個即將要滅絕的老店歷史、店主故事，一一進行「可視化」的記錄。

日野補充說，提案準備期間的社會背景是「二〇一七年危機」，即團塊世代（嬰兒潮世代）進入七十

高崎絕味專案的成功促成兩本相關餐飲指南的出版，影響力持續擴散。

歲，也是屆齡退休的一年，社會上許多中小企業面臨缺乏繼承者、就算營運獲利也不得不關門大吉的命運，當時日本經濟產業省估算這樣的世代危機造成的經濟損失高達五兆日圓，視之為嚴重的經濟課題，並進行各種對策。許多地方食堂其實也面臨相同的危機，日野團隊因而將「絕味」拉升到社會議題層面，配合議題的發酵，加深了提案的深度與社會性。

地方政府的支持讓迴響擴大

當地高崎市政府的支持，讓這個提案得以順利開展。像是認同不用常見的「老店美味指南」而採「絕味」一詞，接受僅行銷特定店家，由博報堂等第三方團隊來核定名單，清楚界定「絕味」的定義與條件，降低市府惹議的可能性。雖然三年後專案告一段落，但日野目前都還持續參與推動。

市長期待高崎成為「絕味先趨」，再推行到更多地區。果然絕味一案蔚為話題後，引起不少地區的響應，像是福岡縣柳川市、石川縣等地，紛紛推出在地的絕味清單。更有兩本相關餐飲指南的出版，以及改編電視劇《絕味之路》，將「絕味」一詞推廣得更遠。

案例特點

即便是政府的委託案，當政府與委託的單位有著良好溝通及堅強的互信基礎時，外部的專業團隊就能十足的發揮，並且有機會帶來超乎預期的效應。

「絕味」計畫成功關鍵

專業行銷團隊 ＋ **地方政府全力支持**

專業行銷團隊：
- 外來者的洞察：東京沒有的美味
- 活用字詞雙關，創造擲地有聲的命名
- 掌握社會氛圍與動向：2017年危機
- 抓住消費者念舊的心理：老店關門的惋惜感

地方政府全力支持：
- 對於店家選取標準的尊重：委由外部團隊訂定標準與篩選
- 對於專案名稱訂定之尊重
- 對於他地響應之開放氣度
- 非短期之長期性推廣立場

↓

日本他縣多處響應、大眾媒體加乘

↓

全日本/世界知名案例

代表作 2

吃牡蠣研究室（牡蠣食う研）——
開發牡蠣行銷的廣島團體，以創意激發在地共感——二〇一九～

←「吃牡蠣研究室」透過各種創意菜單和行動推行廣島的牡蠣意識改革。

廣島縣是日本牡蠣產量第一的產地，人均牡蠣消費量也是第一，因此地方政府打算以牡蠣作爲主題來行銷廣島，但是當日野問在地人「哪裡有可以吃到牡蠣的餐廳」，竟然沒有人能回答。原來廣島人習慣互贈帶殼新鮮牡蠣，視牡蠣爲在家裡吃的平凡東西，讓原本抱著想要大啖牡蠣的心情來到廣島的日野，既失望又錯愕，也吃驚於在都市裡有著高級食材印象的牡蠣，在產地竟然成了平凡的家常食材。

產地需要「牡蠣意識改革」

根據團隊所做的調查，七十三%的廣島人很驕傲廣島牡蠣有著日本第一的美味，但卻只有一．七%的廣島人把「來廣島吃牡蠣」作爲廣島觀光的推薦首選，顯現出廣島人對於牡蠣的自豪與觀光資源的鏈結有著巨大的落差。但另一方面，若進行「牡蠣意識改革」，或許牡蠣就有機會成爲廣島觀光的新星。

首先，日野要讓當地人意識到「牡蠣是寶」。他突擊拜訪在東京有著「天才炸物師」稱號的三谷成藏，邀請這位廣島出身的廚師協助開發話題性料理。最後三谷廚師開發出只能使用廣島產牡蠣、低糖度麵粉、低溫油炸的「白色炸牡蠣」，並聯合廣島店家齊心合作，推出當地限定「白色炸牡蠣」菜單。

接著，日野以「把廣島變爲可以吃到世界第一牡蠣的地方」爲號召，吸引了二十多個在地人加入團隊，除了「白色炸牡蠣」的廚師，還有牡蠣養殖家、寫手、編輯長、酒吧調酒師等，各種身懷絕技的人們組成了「吃牡蠣研究室」團體，並建置網路媒體，持續開發不同的牡蠣菜單及各種以牡蠣爲發想的行動。

把在地人拉攏進來的地方編輯術

「和在地人一起做」是日野非常看重的要點，雖然案子是由廣告公司進行規劃與發想，但也廣邀在地夥伴加入。以吃牡蠣研究室的經驗來說，是先訂好主題、大方向與目標，再由被吸引來、有共感的在地夥伴們共同參與，對於最後會發展出哪些子計畫，其實都未有明確的預想。而作爲廣告公司角色的日野之任務是，把在地人想出的創意點子進行編輯，轉爲實際的執行方案，最後打造爲能夠與市場接軌的商品和內容，朝向多元發展，無所不用牡蠣其極！

例如，創作歌手米津玄師有一首知名的歌〈Lemon〉（檸檬），在某張宣傳照上，米津玄師穿著一件布滿檸檬和牡蠣圖樣的襯衫。原本，大家因爲歌名只會注意到襯衫上的檸檬，但某天偶然在路上看到宣傳照的在地人心裡一驚「啊，這不就是蚵仔嗎！」團隊因此找到了襯衫的品牌公司，拜託他們能不能復刻，服飾品牌覺得「穿牡蠣」計畫很有趣，破例同意復刻一百件販售，結果在開賣後短短八分鐘就完售，也因而被日野團隊拿來回頭跟廣島人展示「牡蠣真的是廣島的寶！」

案例特點

「吃牡蠣研究室」的專案因為是由日野一手拉拔，是有著深刻「日野流」工作術的代表，因此清晰可見他所強調的「關係之編輯」，也就是把在地人捲入「一起來做吧」之特色。

↓ 吃牡蠣、穿牡蠣都是要打造能和市場接軌的特色商品內容。

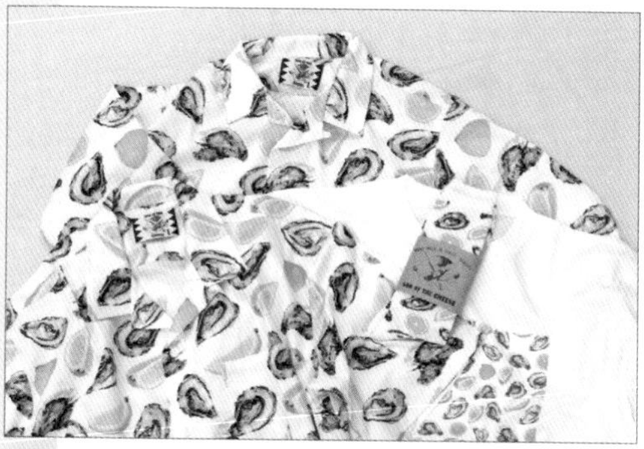

この味、異次元。
牡蠣食う研 研究成果第一弾
白いカキフライ解禁

代表作 3

QUALITIES——九州大島文化圈網路媒體，摸索在地永續經營之道　二〇二〇～

爲了找出可持續性發展的地方網路媒體之道，二〇二〇年日野與九州在地的金融公司社長共同發起了網路媒體QUALITIES（qualities.jp），把整個九州視爲一個大島經濟文化圈，整合被地理行政區隔而呈現破碎化的資訊。

日野在建構QUALITIES之初曾思考，爲什麼地方沒有夠多的地方媒體呢？他得到的結論是：消費者不認爲有必要付錢給傳遞「好事」的媒體，導致現存的地方媒體多是爲了理想而在赤字困境裡苦撐，不然就是地方政府運用稅金架設「官媒」。爲了解決這樣沒有盈利模式的地方媒體窘境，日野爲QUALITIES訂下了「好人、好事、好工作」的副標，在介紹地方有趣事物的A面之外，更要提供B面服務，即提供都市人與地方在地企業的工作媒合，而媒體的營收就來自這個B面的人才仲介服務。

QUALITIES的營運現在已經沒有赤字，而且有二十五個在地企業贊助支持，更成功媒合多起移住與轉職個案。在日野創辦的「Little Fukuoka」（リトルフクオカ）社群中，就有三千多名福岡出身、想移居福岡的成員，並且會定期線下聚會。而QUALITIES的工作，就是在資訊過度聚焦東京之時，提供來自九州各地的情報與徵才資訊。如此一來，線上線下加乘，再加上工作機會的媒合，縝密的助瀾讓Local歐吉桑意外成了人們回流九州的大推手。

案例特點

QUALITIES是日野找尋地方網路媒體永續經營之道的嘗試，現階段採地方報導為主、人才仲介為輔的模式。因日野也長久經營福岡之友的線上與線下社群，成為推廣QUALITIES，以及業務上獵人頭的人才資料庫，發揮多管齊下之加乘效益。

⊕ 網路媒體QUALITIES整合九州各行政區的資訊並提供在地工作媒合服務。

九州のいいヒト、いいコト、いいシゴト

QUALITIES

地方網媒QUALITIES經營之道

線上媒體經營

QUALITIES

A 面	B 面（網站財源）
地方情報媒體	職缺介紹、人才仲介媒合

↑

線上線下社群經營

Little Fukuoka

日野團隊透過線上線下雙軌並行來活絡宮崎的Snack文化。

代表作 4

Snack Advisor、Snack入口——活化宮崎日式小酒館計畫，網媒結合實體店雙軌並進｜二〇二〇~

日本的Snack（スナック）是個可以喝點小酒、吃點小菜、有時還附設卡拉OK的合法小酒館。當日野知道宮崎的人均Snack排名全日本第一，當地豐富獨特的Snack文化卻還未被大眾認識的現況，立刻點燃了他心裡的「好可惜正義」。他找來QUALITIES的寫手、宮崎出身的田代胡桃商量，要不要來策劃一個「Snack媒體」時，結果田代吐露出了真心話：「其實我一直在想，什麼時候要回宮崎開一家Snack。」而這樣的回答啟動了日野「一起來做吧」的熱情，透過日本政府觀光廳「活化晚間與早晨時段之新時間市場開發」之專案申請，於二〇二〇年設置以介紹宮崎當地Snack文化的網路媒體Snack Advisor，之後田代更「下海」擔任媽媽桑，於同年年底開設一間介紹Snack的Snack——Snack入口（スナック入り口），肩負諮詢功能。

在網媒Snack Advisor可檢索到宮崎各家Snack的特色、風格等詳盡資訊。

宮崎Snack文化行銷行動

地方課題

宮崎Snack
產業高齡化、行銷潛力待開發、
營業內容不透明進入門檻甚高

政府視點

早晨傍晚之觀光資源開發

↓

線上媒體經營

Snack Advisor

- Snack文化介紹
- 宮崎Snack店家介紹、媽媽桑介紹

線下實體店鋪

Snack入口

- 宮崎Snack街的「諮詢中心」
- 針對消費者不同需求，介紹合適店家

網路媒體搭配實體Snack一開張，立刻於二〇二一年獲得日本優良設計獎（Good Design Award），這樣透過線上線下並進的手法，以新意象翻轉Snack高門檻、具有距離感的刻板印象，並嘗試活化逐漸高齡化且因新冠疫情陷入苦境的Snack產業，獲得評審們大力讚賞，甚至期待未來也能跨進外縣，復興日本的Snack文化。

案例特點

網路媒體Snack Advisor並非單獨存在，而是和實體店Snack入口相輔相成，如果有Snack入口無法詳盡提供的資訊，Snack Advisor就像是一個電子資料庫可提供檢索，換言之，線上媒體和線下實體媒體互相輝映也互相「帶流量」。

北川健太 Kenta Kitagawa

●公司：大村屋（溫泉旅館）
●創立：一八〇五年前創立，二〇〇八年由十五代傳人北川健太返鄉接手家業
●駐地：佐賀縣嬉野市
●負責人：北川建太
●主要事業：溫泉旅宿
●夥伴組成：正職夥伴二十一人、兼職夥伴十二人
●年間住宿人數：平均約一萬三千人

CHAPTER 19

溫泉旅館資源再編輯，佐上幽默開發傳產新景

Kenta Kitagawa
北川健太

｜大村屋

#地域營造　#地方行銷　#關係人口　#地方產業　#品牌化　#社群經營　#閒置空間再利用　#移住　#青年返鄉

生於嬉野、成長於嬉野的北川健太（以下簡稱北川），在大學時上京，專攻社會學的大眾媒體論，夢想著進入出版社編輯音樂雜誌，沒想到畢業之後，遭遇經濟不況，只好斷念。二〇〇八年，雷曼兄弟事件重創日本經濟，再加上母親健康亮起紅燈，北川被緊急召回接手百年溫泉旅館家業，成爲二十四歲的年輕社長，等著他的是父親在經濟泡沫時期大舉擴建的負債、旅館經年的老朽化，以及跟不上網路時代的數位落差等各種燙手山芋。

少年社長開始發揮新世代的創意，他清楚網路是旅館落後時代的一個致命傷，卻也是可以翻轉旅館命運的武器。過去，嬉野的溫泉旅館多是依賴旅行社接團體觀光客，客房數越多的旅館越能接到大筆訂房，也因此，越大越好；但是，訂房網站普及之後，客房數不再是唯一標準，各種中、小型旅館都有被旅客們關注的機會。北川決定以網路爲手段，打破以往過度依賴團體客的狀況。

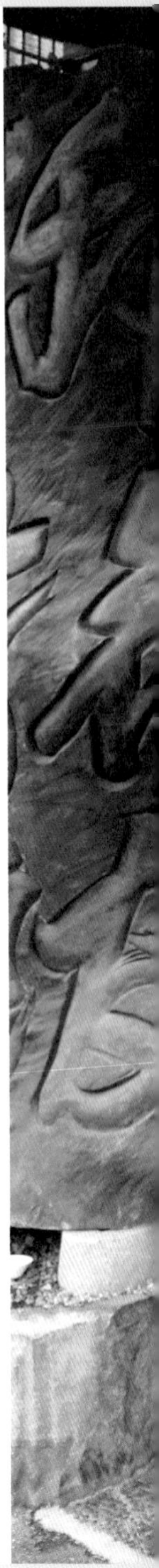

ⓓ 大村屋把旅館變成攝影棚，舉辦「伊藤寫真館」活動。

地方共好才有前景

頻出奇招的行銷手法

北川先推出「一日一善Plan」企畫，只要旅館的客人帶著垃圾袋在街上散步順道幫忙撿拾垃圾，就有飲料兌換或是千元住宿折抵。跳脫常規的行銷策略獲得不少媒體相繼報導，爲旅館提高了五十％的營業額。

接著，還有各種打破大家「溫泉旅館」既定印象的企畫，像是以舉辦工作坊爲主的「學習之宿」（学びの宿）、把旅館變成攝影棚的「伊藤寫眞館」（いとう写真館）、解決宴會場低使用率而開辦音樂祭的「音泉溫樂」（音泉温楽）等，不斷推陳出新且年年持續舉辦，爲大村屋帶來飛躍性的業績成長。

土地才是第一

然而，大村屋的蛻變成長只是嬉野溫泉區的特例，周遭許多同業難敵歇業的命運，過去百家溫泉旅館的榮景至今僅剩不到三分之一。北川在回鄉的第二年就領悟到，若不提高溫泉區的整體觀光客數，那麼大家僅是在有限的客人裡你爭我奪，前景堪憂。他回想起已過世叔母訂下的大村屋家訓「不成爲第一，因爲第一的是土地」，意在提醒大村屋之所以是大村屋，是因爲嬉野的溫泉、土地、自然

資源共同造就而成。這段家訓引領他回到大村屋的原點，把眼光放回土地、放大至嬉野，「挖掘嬉野溫泉區當地的土地魅力」成爲重要的課題，以達到「提高嬉野溫泉的整體來客」目標。

只是，一家溫泉旅館單打獨鬥力量有限，必須

↓ 溫泉旅館大村屋開業已逾兩百年。

把鎮上的大家拉進來才行，於是北川開始了擾動嬉野地區的各種「心機」。像是擅自在社群媒體上發布召開嬉野會議，邀請有興趣的人一同參與，最後促成了Team Ureshino（チームUreshino）當地夥伴的學習會之結成。

為改變增添歡樂色彩

活用現有資源的編輯術

北川的編輯術，大概就是法國人類學家李維史陀「Bricolage」（中譯爲拼貼、修補術）概念的體現：挖掘地方上既有、現存、被埋沒的資源，以創新的組合，佐以幽默，創造令人耳目一新的動人魅力。例如儼然成爲嬉野當地傳統的人氣活動「拖鞋溫泉桌球大賽」，運用既有的桌球桌、在地的忍者文化、每家溫泉旅館都有的土產禮盒、旅館裡成堆的拖鞋，從這些習以爲常、隨手就有的元素，組織成爲一個有點荒唐好笑但又吸引力十足的活動。

北川領悟到唯有挖掘嬉野的魅力、活用資源，才有可能提高整體來客數。

「拼貼」最重要的第一步是掌握手邊現有的材料，而身爲忙碌的溫泉旅館主人，北川的材料收集法大致可歸納爲二項重點：一是超強的溝通能力，讓不同的「人」帶來多樣的情報；二是向身邊各種「前輩」學習，並進行反思與應用。

超強溝通力帶來的情報搜集

北川的強大溝通力，與他成長於旅館世家很有關係。大學時期他曾在東京的商務旅館打工，雖然隱瞞自己的出身背景，卻因爲一上班就能夠和住客自然搭話，實在不像「普通的大學生」，因而被打工前輩們特別詢問，也才讓他意識到自己成長背景所造就的特殊之處。看似普通的閒聊，其實飽含著他對於「每一個個人的關心與認識」，讓許多人都很自然地願意對他掏心掏肺。這樣的能力，讓他在回到嬉野之後，能跨越業種、世代廣泛交友，更能夠在無意之間從「聊天」中吸收在地的情報，進而發現許多被埋沒的資源。像是「搓揉節」的由來，是因爲和當地針灸師聊天，發現大家有證照卻苦無發揮之地；「嬉野茶時」的起源之一，來自發現當地茶師們在種茶、製茶之外，還要到外地打工的經濟困境；而「午睡諸島」的落成，也是在認識東藝大畢業的創作者大門與中村之後，發現兩人正在尋覓留根嬉野的地點，才得以水到渠成。

見習前輩和志同夥伴的應用

嬉野歸屬於佐賀縣，卻因位於佐賀與長崎的交界，再加上過去有著橫跨縣境的肥前窯業圈所串起的陶瓷產地文化，因此有著兩縣密切的歷史文化交織背景。北川有許多志同道合朋友或前輩都是在長崎結識的，像是長崎縣陶瓷產地波佐見町的人氣咖啡店monne legui mooks的店主岡田浩典，大家互相學習，彼此汲取靈感，轉化爲北川在嬉野開展許多計畫的重要基石。

有趣是最強的武器

熱愛音樂、超級披頭四迷的北川深信，面對越

⇩ 搓揉節、螢火蟲巴士等有趣的旅宿企畫源自北川跨業種的情報搜集力。

艱困的難題、越難以跨越的鴻溝，有趣、歡樂的氣氛，是最有力也最無敵的武器。

二十四歲接下家業，同時也成爲嬉野當地溫泉協會最年輕的理事，在滿是歐吉桑的協會中，本村感受到下一個世代無法出席的難言之隱，以及與高齡決策圈之間的距離。在輩分關係嚴明的日本社會，這樣的問題絕非輕鬆易解，而透過歡樂的拖鞋桌球大賽，讓溫泉街上的男女老幼，每個月固定有一天能夠透過競賽的機會，串起世代之間對話的契機，跨越鴻溝。「在那樣熱鬧的場合，客人們都那麼開心，沒有人會反對，也沒有人會生氣。」

「在鄉下的年輕人辦起這樣超歡樂的活動是最棒的。」北川補充說，因爲這樣吸引力十足的有趣活動，會起帶動作用，讓一些從都會返鄉的年輕人發現「原來鄉下也有這樣有趣的事」，因而變得對自己的城鎮更有自信，又或是引動更多返鄉的年輕人。「我想，『一個寂寞、冷清的城鎮』的相反詞，是『一個開心、歡樂的城鎮』。」北川最後總結說。

地方編輯術×北川健太

“「一個寂寞、冷清的城鎮」的相反詞，是「一個開心、歡樂的城鎮」。”

代表作 1

拖鞋溫泉桌球大賽（スリッパ温泉卓球大会）——賓主同樂的桌球賽，搞笑趣味催化交流

拖鞋桌球大賽的起源，只是單純因爲倉庫裡的桌球台將要被丟棄，北川覺得太可惜，就想不如打造一場桌球交流大會，來串連溫泉鎮上的各個旅館老闆及住宿客人。但如果只是單純的桌球賽，似乎一點也不吸引人。北川最後想到每家溫泉旅館都有著數量龐大、印著旅館名稱的室內拖鞋，不如把拖鞋當球拍，來場拖鞋桌球大賽！

看似搞笑的桌球大賽就這麼展開，參加的旅館老闆們把印著自家店名的拖鞋帶來當球拍，以自家販售的土產禮品作爲比賽獎品，只要是當日住宿的客人們都免費參加。此外，還找來當地忍者村的忍者當裁判，當客人組眼看要輸球，忍者們便會使出各種瞬間移動招式，想盡辦法讓客人組能夠戰勝老闆組，贏到各種土產禮品。

如此脫離常規又不公正的桌球比賽，結果獲得當地人和觀光客一致喜愛，還被新聞頻道做成專題報導，最後成了每個月末週日的固定大會，至今已經舉辦了快十年，風雨無阻。其他溫泉地的旅館老

→ 搞笑的拖鞋桌球大賽用歡樂消弭隔閡。

闆們也想移植賽事，最後全日本自北海道到九州，像是山口縣的湯田溫泉、熊本的黑川溫泉等，共有八個溫泉地，陸續在當地舉辦這種看似荒唐、卻歡樂滿點的桌球大賽。

案例特點

拖鞋桌球大賽是以聚會為目的的活動，跳脫飲酒會之類的交際應酬常態，打破世代之間的社會距離，創造互相對話的機會與空間，進而醞釀出各種創新提案的合作可能。為了讓溫泉區的大家都能夠參加，舉辦時間特意選在遊客相對較少的週日晚上。活動刻意不申請補助，採無酬參加，更要求旅館老闆提供各種土產獎品，目的就是希望能夠一改補助金一結束大家就鳥獸散的宿命，而是用輕鬆又有趣的方式來凝聚大家的心。

拖鞋溫泉桌球大賽（スリッパ溫泉卓球大会）

- 性質：以聚會為目的之不定期活動
- 概念：以溫泉區內各家溫泉旅館的拖鞋作為球拍之桌球比賽
- 經費來源：無預算之活動，由各家溫泉旅館自費提供球拍與獎品

拖鞋溫泉桌球大賽之拼貼編輯術

既有資源
（不浪費心態）

桌球台
溫泉旅館拖鞋
溫泉旅館土產

＋

趣味性

1. 用拖鞋代替球拍
2. 邀請忍者當裁判

＋

可持續性交流會

1. 溫泉區的定時聚會
2. 主辦者、旅宿客人，大家賓主盡歡

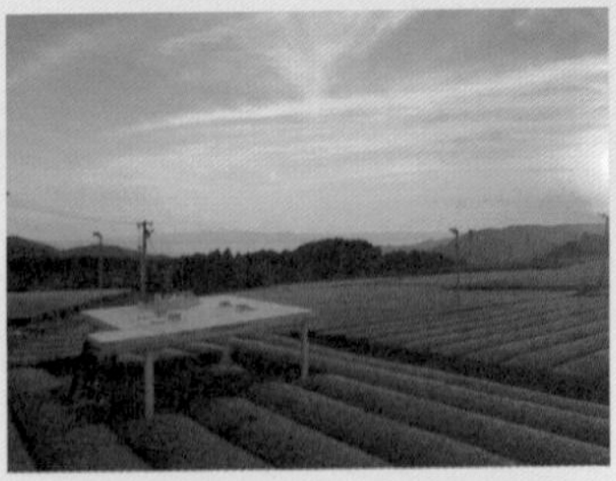

代表作 2

嬉野茶時——
溫泉區的茶體驗品牌，地方三產業牽手共榮｜二〇一六～

在嬉野，有一千三百年以上歷史的嬉野溫泉、五百八十年歷史的嬉野茶、四百年歷史的肥前吉田燒，三者各自在不同的市場拚搏而沒有太多來往。二〇一五年左右，由橫濱移住到嬉野、在當地的嬉野交流中心擔任店長的鈴木曉子發現，明明距溫泉市街約十五分鐘車程而已，但地方這三大產業竟然沒有交集，實在可惜，於是擔任起搭橋者，促成了三個產業聯手合作的計畫。

首先在二〇一六年舉辦了由「嬉野晚餐會」、「嬉野茶寮」、「吉田燒博物館」三者組成的「嬉野之晚夏」（うれしの晩夏），原本一日限定的活動迴響熱烈，像是限定二十五席的茶寮一天的翻桌率達到六回等，讓大家決定做更長遠的合作，「嬉野茶時」便由此誕生。

經歷不斷地調整，近年嬉野茶時的核心概念是「茶旅：追求一杯茶的旅行」（ティーツーリズム：一杯のお茶を求めて旅をする），以茶話、茶輪、茶泊、茶室四主題進行開展。

①**茶話**｜The Tea Salon：在溫泉旅館的專用沙龍空間品茶，由茶農擔任茶師，與訪客面對面交流，透過肥前吉田燒的茶器，呈現如演出般的優美泡茶過程，並親自解說。（預約制，活動費用約五千日圓（約台幣一千二百元）／人）

②**茶輪**｜Tea Cycling：在嬉野租腳踏車會附上一個「茶壺」和專屬地圖，讓大家在騎腳踏車進行嬉野茶巡禮時，也能一邊品茶。（腳踏車租賃費用依車型而異，約八百日圓（約台幣一百八十元）／天）

③**茶泊**｜Tea Butler：兩天一夜的溫泉旅館之旅，每一組客人都有隨行茶師，從茶品選用到茶園導覽與茶會等，提供貼身指導與解說。（預約制，費

⊖ 嬉野茶時品牌結合在地三大產業開發新的茶旅體驗。

用依客製化服務而異，約十五萬日圓（約台幣三萬四千元）／人）

④茶室｜Tea Houses and Tea Arbors：在茶園裡景色最優美的位置，建造品茶高台、茶室，供旅客品茗賞景。目前共有四處茶室，其中一處為陶藝工坊副千製陶所的窯元倉庫改建，是唯一一個室內茶室，兼陶藝藝廊。（預約制，活動費用約一萬日圓（約台幣二千三百元）／人）

案例特點

曾經是九州有名茶產地的嬉野茶，因遇到農協（JA）統一價格，利潤逐漸走下坡，茶農得在農閒期外出打工，或是減少耕作面積，甚至休耕。嬉野茶時透過茶體驗的品牌化，多方開發嬉野茶的各種可能，重造茶園風光。茶農升級為茶師，在確保生活收入水準之外，更能夠專心種茶、做茶、推廣茶，也吸引了年輕茶農移住，成為嬉野茶時的生力軍。

嬉野茶時

- 性質：地方團隊品牌
- 概念：結合嬉野三大產業（嬉野溫泉、嬉野茶、肥前吉田燒），以茶旅（追求一杯茶的旅行）為核心，開展「茶話、茶輪、茶泊、茶室」四主題之企畫
- 夥伴組成：以七名嬉野茶農友為核心

嬉野茶食串連地方三大產業

嬉野茶	肥前吉田燒	嬉野溫泉
優勢：日本茶發源地 劣勢：產量僅佔日本茶生產量之約2%	優勢：明代陶工引進之製陶技術 劣勢：比起鄰近的陶瓷產地，佐賀的有田燒和伊萬里燒、以及長崎縣的波佐見燒，知名度較為低落。	優勢：「日本三大美肌之湯」之一 劣勢：遊客銳減、近年溫泉旅館數量持續下降

三產業聯手之新企劃
嬉野茶時

茶話	茶輪	茶泊	茶室

代表作

3

午睡諸島 RIVER SIDE HOUSE（おひるね諸島 RIVER SIDE HOUSE）——賣咖啡的多元實驗場，敞向各種交流的發生—二〇二〇~

北川剛從東京回到嬉野的前幾年，聽說鄰近的長崎縣波佐見町，出現了一家人氣咖啡店monne legui mooks（以下簡稱mooks），一到假日店門都還沒開就大排長龍。在非觀光地有這樣的名店，北川怎麼想都難以置信。後來，他和店主岡田浩典結爲摯友，才明白原來mooks的魅力在於如地方的仲介所般，店主岡田會親切的介紹鎮內與鎮外的朋友互相認識。

mooks的成功，無形之中賦予北川勇氣與信心，相信在「什麼都沒有」的地方，也是有奇蹟發生的可能。而且因爲有這樣的交流空間存在，讓他在返鄉之後認識了許多在地方上努力的青年，構築起夥伴情誼與支持的力量。

北川也想要在嬉野打造一個如mooks的空間，一直在等適當時機。二〇一五年，大村屋對岸的舊造船廠員工休憩所出售，他以當時定價的三分之一約五百萬日幣（約台幣一百二十萬元）購入；二〇一九年，北川認識了當地的地域振興協力隊隊員大門光及中村將志，兩人都是藝術大學畢業，希望任期結束後能留在嬉野定居，進行藝術創作，因此北川便邀請兩人進駐新空間，協助日常運營。

二〇二〇年九月，由舊造船廠休憩空間變身的「午睡諸島 RIVER SIDE HOUSE」開幕，由熱愛沖煮咖啡的大門主理咖啡吧，中村則是在大浴場改建的陶瓷工作室中創作。這裡是咖啡店，也是舉辦展覽的藝廊，假日則有各種工作坊，像是由嬉野茶年輕茶農松田二郎帶領大家用各種香料調製如泰式奶茶般的創新茶品，或是由大門與中村開辦的藝術夏令營等。這處多元的交流空間，自開幕後就深受住民歡迎，更成爲當地高中生的最愛。

⊕ 午睡諸島的多元、實驗、開放氛圍，深受嬉野高中生喜愛。

案例特點

比起對岸溫泉街以觀光為首要的緊張感，午睡諸島就像是個充滿餘白的試驗場，開放給鎮內、鎮外同聚共創，沒有商業考量的年度目標、年度規劃，而是待理想相近之人出現後，展開如遊戲般的各種實驗。二樓的房間未來將開放給想來駐村的藝術家，或是想進行移住體驗的外地人，一樓的廚房也將規劃為一日主廚掌廚的餐廳。

午睡諸島 RIVER SIDE HOUSE（おひるね諸島 RIVER SIDE HOUSE）

- ●性質：地方交流、長期住宿之實驗性空間
- ●目的：在以觀光為主要目的的溫泉區中，開拓一個保有各式實驗可能性的場域
- ●夥伴組成：外地移居創意工作者兩人

CHAPTER 20

地方修行＋地方散步，以攝影實現「地方三步未來」

MOTOKO

| Local Photo

地域營造　# 地方行銷　# 地方攝影　# 關係人口　# 社群經營　# 社群媒體　# 關係性之編輯　# 移住　# 團隊力量

帶領「Local Photo」計畫的MOTOKO（大嶋素子），原本是日本泡沫經濟時代活躍於東京大眾文化的攝影師。一九九六年出生於大阪，曾留學英國，歸國後在日本音樂、廣告、流行時尚界第一線工作。二〇〇五年起卻因YouTube及各種社群媒體相繼出現，加上後來智慧型手機漸漸普及，大眾媒體產業大幅萎縮。位於產業鏈下游的MOTOKO雖然有著擔憂，但她相信「攝影不是只有商業一條路，攝影也不會消失，不過接下來的課題就是，得找出攝影存在的價值」，探索攝影的各種可能。

二〇〇六年，因爲工作上的委託，MOTOKO到滋賀、長野、瀨戶內等地方縣進行攝影工作，看見鄉間樸實傳統的農村生活，讓她發自內心感動。攝影師的訓練讓她培養了敏銳的觀察力與感受力，「因爲攝影師的工作就是拍攝社會當下『最有趣』的事物」。或許因爲如此，MOTOKO直覺的想：「未來鏡頭該追逐的會不會是地方上努力的人們？」同年，她就展開了以滋賀爲起點的「地方修行」。

MOTOKO

- ●計畫：Local Photo
- ●成立：二〇一三年
- ●駐地：以東京世田谷為基地，全國各縣活動中
- ●負責人：MOTOKO
- ●理念：透過地方散步，以攝影來實現「地方的三步未來」，並育成地方的縣民驕傲
- ●主要事業：地方攝影講座、地方攝影團隊指導工作坊舉辦
- ●委託費用：Local Photo工作坊舉辦依活動規模調整，約五十～一百萬日圓／次（約台幣十二～二十三萬元）

⇧ MOTOKO（前排左一）與Local Photo學員。

註(1) 相關介紹參閱作者《地方設計》第三章〈服部滋樹 / graf: 地域品牌化〉內容。

拍出地方農業的帥氣

拍農友像拍明星

MOTOKO的地方修行，純粹是自發性的行動。她去拜訪農家，從旁觀察農作，用相機記錄下許多農村生活風景，「當時覺得這些畫面好像有消失的危機，心想著要先拍攝起來再說。」

那段期間，從認識的年輕農友加倉先生口中，耳聞農業面臨的嚴峻課題，對農事一竅不通的她總覺得無能爲力。有一天，加倉先生問了一句：「要怎麼樣才能讓農業變得帥氣呢？」這個提問，讓MOTOKO有了靈感。當時能搜尋到的農民照片都是爺爺輩，沒有年輕人，她想，如果用過去拍攝明星樂團的手法來拍滋賀縣的年輕農友，或許能夠把農業「變得帥氣」，一反大家的印象。於是，她在農村風景之外，也開始拍攝當地的農友們，從個人照開始，之後漸漸轉移爲當地年輕農友團體konefa的團體照。

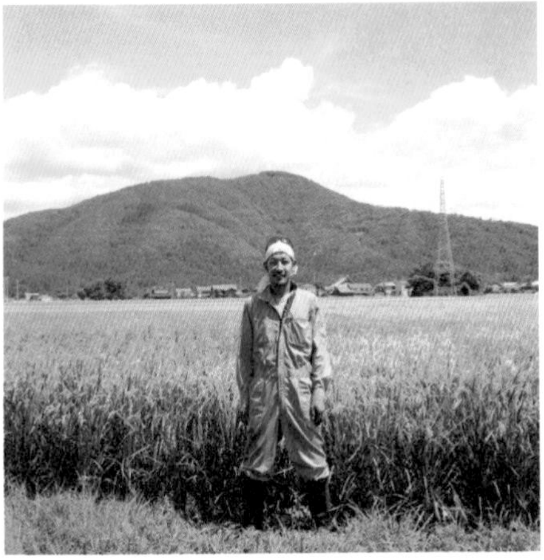

↘ MOTOKO的地方修行記錄下農村的生活風景與人。（攝影／ MOTOKO）
↓ 滋賀年輕農友團體konefa帥氣的田間照片，意外引領雜誌圈關注地方農業議題。（攝影／ MOTOKO）

拍攝之外，她也注重「看」的過程。她將拍好的團體照片給konefa成員欣賞，讓大家看到每個人在田裡的帥氣模樣；並將在地方發現的農業價值，連結大眾媒體進行宣揚，多次向雜誌社提案，促成了konefa在雜誌上出道，也意外成了引領雜誌圈關注地方、關注農業的契機。

MOTOKO大膽向關西的雜誌社提案，以滋賀農友爲主題進行特輯報導，爾後更促成了西日本設計指標事務所graf[1]和滋賀農友們的各種合作。二〇一二年，全日本販售的知名地方雜誌《SOTOKOTO》，邀請MOTOKO一起進行了konefa的報導特輯，並且因爲這次的特輯，意外在臉書上與小豆島移住者三村光相遇，促使她後來展開了在各地培育地方攝影師的Local Photo計畫。

由當地人來拍地方

三村移住到小豆島之後，不時在臉書頁面分享當地生活的照片與文字，令MOTOKO驚爲天人，她看到了就算是東京的專業攝影師也拍不出的韻味，那是「只有當地人」才能做到的攝影。她認爲這就是下一個時代的攝影，也是未來的「發信」（傳遞訊息之意）之道。

她向相機廠商OLYMPUS與小豆島的町長提案：「要不要組織一個爲小豆島『發信』的女子攝影團隊呢？」於是促成女性攝影團體「小豆島Camera」（小豆島カメラ）在二〇一三年成軍，由MOTOKO起草

小豆島Camera是為小豆島「發信」的女子攝影團隊。

與帶領，共有七名住在小豆島的女性成員。小豆島Camera每一天都會在臉書專頁分享一張島上的日常風景，時而是四季遞嬗的一瞥，時而是當地住民的側寫，持續不輟，至今已經累積萬名追蹤者，更間接造就了小豆島每年約四百名的移住者。

團隊力量大

打團體戰來解決地方課題

MOTOKO認爲「地方團隊」對地方而言特別重要。以小豆島爲例，最初她是被三村的照片與文字吸引，但如果只捧紅一個地方明星，大家會把焦點投注到她一個人身上，那就是三村一個人的成功；如果是小豆島Camera成功，那就會是小豆島的成功，因爲以「團體」爲單位來行動，有了組織、有了社群，也就更相近於地方，比較有機會能觸及並解決地方課題。

另外，打團體戰有時候更能擾動地方團結力量。像是長崎年輕的茶農們，過去不是團隊夥伴，關係並不緊密，但因爲在MOTOKO的鏡頭之下以「帥氣的團隊」出現，意外促使原本散沙般的這群農友組織成「SONOGI」團隊，成爲地方上重要的青年團體，也產生了更大撼動地方的能量。

不管是以攝影師身分拍地方團隊的「大合照」，或是組織地方攝影團隊，重視「團隊」都是MOTOKO塑造縣民驕傲的重要價值之一。

一張照片可以改變現狀

一直以來，MOTOKO都相信攝影有著改變現狀的力量，起因來自一張京都塔照片。不像東京鐵塔般受到大眾喜愛，京都的京都塔是當地人不屑一顧的地標，塔內人氣冷清，商家們毫無生氣。但京都出身的樂團Quruli（くるり）卻在專輯封面的攝影委託上，提出請MOTOKO拍攝京都塔，「不是像大家一樣由下往上拍，而是要像人像攝影一樣『正面』拍攝」。

以「團隊」為中心的攝影重塑縣民驕傲

	攝影者	攝影師任務	目標
地方修行	專業攝影師	攝影：拍出帥氣的團隊合照	透過地方人的團體照建立縣民驕傲
Local Photo	在地居民	指導者：提供技術指導與協助	透過地方人的拍攝孕育關係性，建立縣民驕傲

㊧ 長崎年輕茶農因為被拍攝而建立起互動，合組SONOGI團隊參與地方。（攝影／MOTOKO）

㊦ MOTOKO幫樂團專輯封面拍攝的京都塔照片，為這個原本冷清的地標帶來新人氣。（攝影／MOTOKO）

因爲這個封面，後來以Quruli的歌迷爲首，大家開始重新認識京都塔，不管是人氣或商業上，都從原本的蕭條轉爲生機盎然。一張照片可以帶來超乎想像的效應，如此的親身經驗，成爲她後續到地方修行、攝影的原動力，堅定地以攝影師的身分參與地方、捕捉地方。

地方編輯術×MOTOKO

“重點不是我來「教」什麼，
而是我來向地方的人「學習」。”

代表作 1

Local Photo——培育地方攝影師計畫，八大核心價值構築縣民驕傲｜二〇一三～

因爲結識了移住到小豆島的三村光，讓MOTOKO體認到「地方人拍地方事」的魅力與可能性，並投身爲培養地方攝影師的攝影指導師，開展了後續的Local Photo計畫。問她是否擬定什麼策略好吸引更多在地人參加Local Photo，她說：「沒有特別做些什麼，但重點不是我來『教』什麼，而是我來向地方的人『學習』。」

從二〇一三年，培養的第一個地方攝影社群「小豆島Camera」成軍，到目前全日本共有十多處地方進行了Local Photo計畫，像是神奈川的眞鶴町、長崎縣的東彼杵町、愛知縣的岡崎市、靜岡縣下田市等，MOTOKO多是聯合地方政府與相機品牌合作，在地方進行一年約四次的攝影講座與攝影散步活動。基本的架構是一整日的活動，上午進行攝影知識講座，下午參與者們一起在小鎮上散步、攝影，最後進行分享的發表會。乍聽之下和許多攝影社團的外拍活動沒有太大不同，但Local Photo其實有著許多特殊的核心價值。

⊻ 全日本已有十多處地方進行了Local Photo計畫。

拍出「好看的照片」不是Local Photo的目的，而是透過這個過程孕育關係，是帶有公共性「連結人和人」的攝影。無論性別、位階、立場，過去從未交會過的人們有機會相遇、交流，進而促發大家想要一起做些什麼，透過共同的行動來創造新火花。這也是MOTOKO認爲的地方攝影之魔法，以及攝影在未來的意義。

① 拍攝「下三步未來」

MOTOKO強調，雖然拍攝的是地方的「當下」，但是要帶著「未來」的意識按下快門，「再走個三步之後的未來，這裡會變成什麼樣子呢」、「希望這裡成爲什麼樣子呢」，帶著這些意識拍下的照片，將成爲指向未來的路標。

② 社群培育與地方文化培育

透過攝影，讓大家看到地方上的人愉快地做著有趣的事，自然而然就會吸引同頻率的人前來，而不是強求外地人「來吧、來吧」。當有著各種專長的人們受吸引而來，地方就有機會長出新的地方文化。

③訓練視點

相機是Local Photo必備的工具。比起用肉眼看、用手機拍，透過相機的鏡頭，觀看的方式無形中就會改變，會竭盡所能的「尋找」。MOTOKO說，透過大家一起拿著相機進行地方攝影散步，觀看地方事物的解析度就會比昨天增加〇．二％，如此逐漸累積「帶著目的觀看」的經驗，未來一定會有什麼被改變。

④以「縣民驕傲」爲目標

MOTOKO強調，把攝影作品給被攝者確認是非常重要的一環，因爲要讓照片裡的主角察覺「原來我也有這麼有魅力的一面」。讓地方上的人們意識到那些過去沒有被發現的魅力有其必要，因爲這會形塑對於自己、對於地方的自信。某方面來說，Local Photo不是「對外張揚」的攝影，而是「對內傳遞」，進行價值的再確認，地方的文化也會因此開始閃爍發光。

⑤以「公民合作與解決課題」爲目標

MOTOKO說，在誰都可以拍出好照片的時代，拍出美照的意義漸漸稀薄，因此，「解決課題」變成攝影的新價值。尤其，有著不同的背景和專長的成員們，透過攝影的公約數，一起探索地方，並且共同爲地方課題找尋解方，就有機會創造更多可能性。

⑥由「地方散步」開始

許多日本的地方小鎮中心空洞化，人流不再。Local Photo希望能夠透過大家帶著相機一起在小鎮裡散步、攝影，和地方居民互動，重新發現地方的魅力，找回對於小鎮的情感。

⑦採「文化人類學」視角

學習以「文化人類學」的視角來拍照，在過程中挖掘、認識、呈現地方，這樣的攝影形式難度非常高，因此在活動期間，MOTOKO都會花費許多時間來闡述文化人類學式攝影的意義與重要性。

↖ 各地的Local Photo成員帶著相機一起在地方上散步、攝影，構築出人與人、人與土地新的關係性。

CHAPTER 21

顛覆政府出版品想像，玩惡趣味溝通社福議題

Ryo Igari
猪狩僚

|《igoku》

#地方媒體 #政府出版品 #政策宣傳 #社會福利 #高齡照護 #倡議活動 #團隊力量

⊙ 以猪狩僚（圖中）為核心的《igoku》初代編輯團隊。（來源：猪狩僚）

猪狩僚Ryo Igari

- ●組織：《igoku》初代編輯團隊
- ●成立：二〇一七年
- ●駐地：福島縣磐城市
- ●負責人：猪狩僚（福島縣磐城市公所職員）
- ●主要活動：刊物《igoku》出版、「igoku Fes」活動策劃等以社會福利為核心的創意行動
- ●夥伴組成：七名，市公所職員加上設計師、編輯寫手、影像工作者等平均年齡約四十歲的中年創意工作者

福島縣的磐城市公所，在二〇一七年出版了一本傳奇刊物《igoku》，不僅跳脫政府出版品的各種忌諱與框架，在紙面上直言不諱談論生死議題，更結合網路媒體、影像紀錄、節慶舉辦，將嚴肅僵硬的議題以幽默熱鬧的方式推向市民，改寫了官辦刊物與活動的可能性，造成轟動與效應，更被選爲二〇一九年Good Design Award金賞之作。

《igoku》的背後推手，是磐城市公所的公務員猪狩僚（以下簡稱豬狩），而《igoku》新穎的編輯手法，其實源自猪狩過去對於政府出版品的種種困惑。

磐城市出生長大的猪狩，大學畢業經歷巴西的留學之後，於二〇〇二年回到磐城市成爲當地公務員，十多年間在市公所內多個部門任職。二〇一三年調派到行政經營課，因爲擔任「市綜合基本計畫改訂」的負責人，而開始對於政府的對外溝通有了深刻的體悟和反思。

找出政策的對外溝通之道

綜合基本計畫是日本地方政府皆會擬定的發展計畫，內容涵蓋市政的一切，經常是動輒二百頁以上的包山包海內容。當時，磐城市的基本計畫也超過二百頁，這讓猪狩開始思考，市民會想閱讀這樣厚重的內容嗎？基本計畫究竟是要寫給誰看的？這讓他意識到，市公所的立場是「總之得把所有內容都寫進去，都必須留下紀錄」，而非清晰傳達資訊給市民。於是他決定要努力縮減頁數，著手刪減文中的冗文贅字，最後把內容縮減到七十幾頁。

二〇一六年，猪狩被調派到剛成立的新部門「地域全面照護推進課」，負責向市民推廣「全面性地域照護系統」（地域包括ケアシステム）的概念。不管

對市民或是對猪狩，這都是一個陌生的概念，簡單來說，是日本政府面臨超高齡社會、人口減少、城鄉差距的三大背景，要讓高齡者能在保持尊嚴與自立生活的基礎上，在習慣的地方或社區，用自己想要的方式度過人生最後階段，並得到相對應的醫療照顧。

社會福利新手先下田野

這樣拗口又深奧的概念，要介紹給市民認識是一大挑戰。慶幸的是由於是新成立的部門，在工作的安排上擁有相對的自由與發揮空間，社會福利業務新手的他決定先到各種「現場」進行學習。市內的醫療機構、照護機構，有任何的學習會、分享會等活動，他都積極參加。除了和照護領域的醫護人員與業者建立關係，更認識了許多當地可愛的爺爺奶奶們，像是高齡九十四歲卻每年獨自到印度受訓的瑜伽奶奶、三一一之後房屋和店面全毀但努力重建和菓子店鋪的八十八歲爺爺。

他更從一線工作人員口中聽聞無數臨終現場的無奈場景，家裡的長輩希望能夠不再搶救、回家善終，但是從遠方趕來的家屬執意要醫生持續救治。再對比磐城市市民在家善終低比例的調查結果，這讓他發現，一般大眾的認知是「老了就要送養老院、生病了就要送醫院、行動困難就要送照護所」，與「全面性地域照護」所倡導的「在地老化」大相徑庭，實質的推動困難重重。

界定問題再發想行動

根據調查，約七成日本國民希望在家中迎接人生終點的到來，實際上卻只有一成如願在家臨終，而磐城市的比例更是低於全國平均。

猪狩開始思考，是不是因爲大眾總是避而不談死亡，因而造成了這般醫生、病患、家屬都無奈的結果？如果有一個媒體能夠打破禁忌，成爲大家開始討論「死」的契機，說不定這樣的狀況有可能改變，而「在地老化」就有可能從大家都不太了解的概念，進而變得平凡、變得日常，推進地方上漸漸發展出在地老化的支持系統，進而達到地域全面照護推進課的終極目標。於是，他著手企劃創辦了討論生死議題的免費刊物《igoku》，以及感受「臨終」的體驗型活動。

二〇一七年，紙本刊物《igoku》在網路版先行公開之後創刊，創刊號的主題是「還是想要在家裡死掉啊！」（やっぱ、家で死にてぇな！），第二刊是「在Igoku Fes，體驗了死掉！」（いごくフェスで、死んでみた！），每一期都以「死亡」爲題，以挑動大家敏感神經的方式出擊。而看似禁忌的主題，在編輯團隊的「惡趣味」中意外化解了距離感。猪狩說如果太認眞討論死亡，反而太過嚴肅，會讓人害怕，採取輕鬆的姿態，大家容易帶著幽默感進入。

二〇一八年起，igoku團隊更舉辦體驗活動「igoku嘉年華」（Igoku Fes），乍看如一般草地音樂會，但深藏死亡議題的帶入，並透過入棺體驗、相關議題的音樂演出、舞台劇表演，讓大家在熱鬧歡樂的氣氛之下接觸人生的重要議題。

猪狩僚的業務推行決策流程

目的	「全面性地域照護系統」在地老化觀念推廣
↓	
田野調查	一年間的社會福利現場之觀察與參與
↓	
問題界定	磐城市在家臨終比例甚低、在地老化推行不易
↓	
假說設定	大衆總是視死亡話題爲禁忌、避而不談？
↓	
行動	透過媒體、刊物、活動，創造討論「死」之契機

政令宣傳的溝通藍海

igoku的經驗，讓猪狩確信政府的政策傳達方式可以有更多的可能性，他表示：「比起企業推出的商品廣告，政府倡導的各式政策與社會宣導，其實更貼近市民每日的生活，因此需要更有效的宣傳策略，不是嗎？」他更不諱言，就現今政令宣傳品的訊息傳播效率而言，還有很大的進步空間，「因此是設計與創意的藍海」，他這麼比喻。

⊼ 《igoku》以幽默感切入禁忌話題，創刊號主題為「還是想要在家裡死掉啊！」（上圖）；第二刊為「在Igoku Fes，體驗了死掉！」（下圖）。

推廣全面性地域照護系統

全面性地域照護系統

- 概念認識：igoku網站、igoku紙本刊物
- 實際體驗：igoku 嘉年華

問題意識	1.無法在期望的地方臨終（想要在家臨終超過七成，但實際在家臨終的比例只有一成） 2.大眾對於思考死亡的排斥 3.缺乏在家老化、在家臨終的相關資訊
目標對象	1.即將面臨父母照護的40~60歲中壯年 2.醫療照護等相關領域以外的大眾
團隊目標	編輯團隊成員自己也會覺得有趣、想要讀、想要參加的內容
編輯方針	認真的輕浮（真面目に不真面目）

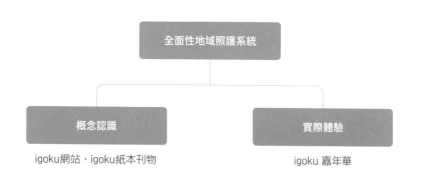

← 《igoku》擅長呈現高齡受訪者的迷人之處，圖為第六刊「藝術」特輯。

地方編輯術×猪狩僚

“政令宣傳品是設計與創意的藍海。”

代表作 ①

《igoku》——顛覆性的政府出版品，「認真的輕浮」抓住讀者的心｜二〇一七～

どれ、いごくべ!! igoku
いわきの地域包括ケア -いごく-

究竟是什麼魔法，讓《igoku》這樣一本顛覆性的雜誌出現在地方政府的行政體系中？猪狩分享了四個重點。①預算請求要深諳市府痛點：相對於磐城市一年的照護福利支出高達三百億日圓，猪狩提了一年五百萬的媒體製作計畫，以「說不定能夠創造三百億支出百分之一的節約」爲由而通過預算編列。②以利益關係人的支持爲後盾：經過一年的田野調查，猪狩對於議題的主要利益關係人及其網絡都有了詳盡的掌握，深知其困境和需求。③革命從低門檻處開始：先從低風險、低門檻的網路媒體起手，再擴及紙本刊物、實體活動。④化敵對的上司爲盟友：對於市公所中較爲保守的反對派上司，猪狩會珍視對方給的意見，並將後續接收到的讚賞歸功於上司。

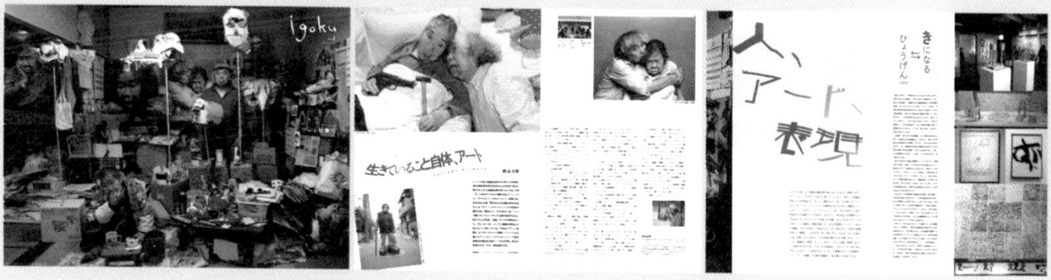

大叔團隊的編輯心法

堪稱市府刊物界奇蹟的《igoku》，編輯團隊共有七名成員，包含設計師、編輯寫手、影像工作者等，是平均年齡約四十歲的中年男子團體。而猪狩認識設計師的過程非常離奇，只是因爲在超市發現了包裝迴異的魚板商品，好奇驅使之下致電地方魚板工廠詢問，結果意外聯繫上一邊在魚板工廠上班、一邊進行設計工作的設計師高木市之助。而其他的成員，就是從認識設計師之後，滾雪球般一個介紹一個牽成緣分。

不管是難懂的「全面性地域照護系統」社會福利概念、失智症等僵硬的主題，抑或是生死的禁忌話題，《igoku》在處理嚴肅議題上展現出高超編輯力，透過親人的插圖、誇張的圖片編排、方言般搞笑的對白，幽默地軟化原本僵硬的內容，讓讀者們能夠自然卸下心防走入文中。如此獨樹一格的編輯風格，來自幾次的團隊採訪經驗之後自然形成的共識。

編輯心法①：所有事物都正向看待

《igoku》的受訪者多是高齡長輩，甚或患有疾病，但都要盡量正向看待，看到受訪者帥氣或可愛迷人之處。

編輯心法②：認眞的輕浮

「認眞的輕浮」（真面目に不真面目）是《igoku》最重要的核心，也就是一生懸命的努力開玩笑，但要帶著愛和尊敬來體現有意義的玩笑。

《igoku》五大編輯要點

異於一般編採作業的五個編輯要點，也造就了《igoku》的吸睛之處。

重點①：親身體驗的傳達

不是只引用專家說法或只說明某調查結果，而是親身體驗之後，將自身想法觀念的轉變如實呈現。

舉失智症特輯來說，編輯團隊不是先找疾病資料、專家見解，而是頭一站就到失智症照護機構現場，並實際住了三天，進行沉浸式觀察。結果徹底打

㊧ 編輯團隊於照護機構的沉浸式觀察構成第五刊主題「老年癡呆症解放宣言」。

破了自己過往對於老年癡呆症的偏見與印象，也意識到出於陌生，疾病會莫名的被貼上額外的標籤。因此，特輯的主題名稱便訂定爲「老年癡呆症解放宣言」，鎖定一般大眾需要解放對於病症的刻板認知。

重點②：不把受訪者視爲「採訪對象」

將受訪者視爲一段面對面互動的要角，許多時候對方會多聊了許多，話題可能偏離正軌，但這些都加深了訪談的深度，讓內容的呈現更立體、更有意想不到的趣味。

重點③：團隊行動產生共感

每一次採訪都是編輯長、設計師、寫手三人以上的團體行動，因此每次採訪現場的熱量，都能夠現場共有，不會經過重重傳達而失溫，讓後續編輯作業得以順暢迅速。

重點④：團隊行動更有幽默感

《igoku》的採訪對象多是高齡者，或是現實的社會福利相關主題，身兼編輯及寫手的小松理虔說，一個人去採訪時，總是比較容易陷入嚴肅的思考，但是當團隊一同行動，就像吵鬧的高中男子團，能夠以更幽默的眼光來看待採訪的人事物，而這樣的幽默感也順勢在內容上成形。

重點⑤：編輯長的全然信任

小松說他在撰文時不時會猶豫「這樣寫真的可以嗎」、「政府刊物可以接受嗎」，但是猪狩編輯長總是給予完全的信任與發揮空間，並擔保「如果被罵了，我去道歉就好」。有了靠山存在，團隊的創意便能夠全然地躍進。

猪狩進一步表示，《igoku》能夠有這樣別於一般雜誌的編採邏輯，很大原因是由於它是政府出版品，不需要配合市場，沒有銷售壓力，因此能有許多發揮的空間。

案例特點

從《igoku》的經驗可以發現，要在政府體制內開創一個創新提案，或許最初會遇到困境與阻力，但一旦受到市民支持、外部肯定，那麼政府出版品也會因為沒有商業操作的包袱，反而能有更多實驗性質的發揮空間，潛力無限。

↑《igoku》的編採作業擁有很大的自由發揮空間。

← 作為話題性的地方媒體和活動，igoku也推出周邊商品。

《igoku》

- ●創刊：二〇一七年
- ●發行週期：季刊
- ●規格：尺寸約四十x二十七公分，約十二頁
- ●發行量：五千～二萬份
- ●發行區域：福島縣磐城市為主
- ●價格：免費
- ●編輯部組成：七名
- ●經費來源：市公所預算
- ●刊物預算：五百萬日圓／年（約台幣一百一十一萬元）
- ●獲獎：二〇一九年Good Design Award金賞

↑ 二〇二二年，豬狩攜手過往編輯團隊，將《igoku》的歷程集結成《igoku書》（igoku本）出版。（來源：豬狩僚）

㊧ igoku嘉年華將正視生死議題導入歡樂幽默的活動當中。

代表作 2

igoku嘉年華（igoku Fes）——
生死課題倡議活動，在玩樂間直面禁忌話題——二〇一八～

《igoku》出刊後的隔年，磐城市地域全面照護推進課與igoku團隊策劃了「生與死節慶」。在連續兩日的慶典當中，市民們在磐城市內最大的公園喝啤酒、吃美食、聽音樂、進行棺材試躺體驗、銀髮族寫真拍攝。除此之外，還有老年癡呆症VR體驗、以「老」與「死」爲題的即興舞台劇，以及饒舌音樂創作。igoku嘉年華刻意讓大家在吃喝玩樂笑鬧間，拋去對於談論死亡的恐懼，用「身體」而非頭腦來想像死亡的五感體驗，希望讓日常裡禁忌的「死」之話題，能夠藉這樣的非日常活動導入對話。

猪狩說，總是蔚爲話題的「入棺體驗」震撼力十足，迴響也最大，且開始在日本各地被沿用，例如琦玉高中生就曾向當地的殯葬業者借用棺材，在學園祭上舉辦入棺體驗。

案例特點

爲了推廣難懂的「全面性地域照護系統」概念，猪狩先是透過《igoku》刊物，以圖文等視覺化方式和市民進行溝通，隔年則更進一步透過嘉年華式的活動，以五感體驗進行深層溝通，循序漸進的策略，以及親民的做法，最後讓市民也能理解其箇中之意。

igoku 嘉年華（igoku Fes）

●性質：倡議活動
●創始：二〇一八年

代表作 3

拜託了（そこをなんとか）——初代編輯群組創意團隊，爲地方有趣點子助跑

猪狩在編輯完第十刊的《igoku》之後，便被調派到其他部門，刊物就交手給第二代、第三代編輯長。

只是，初代編輯團隊七名成員有著革命情誼，不捨就此解散，因此成立另一個大叔創意團隊「拜託了」（そこをなんとか）。他們希望以不計酬的方式，爲地方上的創意點子助跑，陪伴行動者付諸實現。當有地方爸爸、地方媽媽想要發起有趣的事業時，便可以諮詢「拜託了」團隊，尋求有關設計、行銷等專業建議。

目前，「拜託了」的第一號伴走作品是市內一週開業一天的地方食堂「何時何人kitchen」（「いつだれkitchen」），店鋪的概念設定、命名、Logo設計等，都由「拜託了」團隊操刀協助。小松說，雖然基本上像是當義工幫忙，卻是一種全新的嘗試，探求地方上金錢價值以外的各種交換可能，「團隊大家在一起的時候，肯定會迸出有趣的事」，這才是最重要的。

↑ 地方食堂「何時何人kitchen」的logo、概念等都由「拜託了」協助操刀。(來源：豬狩僚)

拜託了（そこをなんとか）

●性質：創意團隊
●成員：《igoku》初代編輯部七名成員組成

CHAPTER 22

土地潮流系音樂人，揉合聲景譜寫地方氣息

VIDEOTAPEMUSIC

｜滯留製作

#地方共創 #音樂創作 #影像創作 #在地交流 #地方行銷

畢業於武藏野美術大學、於二〇一二年出道的音樂創作兼影像作家VIDEOTAPEMUSIC（以下簡稱VIDEO），在二〇二〇年開啟了到日本不同的地方短居，並且用在地元素創作音樂的「滯留製作」（滯在制作）計畫。

過往是地下獨立音樂創作者的VIDEO，一直都是在東京爲主的音樂圈活動，直到二〇一五年加入了獨立音樂事務所KAKUBARHYTHM，開始到日本各地、甚至是亞洲各國進行Live演出。在都市成長的他因而有了和地方交流的機會，也引發對於地方的好奇，讓他萌生在音樂中加入地方元素的想像，同時希望透過音樂的管道，能讓大家多認識一個「不太有名」的地方，多發現一個地方的魅力。於是，他開始在到訪的各個Live演出現場，宣布自己的「滯留製作」音樂計畫，爾後實際造訪的五個創作之地，便多是在Live演出現場獲得回應而結成緣分。

VIDEOTAPEMUSIC

- ●個人音樂創作者
- ●出道：二〇一二年
- ●駐地：以東京為基地，周遊日本各地方縣
- ●主要事業：音樂創作、進行「滯留製作」計畫
- ●委託費用：依專案規模與形式而異，約三十萬～一百五十萬日圓（約台幣六萬六千～三十三萬元）

將土地的空氣感表現於樂曲

對於地方聲景、環境音景敏銳的VIDEO，其實是因爲自小成長於東京郊區，住家鄰近駐日美軍基地，不時會聽到直升機升降聲。以前他在家裡錄製音樂時，總是要留意閃避直升機聲，或是只能將樂曲打散分段錄製。

正因爲這樣的經驗，意外造成他對於環境音、地方特性的關注，讓他在聆聽不同音樂或是擔任其他音樂創作的影像導演時，都會思考音樂是在什麼樣的環境下被創作的，土地或時代的空氣感又是如何表現於樂曲當中。這也成爲VIDEO進行自身音樂創作時重要的骨幹，更爲後來造訪地方的「滯留製作」計畫留下了伏筆。

↓「滯留製作」的實行地點大多來自VIDEOTAPEMUSIC於地方巡演現場結下的緣分。

地方編輯術×VIDEOTAPEMUSIC

“我想要營造出小鎮既有的事物，與外來事物交融的組合。”

代表作 1

滯留製作（滯在制作）——編輯在地素材的音樂創作計畫，透過視聽傳送地方魅力 —二〇二〇〜

二〇二〇年啟動的「滯留製作」，是音樂人VIDEO透過在日本不同的地方短居，運用在地元素創作音樂的創作計畫。至今已走訪五個地區並進行創作與發表：群馬縣館林市、長野縣塩尻市、佐賀縣嬉野市、長崎縣野母崎地區、高知縣須崎市。

疫情帶來危機與契機

VIDEO最初向所屬事務所提出「滯留製作」計畫時，因爲性質頗爲「脫軌」，因此事務所並不十分贊同。但因爲計畫啟動之後馬上遇上新冠疫情，表定的音樂Live演出完全停擺，VIDEO因而有了能夠付諸實行的餘裕。

原本不被事務所看好的計畫，在實行期間漸漸累積成果，甚至有了意外的迴響。像是在第一個滯留地點群馬縣館林市所作的音樂，刷新了VIDEO在音樂串流平台Spotify的播放次數紀錄，或是發行的音樂專輯都短時間內完售等，事務所的立場也逐漸

Spring Fever EP

●性質：錄音帶
●出版：二〇二〇年九月
●發行量：約五百份（完售）
●售價：一千三百日圓（約台幣二百九十元）

← 滯留館林的創作歌曲以錄音帶發行。

轉爲全力支持。「疫情來臨讓許多音樂活動紛紛取消，但也因爲疫情而有了能夠實驗、並且累積實績的契機。」VIDEO道出危機即轉機的心聲。

在全球疫情趨緩後，計畫也持續漸進擴大中，未來更規劃出版「滯留製作」的集大成專輯。

五地的地方素材採集術

藝名VIDEOTAPEMUSIC的由來，源自他就讀大學時期，剛好是出租錄影帶店從錄影帶（videotape）轉移到DVD的時代，隨著DVD的普及，錄影帶變得一文不值，而當時是大學生的他開始搜集錄影帶，並作爲音樂的素材，因而有了這個藝名的發想。

在「滯留製作」計畫中，VIDEO的地方素材不限於錄影帶，更加入了在地訪談、地方聲音採集等多樣做法，而最後成果的展現也十分多元，有錄音帶、LP唱片、藝術裝置、音樂演出，或是推出相關的地方音樂周邊小物。他的地方編輯之樂，因應各地的情勢、甚至是疫情等外在條件，在地方資料的搜集上有著多樣化的應變，最後的成果雖然不脫音樂領域，卻以豐富的表現手法來展現地方元素融匯音樂的各種可能。

群馬縣館林市：多國交流

群馬縣館林市離東京開車約一小時距離，有許多工業生產工廠，聚集眾多外國移工，像是巴西、越南，還有來自緬甸的難民。

首次的「滯留製作」，VIDEO採訪了當地的外國移工及日本人，訪談巴西人的時候會請他們唱巴西的歌曲，或是請緬甸人教授緬甸語等，而這些多語言的訪談內容都成爲素材，最後歌曲於二〇二〇年夏天以錄音帶的形式出版。VIDEO特別說明：「雖然樂曲（兩首）也有在音樂串流平台上架，不過有另外四首只有錄音帶才能聽到喔。」

長野縣塩尻市：零接觸田調

長野縣塩尻市是個距東京三小時車程、群山環繞的小鎮。VIDEO到此進行計畫時，新冠肺炎已經

← 在塩尻發表的作品是以狐狸為題材的音樂影像創作。
↓ 野母崎地區的音樂影像作品是VIDEOTAPEMUSIC與工作坊的市民共創的成果。

Shiojiri Dub

- ●性質：音樂影像創作（2:30）
- ●展覽：ANA meets Art "COM"
- ●地點：塩尻市市民交流中心Enpark
- ●展期：二〇二〇年十二月～二〇二一年二月

Letters

- ●性質：音樂影像創作（6:25）
- ●創作者：VIDEOTAPEMUSIC、「また見ぬ野母崎の音」成員
- ●出版：二〇二一年

開始流行，因此他決定以「不和任何人接觸」爲前提，將目光鎖定二手店，以拿手的錄影帶作爲田野調查的文本進行資料搜集。

VIDEO解釋，日本各地因爲有不同的地方電視台，電視節目也會因地區而有所不同，而二手店的錄影帶很多都是錄製這些地方特有節目的內容，讓他可以從中看到日本各地的特色。透過地方二手商店的老舊錄影帶、地方政府文宣、各式文獻，VIDEO發現塩尻市流傳的民謠和民間故事，許多都有狐狸的角色，因此他便以狐狸爲題材，搜集當地祭典舞蹈的民謠重新編曲。

另外，VIDEO在當地買了一台收音機，當他在塩尻的高山中收聽，意外收到了來自中國、韓國的廣播訊號，於是他創作的樂曲還加入外國的廣播片段，「因爲想要營造出小鎮既有的事物，與外來事物交融的組合。」

長崎縣野母崎地區：線上工作坊

長崎縣野母崎地區位於日本本州最西側，原先是VIDEO受邀於當地和市民一起進行音樂共創工作坊，但受疫情影響，改以線上方式進行。

線上工作坊共五次，每次的主題皆不同，由當

←↓ 採集嬉野地方文史和溫泉之聲的創作樂曲製作成LP唱片販售。

地十至五十歲共十三名市民共同參與，每個人提供以下五段素材：

①野母崎地區內，妳/你喜歡的地點/景色之影片。②野母崎地區內，在妳/你出生之前就有的事物之影片。③和長崎、野母崎地區有關的「音樂」之影片或是資料。④過年期間景象之影片（因工作坊舉辦期間適逢過年）。⑤由VIDEO演奏的一段重複循環的和弦上，以樂器或是任何發聲之即興演奏影片。

最後由VIDEO將這些影像與聲音素材，進行整合及音樂影像創作，譜寫成〈Letters〉一曲。

佐賀縣嬉野市：採集風土歷史與地方藝能

佐賀縣嬉野市以溫泉和嬉野茶聞名，VIDEO當時在溫泉旅館大村屋短居了一個禮拜，搜集了嬉野的歷史、特色、背景，並製作了兩首作品。

第一首是〈嬉野恰恰恰〉（嬉野チャチャチャ），他以今後百年都能在祭典傳唱爲目標而作，透過田野調查，認識地方民謠、地方藝能，更搜集許多佐賀民謠的樂音，以及祭典時特殊使用的樂器之聲，最後再組合而成作品，還邀請地方的舞蹈老師編舞。VIDEO特別說明，歌名除了點出拉丁音樂恰恰的風格類型，茶的日文發音也是「恰」，一語雙關。

第二首作品〈浪漫溫泉〉（ロマンス溫泉），是一首使用了嬉野街聲、茶園與溫泉之聲景的慢板音樂作品。VIDEO說，嬉野溫泉區洋溢著一種浪漫的悠閒之感，因此創作了這一首有「浮游感」的較緩版作品。

兩首音樂除了製作成LP唱片販售，更與當地設計師合作製作周邊商品，像是泡溫泉時必備的風呂巾、借用地方溫泉旅館之意象設計的鑰匙圈。

嬉野恰恰恰
（嬉野チャチャチャ）
（feat. mei ehara）
浪漫溫泉（ロマンス溫泉）

●性質：LP唱片
●出版：二〇二一年七月
●售價：一千五百日圓
（約台幣三百元）

Flotsam

●性質：影像裝置藝術、Live演出
●展覽：現代地方譚9
●地點：須崎藝廊（すさきまちかどギャラリー）
●展期：二〇二二年一～二月

→ 須崎市的計畫成果以影像裝置與Live演出的展演形式呈現。

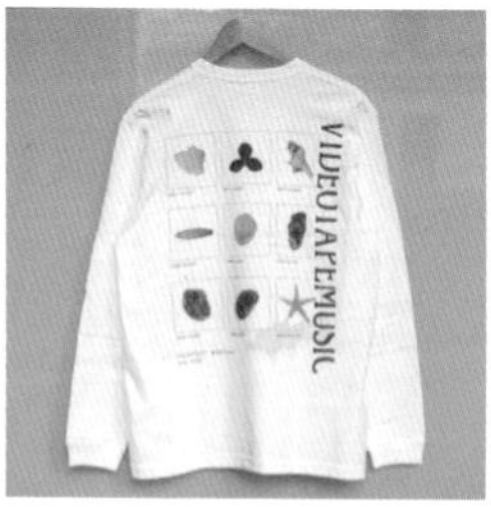

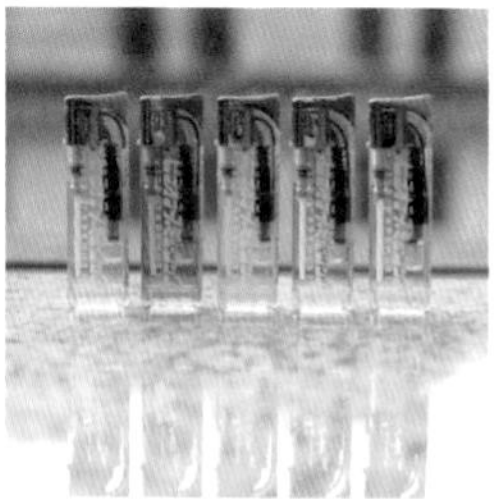

← 販售成果發表的周邊商品是為了補貼計畫經費之不足。

高知縣須崎市：借用市民家庭錄影帶

高知縣須崎市是個寧靜的港口城市，VIDEO借用須崎市民的家庭錄影帶作爲素材，有的是學校運動會，有的是地方祭典，有的是家庭海邊日，他再進行音樂與影像的編輯創作。

計畫成果以影像裝置與Live音樂演出的展演形式呈現。除此之外，VIDEO也以藝術總監的身分和地方設計師們合作，推出相關的地方周邊商品，例如以須崎海岸漂流物爲題進行印刷的T-shirt等。VIDEO說明：「因爲有時候滯留計畫的委託費可能不太高，就會透過發售專輯或是販售周邊商品的方式來稍加彌補。」在藝術的創作，以及事務所的商業考量之下，VIDEO努力找出兩者之間的平衡與雙贏。

案例特點

VIDEOTAPEMUSIC因為對地方元素的聲音感到興趣，因此透過音樂的創作走入地方。籌備創作時，他們會先進行徹底的「田野調查」如地方音樂元素的搜集、人物訪談、文獻考據等。另外，由於他們並沒有特別背負「地方情懷」的使命感包袱，音樂因而呈現出自由揮灑的自在之感。

富田泰伸
Yasunobu Tomita

- ●公司：富田酒造
- ●成立：一五三四年
- ●駐地：滋賀縣湖北地區
- ●負責人：富田泰伸（十五代傳人，二〇〇二年返鄉接手家業）
- ●主要事業：以「風土派日本酒」為目標的日本酒製造
- ●夥伴組成：十二名
- ●年產量：十六噸
- ●銷售地點：日本國內及歐美、亞洲
- ●網址：7yari.co.jp

CHAPTER 23

日本酒之地方編輯，釀入風土的地酒革新

Yasunobu Tomita
富田泰伸

| 富田酒造

#地酒 #地方風土 #在地原料 #有機契作 #青農 #限定流通 #異業合作 #地方品牌化

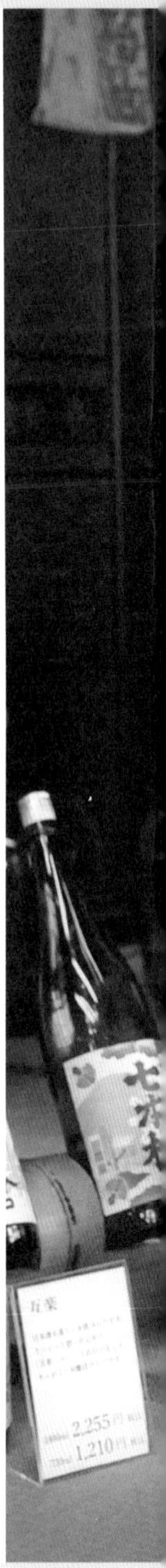

琵琶湖的最北端、初春的三月也會飄雪的滋賀縣湖北地區，有座和織田信長一樣於一五三四年誕生的酒藏——富田酒造。這座有著四百多年的歷史酒藏，在二十多年前，由第十五代傳人富田泰伸領軍的改革之下，以新型態的「地酒」爲目標，企圖以滋賀的物產、滋賀的風土爲元素，打造代表滋賀縣的在地美酒。

家中排行老三，上有哥哥姊姊的富田泰伸（以下簡稱富田），未曾想過自己有朝一日會被召回家中，接下富田酒造的家業。當時二十七歲的他，是東京某食品製造公司的紅酒業務，因爲接到家裡「回家幫忙」的訊息，因而在二〇〇二年決定從東京回到老家滋賀。

㊀ 有四百多年歷史的富田酒造面臨地方小型酒藏的存續挑戰。

接班面臨大難題

日本酒產業前景茫茫

「當時的流行是燒酌風潮，在更之前是紅酒風潮，日本酒在一九九〇年代日趨受到冷落，前景茫茫。」他細數了日本酒受到各種飲酒風潮更迭、日趨沒落的處境，「過往大正時期滋賀有超過兩百間的酒造，但現在只剩三十多處，且看全日本的流通量來說，有超過半數都由排名前十五的大型酒藏佔據。」面對大環境的改變、大型酒廠的勢力，他開始思索地方小型酒藏的存續課題。

歐洲紅酒見習之旅啓發創新

爲了找尋地方酒廠的解方，富田在返家前，自主安排了一趟歐洲的酒莊與蒸餾所的考察之旅。而這趟旅程，成了他開展富田酒造新頁的重要契機。

到歐洲見習的他發現，法國的酒莊都用當地的葡萄、做當地的紅酒，爲實如其分的「地酒」。這些紅酒講求「Terroir」（風土），也就是依據不同地理環境、地形氣候所生成不同個性的口味等特徵，展現出地方獨屬的風味。

這讓他回頭對照日本清酒產業，以米和水爲原料的日本清酒，又該如何表現在地風土特色呢？當今雖然有「地酒」一詞，但各酒造理所當然的以外地縣市米作爲原料，這還能稱爲「地酒」嗎？而要成爲眞正的「地酒」，又需要什麼改革呢？

打造風土派的日本清酒

自歐洲歸來、回到滋賀老家之後，富田決定以「風土派的日本清酒」爲概念，「以日本酒來表現滋賀」作爲目標，從酒米種植、清酒製成、販售這三個層面進行大刀闊斧的改革。

三大改革強化地酒風土特色

← 協商在地青農契作酒米是富田酒造成功進化的第一步。

①先從培育滋賀酒米開始

日本清酒的原料僅有米與水，自古以來富田酒造所使用的水，是有著四百多年歷史、位於酒藏內部來自伊吹山系地下十八公尺以下的井水。雖然自古迄今酒造都是使用最在地的水，但酒米卻非如此。

過去酒藏因爲主要供貨給大型的酒商、批發商，對於原料沒有太多堅持，習以爲常地透過米商訂購外來的福井、長野米。而富田邁向眞正地酒的改革第一步，也是最關鍵的一步，便是決定改用生長於滋賀農田的滋賀米。

滋賀縣產稻米，但不產酒米，儘管尋求和農家合作契作，但唐突的請求也不易被理解與支持。幸好後來逐漸認識更多在地的青年農友，大家對於挑戰與改變的心意一致，在許多的溝通和關係建立之下，終於有了第一片由富田酒造全數收購的專屬契作酒米稻田，二〇一〇年更開始使用無農藥栽培稻米，如今當地長濱產稻米的使用更將近八成。

問富田邁向有機酒米的理由，他說日本清酒的關鍵是米，用好米是好酒的大前提，而要生產好米，好的環境是不可缺的基礎。

②重新掌握清酒製造

過往的富田酒造，是以經營者的角度專注於營運面，而製酒的工程則是多仰賴季節性前來的「杜氏」，即冬日農閒時期幫忙製酒的技術者。不過由於杜氏僅參與製作、不參與銷售，因此與市場、與消費者有著重重隔閡，過往所生產的清酒品質多不甚穩定。

爲了改變這樣的現況，富田說他幾乎是從零開始學習，像是到其他的酒造見習、到酒造協會進修，更一改過往「憑感覺」的製作，除了將製作流程系統化，並進行設備的更新，像是注重米麴的製作因此重新改裝麴室，同時加上精密的溫度管理等設備。

知識技術與設備之外，和既有合作的杜氏們的理念、作法溝通，以及新進夥伴的教育與團隊建立，更是經歷許多時間的來回溝通、整隊。富田坦言，在改革的三大方向中，這是花費最多時間的一項。

③限定流通策略

富田過往在紅酒公司任職的經驗告訴他，在超市、便利商店販賣的酒，由於沒有專業的店員向消費者介紹，消費者都是看哪個特價、哪個包裝順眼而購買，但是若要以價格來取勝，小規模酒造沒有和大工廠比拚的勝算。因此他決定特立獨行，革命性地改走「限定流通」路線，也就是只在特定的酒專門店販售，並且和專賣店家溝通盡可能不打折出售。

富田酒造合作的零售商店不多，但每一家都是對日本酒專精的專門店，而且都實地造訪過酒造，親眼看過日本酒製作的過程，而富田也都實際到過零售專門店的店址。他說大家都雙向拜訪，針對酒進行交流討論，先有了夥伴的關係，才晉升到商業合作。

「這樣挑選零售商店的夥伴不會太苛刻嗎？有其他想合作的店鋪真的不出貨給他們嗎？」父執輩的家人也曾經不解、質疑，但富田非常堅持限定流通的

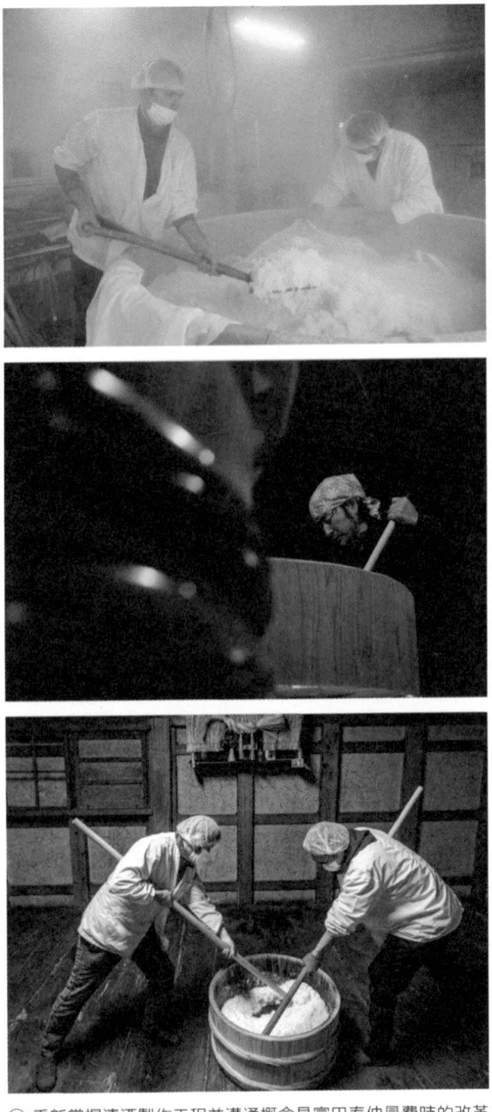

↑ 重新掌握清酒製作工程並溝通概念是富田泰伸最費時的改革項目。

㊧ 富田酒造團隊夥伴們在日本地酒改革之路上努力不懈。

路線，「這是爲了未來的銷售，而不銷售。」比起滋賀酒米種植、清酒製程這兩個動輒十年以上才上軌道的改革，富田說流通的改革反而四年左右就完成。

引領滋賀地酒持續進化

以滋賀地酒爲目標，富田說：「比起跟大家說『這是來自日本的酒』，更希望能夠說『這是來自滋賀縣湖北的酒』。」經歷了多年的改革之路，富田酒造逐漸以道地滋賀地酒立足業界，更在市場一片追逐精米度低、高香味的大吟釀風潮之外，開闢了另一片以純粹的日本清酒之味的戰場，富田稱之爲「自然派的日本酒」。新穎的風格獲得了海外大獎肯定，像是在二〇一八年於巴黎舉辦的日本酒大賽「Kura Master」，獲得了評審獎的高度殊榮。

而爲了讓更多人接觸滋賀地酒，富田更透過活用酒粕製作多樣產品，或是和滋賀在地工坊一同推出多元商品。面對日本酒消費低落，僅佔日本酒類總消費量不到百分之五的現況，他更和日本許多地方酒造的年輕傳人於二〇二〇年成立一般社團法人J.S.P，透過會員們的讀書會做好內部培力，並以線上活動等方式打破過往零售中介商介入的情況，企圖直接觸及更多潛在的日本酒消費者。

問起富田酒造的未來目標，富田說他希望能更加專注於酒米的鑽研，因此規劃要定期和種植酒米的農友一起組織學習分享會；另外也和大學老師合作，要更進一步深入調查酒造當地井水、地下水的歷史與地理源頭，期盼未來能以更脈絡化的方式介紹在地地酒的「地」之來由，並且從地方品牌化的廣域視點上，讓富田酒造也能成爲代表地方的要角。

㊤ 富田酒造外觀及內部，合作的零售商店一定都會先來參訪。

地方編輯術×富田泰伸

“比起跟大家說「這是來自日本的酒」，更希望能夠說「這是來自滋賀縣湖北的酒」。”

代表作 1

七本鎗——道地滋賀地酒，彰顯地方歷史文化

位於琵琶湖最北端、鄰近賤岳的富田酒造，主力系列商品「七本鎗」的名稱，源自於賤岳的一場戰役。本能寺之變之後，豐臣秀吉和柴田勝家爭奪天下大業，而在關鍵的賤岳大戰中，帶領豐臣秀吉取得統領天下勝利的最大功臣是七名年輕武將，「七本槍」即是這七人的名譽稱號。

富田酒造以當地歷史為背景致敬七人武將，更期望創造出「勝利之酒」，因此以「七本鎗」為酒標命名。有趣的是，名稱的「鎗」字並非武器的「槍」，而是有著酒器之意的「鎗」，而至今使用的酒標字體，來自酒造內一塊由日本代表性藝術家北大魯山人的題字匾額，據說魯山人與酒造十二代傳人，也就是富田泰伸的曾祖父曾有過木切交流。

緊密連結在地風土人文

雖然酒造有著悠久的四百多年歷史，透過酒標名等面向可以寄寓淵源之深遠，但富田酒造在第

↑ 富田酒造店鋪歷史悠久。

⊕ 道地滋賀地酒「七本鎗」使用當地無農藥栽培酒米釀造。

十五代傳人富田泰伸帶領下，從「風土派的日本酒」概念出發，以「道地滋賀地酒」爲目標，開啟了數十年的改革之旅。

①採用當地原料的眞正「地酒」

「土壤是經過千百年而成的物質，而這樣長久存於當地的土質，再加上當地特有的氣候所種植出來的米，便是地酒最重要的第一步。」富田鄭重表示。除了酒品本身之外，喜愛陶藝的富田更著眼酒器的製作，和陶藝家合作，取用酒米田的土來製作陶瓷酒器，從酒水到酒器，都來自滋賀的土地。

②搭配滋賀料理的滋賀之酒

由於滋賀縣不臨海，因此比起強調新鮮的魚類料理，在地的鄉土料理以加長保存時間的「保存食」發展爲主軸，像是醃漬類、燉煮類料理，而這類料理口味較偏濃重。作爲強調滋賀在地的地酒，爲了搭配、彰顯滋賀料理，富田酒造的日本清酒口感也屬於較明確、偏向厚重、有著鮮明個性的風格。

③回溯「地」之歷史與物語

富田表示，日本的地酒酒造幾乎沒有昭和時代建立的，基本上都是昭和時代之前就存於當地，有著長遠歷史。因此，日本清酒的品嚐之道不是純喝味道，也不是只追求微醉氣氛，品味背後的歷史背景其實是樂趣之一。換言之，地酒的責任不是只有口味上的追求，傳達歷史背景與故事更是一大重點。

富田更擴大「地酒」的「地」，不僅只是地方，更是全面連結日本文化。他說日本清酒因爲跟祭祀、祭典、婚喪喜慶等傳統文化深刻連結，因此是還留存著日本主體性的產業。

**富田酒造
風土派日本酒**

在地原料 + 在地料理 + 在地歷史

- 在地原料：溯源於當地原料的真正「地酒」
- 在地料理：搭配滋賀料理的滋賀之酒
- 在地歷史：回溯「地」之歷史與物語

↑ 富田酒造的酒米和陶瓷酒器都來自滋賀這片土地。

創造更多和日本酒相遇的接點

綜觀日本的酒類消費，日本清酒僅佔不到整體的五％，面對和啤酒等酒類極大的消費差距，富田進行了微型調查，他發現因爲日本酒相對而言較高價，便宜的居酒屋或喝到飽的平價酒店，基本上酒單不會出現日本酒，因而造就了大眾接觸日本酒的門檻之一；另一方面，許多愛上日本酒的人多是因爲有「日本酒引路人」，不管是朋友、前輩或是家人，因爲日本酒被好好的介紹、品嚐，這樣的契機造就了愛上日本酒的開展。因此，富田認爲透過創造接觸日本酒的契機，加乘引路人的影響力，或許就有可能開拓日本酒的消費市場。

於是，富田積極展開許多推展性質的副業工作。像是透過活用酒粕，和社福團體的工坊合作製作酒粕起司蛋糕、和牧場合作酒粕冰淇淋，透過日本酒轉身「甜點」的一面，吸引多族群的消費者；他也與肥皂職人桶谷正廣一同合作，開發新品牌「七瓣皂」的酒粕香皂和入浴劑，從美容、保養的角度連結消費者；更有結合環保意識，和玻璃工藝職人合作，將回收的酒瓶重新鎔鑄，製成一個又一個獨一無二、形狀與表情各異的器皿。

富田也和傳統產業相關的同年代夥伴一起策劃活動，像是與料理家、和式蠟燭創作者一起舉辦餐會，透過不同工藝職人的交互激盪，開發出新型態的酒類活動，創造新的日本酒切入點。

㊦ 富田泰伸串聯滋賀縣的工藝職人一起策劃活動、開發合作商品。

㊤ 酒粕香皂和入浴劑都是富田酒造面向消費者的新接點。

㊤ 由富田酒造的回收酒瓶再創作的玻璃器皿結合了環保與工藝匠心。

案例特點……

地方編輯的視點，如何運用於地方產品？自富田酒造的案例中，可以看見從產品原料、風味、命名、周邊活動等面向來發想與發展。除了深刻展現地方脈絡與特色，更以科學化、系統化的製造為基底，精化產品本身實力，以打造具有競爭力又有文化價值之地方產品。

七本鎗

- 性質：滋賀地酒（日本清酒）
- 年產量：十六噸
- 價格：約一千五百～四千日圓／瓶（七二〇毫升，約台幣三百三十～八百九十元）
- 銷售：二〇〇五年開始進行「限定流通」改革，目前自家販售十六％、在地販售二十三．七％、日本國內他縣五十二％、海外輸出八．三％

結語

「地方編輯是什麼?」是啟動這一路採訪之旅最初的發問。本書嘗試將這一路採訪的發現進行整理、統整如下，邀請大家開啟對地方的全新想像。

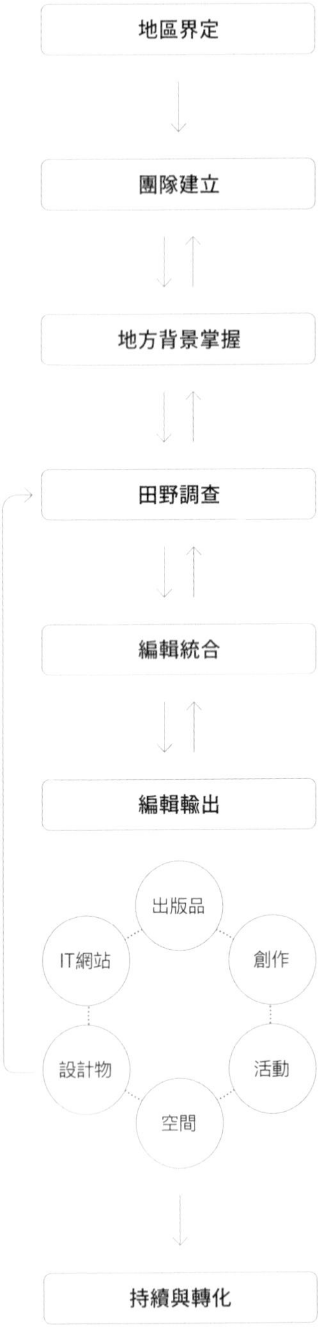

Step ① 地區界定

首先，是「地方範圍」的界定。這個範圍可以小至一條街、一個社區，大到一個縣市、跨縣市，在既定的地理行政區之外，更可以是跨縣市的廣域圈，像是鐵道沿線、河流沿線、族群文化圈。範圍的界定，不僅讓一切的行動有立基點，更可以預設後續內部擾動的範疇，更可以透過特殊的地區界定，間接提出獨到的地方觀點。

Step ② 團隊建立

接著，就是內部團隊組成、與外部協力夥伴搭建的一環。當然，個人獨立作業也是一種方式，即便如此，個人作業之時若有外部協力夥伴、關係人口的支持，那麼就更能掀起不同的地方擾動之漣漪了。

Step ③ 背景掌握

在進到地方編輯最重頭戲的田野調查步驟之前，若能對於地方的人脈網絡、產官學三方網絡有基礎的認識，那麼就能提前先找出關鍵的田野拜訪名單，有利於田野調查的順利進行、以及快速掌握地方脈絡。

Step ④ 田野調查

田野調查可分為事前準備的資料搜集、以及實際的現場調查與人物訪談。田野調查的細部技巧，不同的編輯長有著各種不同的風格與撇步，在本書各個編輯長的篇幅當中，想必可以感受到多元的田野調查法。

Step ⑤ 編輯統合

在田野調查過程中，勢必會搜集大量一手資料，但這些一手資料，是無法未經過處理就進行發表，而是必須透過編輯統合的過程，進行梳理與精煉。而這個過程，也就是「編輯」最重要的精髓過程。面對海量般的資料，或許可以透過KJ法等方式，將資訊進行羅列、並透過分類進行概念統整。

不同的編輯長、不同的田野調查家，對於編輯統合的偏好方式各有不同，像是第三章岩佐十良編輯長，便是習慣以「概念解析：設計性思考」進行編輯統合。不同的編輯統合手法，會因應而生不同的編輯產物，因此此步驟可說是編輯過程中至關重要的一步。

Step ⑥ 編輯輸出

地方編輯的成果，不僅只是典型的出版品，也可能是網站、設計物、空間、活動、或是各種形式的創作。在書中的各個案例中，便可以看到由地方編輯演繹出的各種形式之輸出。

Step ⑦ 持續與轉化

一次性的輸出成果之後，若能有持續進行與修正轉化，那麼地方編輯的動能就能夠持續滾動與累積，創造更大的效益與活力。

附錄：關鍵字小辭典

本文面介紹與日本地方設計高度相關的關鍵字，幫助大家對於地方設計的背景、轉折以及基礎字彙有基本的認識。

日本兩極化現況

◎**東京一極集中**——指政治、經濟、文化、人口等面向，以及社會資本、資源、活動都集中於東京都或首都圈（以東京都為首，包含神奈川縣、埼玉縣、千葉縣）。

◎**過疏地區（過疎地域）與限界集落**——「過疎」（過疏）意指因人口急劇減少造成地方社會機能低下，當地居民維持生活基本水準之困難狀態。於日本法律上，則是針對過疏地區，有著明確的地方財政要件、人口減少率、高齡者人口比率、青壯年人口比率等標準定義。

地方創生

◎**地方消滅論**——二〇一四年八月，增田寬也、富山和彥的《地方消滅論》一書聲稱：若目前東京獨大的狀況無法遏止，全日本的人口會持續流向東京，而地方上能生育的女性人數過少，因此未來日本半數以上、近九百個鄉鎮市將會消失。書籍出版之後，有關地方消滅的預言，引起了日本社會極大關注。

◎**地方創生法案**——二〇一四年的地方消滅論促使安倍內閣於同年成立「城鎮、人、工作創生本部」，並迅速通過〈地方創生法案〉、〈地域再生法改正案〉，以克服人口減少問題，以及確保GDP成長力為目標。

◎**故鄉納稅（ふるさと納税）**——由於高度都市化的結果，造成許多在地方出生、受教育的人們，因升學與就業等因素，最後離開地方移居至都市，導致都市政府得以收到稅收，但負擔了幼時照顧等培育工作的地方政府卻面臨無法收到稅收的狀況。有鑑於此，二〇〇八年，在當時時任總務大臣菅義偉的推進下，「故鄉納稅」制度開始實施，創設理念為：在地方城市人口減少、稅收日趨困難的情況之下，建立一個體系，讓工作就業後住在大城市的人們將繳納的部分稅款「回報給養育自己的故鄉」。

◎**地域振興協力隊（地域おこし協力隊）**——為了改善非都市地區人口減少、高齡化、年輕勞動力不足的過疏化現象，日本總務省自二〇〇九年訂定了「地域振興協力隊推進要綱」，只要是符合「過疏地區」定義標準的都道府縣、市町村，都可以申請招募「地域振興協力隊」。此制度的宗旨為創造首都移往地方的人口流動，目的是希望都市年輕人口進駐鄉間進行為期一至三年的工作，以地域振興協力隊的角色協助各個地方進行各種地方振興的工作。

地域振興協力隊員的福利則有薪資補助及創業補助：每年最高四百萬日圓的收入（包含二百至二百五十萬的年薪，以及最高二百萬的活動差旅費、研修、耗材等補助），再加上最長三年期滿後，若在當地持續居住且創業，則再追加一百萬日圓的創業基金。

自二〇一五年地方創生政策與「城鎮、人、工作綜合戰略」開始推動之後，「故鄉納稅制度」、「地域振興協力隊推進要綱」都一併被納入其中。

UIJ-Turn

相較於台灣常使用的「返鄉」一詞，日本則是把都市到鄉村的人口還流現象依照不同的移動軌跡分成不同的類別。其中，較常被提到的就屬UJI-Turn這三類型，而有趣的是，UJI的字首並非英文縮寫，而是圖形上的移動意象。

U-Turn（Uターン）——非都市地區出身，到都市就學或就業之後，再回到家鄉居住。

I-Turn（Iターン）——都市出身，但隨後移住到非都市地區。

J-Turn（Jターン）——非都市地區出身，到都市就學或就業之後，到另一個非都市地區的中型都市移住。

除此之外，近年還出現其他的Turn，如：

O-Turn——U-Turn後又回到都市地區居住。

孫Turn——父母為非都市地區出身，但隨後移居到都市地區，而第三代的孩子雖然是都市出身，但選擇移居到父母的出身地，也就是祖父母居住的非都會地區。

地方編輯 Local Edit

日本頂尖創意團隊公開跨界編輯祕訣，
從出版、策展、旅宿到體驗，打造最具魅力的地域品牌！

作　　者｜蔡奕屏
執行編輯｜吳佩芬
美術設計｜郭彥宏
行銷企劃｜蕭浩仰　江紫涓
行銷統籌｜駱漢琦
業務發行｜邱紹溢
果力文化總編輯｜蔣慧仙
漫遊者文化總編輯｜李亞南

出　　版｜果力文化 / 漫遊者事業股份有限公司
地　　址｜台北市松山區復興北路三三一號四樓
電　　話｜886-2-27152022
傳　　真｜886-2-27152021
讀者服務信箱｜service@azothbooks.com
果力 Facebook ｜ www.facebook.com/revealbooks
漫遊者 Facebook ｜ www.facebook.com/azothbooks.read
劃撥帳號｜ 50022001
戶　　名｜漫遊者文化事業股份有限公司
發　　行｜大雁文化事業股份有限公司
地　　址｜台北市松山區復興北路三三三號十一樓之四
初版一刷｜ 2023 年 6 月
定　　價｜ 680 元
I S B N ｜ 978-626-97185-2-8

國家圖書館出版品預行編目 (CIP) 資料

地方編輯：日本頂尖創意團隊公開跨界編輯祕訣，從出版、策展、旅宿到體驗，打造最具魅力的地域品牌！= Local edit/ 蔡奕屏著. -- 初版. -- 臺北市：果力文化，漫遊者事業股份有限公司，2023.06
面；　公分
ISBN 978-626-97185-2-8(平裝)

1.CST: 社區總體營造 2.CST: 區域開發 3.CST: 日本

545.0931　　112007775

tarrese

Shun Kawaguch

Tomomi Kishi

Takurou Nakanishi

Machino Henshusha

Matsumura

Tomotsugu Yamakawa

VIDEOTAPEMUSIC

Louie Miura

Kenta Kitagawa

Shiramizu Takahiro

Tamura Aya

TSUGI

Yoshihiro Yabe

果力文化
Reveal Books